JN063759

和中幹雄・横谷弘美 共著
WANAKA MIKIO, YOKOTANI HIROMI

情報資源組織演習

三訂版

JLA図書館情報学
テキストシリーズⅢ
10

日本図書館協会

TEXTBOOK SERIES Ⅲ

Library Cataloging and Classification
(JLA Textbook Series of Library and Information Science Studies III; 10)

情報資源組織演習 / 和中幹雄 , 横谷弘美共著
三訂版
東京 : 日本図書館協会 , 2022
286p ; 26cm
(JLA 図書館情報学テキストシリーズⅢ ; 10)
ISBN 978-4-8204-2213-6

機器種別 : 機器不用
キャリア種別 : 冊子
表現種別 : テキスト
表現形の言語 : 日本語
著作の優先タイトル : 情報資源組織演習 || ジョウホウ シゲン ソシキ エンシュウ
創作者 : 和中 , 幹雄 || ワナカ , ミキオ
創作者 : 横谷 , 弘美 || ヨコタニ , ヒロミ
BSH4: 資料目録法
BSH4: 資料分類法
BSH4: 資料件名法
NDC10: 014.3
NDC10: 014.4

テキストシリーズⅢ刊行にあたって

情報と資料の専門機関として，地域社会の経済，教育，文化にかかわる多様な課題に応える図書館活動を創造するためには，それに携わる人材の育成が欠かせない。しかも，先人の叡智を尊重し，現代のニーズに対応し，将来の発展を見据える能力が求められる。また，世界規模での連携や協同をも視野に収めて行動する力量が期待される。こうした人材の要となる司書を養成する教育の基礎課程が，図書館法に謳われ，図書館法施行規則に明示された「図書館に関する科目」である。

日本図書館協会は，1997 年の図書館法施行規則の改訂に基づき，司書養成教育の充実に向け，本格的なテキストブックの刊行を開始した。当時の課程は，大学で開設される「図書館に関する科目」ではなく，司書講習のためのものであった。しかし，総合編集者は，この改訂を「図書館に関する科目」へと展開していく段階の一つであると認識して企画を進めた。テキストブックは順次刊行され 11 巻を揃えるに至り，扱う題材に応じた改訂や補訂を加えてきた。2007 年からは，図書館を巡る情勢の変化を反映させ，内容を刷新した「シリーズⅡ」に移行した。これにより，両シリーズを通じて予定した 13 巻を刊行し，多くの読者の好評を得てきた。

「シリーズⅢ」は，2008 年の図書館法改正に沿って「図書館に関する科目」が 2012 年度より適用されることを機に，これまでの構想と基調を踏まえながら，全面的な見直しを図ったものである。すなわち，現代および未来の司書養成教育として，日本図書館協会が少なくともこれだけはと考えている内容を取り上げ，教育実践の効果が高まるよう UNIT 方式を導入している。2 単位科目を 50UNIT，1 単位科目を 25UNIT とし，スタンダードな内容を解説している。また，発展的に扱うことが望まれる内容を option に収めている。これにより，教員の取り組みとの協調が促されることを期待している。その上で，「シリーズⅢ」の新たな試みとして，各巻に UNIT0 を設け，教育課程全体における当該科目の意義を記し，他の科目との関係を示すようにした。教育課程の体系を読者が意識できることが，学習成果を高めることにつながると確信するからである。さらに，養成教育と研修を一貫した過程ととらえ，構成および記述に配慮した。本シリーズが大学の授業教材となるとともに，図書館員のキャリア形成の素材として多面的に活用されることを願っている。

お気づきの点，ご提言やご批判，ご叱正をいただければ，専門職の技能形成という日本図書館協会の基幹事業にも貢献する。各位のお力添えを賜れば幸甚である。

シリーズ編集者

塩見昇　　柴田正美　　小田光宏　　大谷康晴

はじめに

本書（三訂版）は，2016年3月刊行の『情報資源組織演習　新訂版』（JLA図書館情報学テキストシリーズⅢ；10）の目録法部門を全面的に書き換えたものである。分類法・件名法部門についての改訂は行っていない。

新訂版の目録法部門は，『日本目録規則　1987年版』（NCR1987）に基づいていたが，三訂版は，最新の規則として登場した『日本目録規則　2018年版』（NCR2018）に適合させるために改訂を行ったものである。

21世紀になって，情報資源組織化の世界において大きな変化が生じた。目録の分野では，2012年4月から，英米各国を中心に，新しい目録規則であるRDA（Resource Description and Access）がAACR2（英米目録規則　第2版）に代わって採用された。わが国においても日本図書館協会目録委員会は，国立国会図書館の協力のもとに，RDA 準拠による新しい日本目録規則を2018年12月に刊行した。その後，国立国会図書館は2021年1月からNCR2018の適用を開始した。

NCR1987とNCR2018は，目録に関する基本的な考え方も規則の構成も大きく異なっている。そのため演習問題も含めた全面的な改訂となった。具体的な点は本書UNIT 3等を参照していただきたい。

本書の出発点は，1998年3月に刊行された『資料組織演習　初版』（JLA図書館情報学テキストシリーズ第1期；10）にまで遡る。この体系的なシリーズの刊行は，1997年の図書館法施行規則改正を機に開始されたものであった。演習のための情報資源組織化ツールとして，目録法には『日本目録規則　1987年版改訂版』（1994年4月）が，分類法には『日本十進分類法　新訂9版』（1995年8月）が，件名法には『基本件名標目表　第3版』（1983年9月）がそれぞれ使用された。その後，件名の階層構造を本格的に取り入れた『基本件名標目表　第4版』が1999年7月に刊行され，また「コンピュータファイル」の名称を「電子資料」に改称した『日本目録規則　1987年版改訂2版』が2001年8月に刊行されたのを機に，それらを取り入れた『資料組織演習　新訂版』が2002年7月に刊行された。

「JLA図書館情報学テキストシリーズ第2期」の一巻として刊行された2007年版では，2006年刊行の『日本目録規則　1987年版改訂3版』を取り入れ，「逐次刊行物の記述」にかかわるUNITを全面改訂するとともに，目録法，分類法の演習問題の全面的な見直しが行われた。

「JLA図書館情報学テキストシリーズ第3期」の一巻として刊行された2014年版は，2008年図書館法改正に沿った「図書館に関する科目」の2012年度からの適用に伴い，そのタイトルは『資料組織演習』から『情報資源組織演習』に変更された。これは，組織化の対象を，図書館が所蔵する資料だけではなく，図書館が物理的に所蔵しないネットワーク情報資源まで広げたからである。

次いで2016年刊行の新訂版は，もっぱら，分類演習を『日本十進分類法　新訂9版』（NDC9版）から『日本十進分類法　新訂10版』（NDC10版）に変更した点にかかわる改訂であった。

本書三訂版は，前述したように，目録規則改訂に伴う改訂であるが，基本的に2014年版および2016年刊の新訂版の編集方針を継承している。

情報資源組織化の基本的・原則的な解説を行い，演習例題と演習問題を通して理解を深めてもらうことを目的とする点，従来の演習テキストに比べて解説部分に特に力を注ぐという点など，2007年版以来の方針を踏襲している。

また，ネットワーク情報資源の組織化を扱うメタデータにかかわる章を設けている点，MARCフォーマットを具体的に解説するだけではなく，書誌レコードや典拠レコードのインターネットを通じたデータのダウンロード演習など，目録作成業務の変化を積極的に取り入れた演習問題を用意した点も同様である。

一方，今回の改訂には新たな特徴がある。

その第一は，NCR2018に従い，書誌レコードとともに，典拠レコードの作成も演習に取り入れた点である。典拠データの重視は始まったばかりであり，日本の図書館界においてデータの十分な蓄積がない状況で，手さぐりでの教材作成となった。

第二は，個別の組織化技術を習得するだけではなく，組織化技術の演習を通して，現実の出版物をリアルに感じてもらうことも重視した点である。演習のための情報源はできるだけバラエティのあるものを選ぶとともに，公共図書館でも大学図書館でも専門図書館でも出会うことのあるリアルな資料による演習の入門編となるべく工夫したつもりである。それが成功しているかどうかは読者の判断に委ねざるを得ない。

本書は過渡的な改訂版といえる。情報資源組織化の業務・サービスがウェブ上で展開される時代が訪れている。このような時代に適した演習テキストの最初の習作であると考えている。典拠コントロールを重視し，FRBR（書誌レコードの機能要件）などの目録法の新たな考え方を習得するための教材として役立つものとなっているかどうか。読者のみなさま方の忌憚のないご意見・ご感想をお待ちする次第である。

最後に，本書の作成では，シリーズ編集者の小田光宏氏，柴田正美氏および日本図書館協会の内池有里氏に総合的なお力添えをいただいた。ここに記して感謝したい。

2022年8月31日　　和中幹雄

横谷弘美

目次

CONTENTS

◉分類記号付与の実際（4）：各類別

◉分類記号付与の実際（5）：分類総合演習

◉分類記号付与の実際（6）：所在記号

◉件名法

◉記録フォーマットとデータ活用の実際

◉メタデータ

TEXTBOOK
SERIES Ⅲ

情報資源組織演習

三訂版

UNIT 0

情報資源組織演習を学ぶ意義

●…………情報資源組織演習の目的

2009年3月の文部科学省通知「図書館法施行規則の一部を改正する省令及び博物館法施行規則の一部を改正する省令等の施行について」の別添資料2「司書資格取得のために大学において履修すべき図書館に関する科目一覧」において，「情報資源組織演習」の目的は「多様な情報資源に関する書誌データの作成，主題分析，分類作業，統制語彙の適用，メタデータの作成等の演習を通して，情報資源組織業務について実践的な能力を養成する」とされている。

ここで言う「実践的な能力」とは何だろうか。現在のわが国の多くの公共図書館では，ここで示されている書誌データの作成や分類作業などの情報資源組織化業務は実態的にはほとんど行われていない。公共図書館においては，MARC作成業者が作成したデータを購入して，ほぼそのままの形でOPAC等に登録している。大学図書館においても，書誌ユーティリティを通しての各種のMARCを利用したコピー・カタロギングが中心的な作業となり，この演習テキストで提示されているオリジナルのデータ作成は稀となっている。それでは，本書で示した情報資源組織演習は司書養成課程においてどのような意義を有しているのであろうか。

演習の目的は次の3点を想定している。

公共図書館にしろ，大学図書館にしろ，専門図書館にしろ，学校図書館にしろ，そこで働く図書館員は，データ作成は稀だとしても，毎日のように各種のOPACや総合目録やさまざまなウェブサイトを通じて，書誌情報を毎日のように検索し利用している。また，NDC等により分類配架された書架を毎日のように利用している。そうしない限り，業務が成り立たないからである。図書館員のみならず一般利用者も普段接しているこのようなOPACや総合目録や書籍販売サイトで示されている書誌情報の内容と意義を，あるいは分類順に配架されている図書館資料あるいは書店の棚に並んでいる書籍や雑誌の排列の背後に存在する主題情報の内容と意義を理解するということが第一の目的である。この理解こそが，あらゆる図書館サービスを効果的に実践する上での前提条件となる。

第二の目的は，情報資源組織化業務自体に直接役立つ技術の習得である。公共図書館においても，情報資源組織化の対象は市販のカレントな出版物だけではない。

地域資料を中心とした灰色文献やさまざまな歴史的資料の組織化も要求される。このような資料の目録も，全国的・世界的な共有のために標準化が求められる。

第三の目的は，付加価値を追加し発信するための技術習得である。市販のカレントな出版物の一般的な書誌情報は，出版社から直接に，あるいは全国書誌サイトや書誌ユーティリティのウェブサイトを通じて直接取得することが一般的になっていくであろう。このようなデータ取得技術を習得するとともに，取得したデータに典拠情報や専門的な主題情報といった付加価値を追加し，専門書誌，サブジェクトゲートウェイあるいはパスファインダーといった形態で発信していくことが，今後の図書館員の大きな役割となっていくであろう。

●…………文部科学省通知と各UNITとの関連

前述した文部科学省通知の別添資料2「司書資格取得のために大学において履修すべき図書館に関する科目一覧」が『情報資源組織論』および『情報資源組織演習』に求めている授業内容と本書の各UNITとの関連を以下に示す。授業展開の参考にしていただきたい。

本書UNIT	情報資源組織演習	情報資源組織論
UNIT 2～20	1）書誌データ・典拠データ作成の実際	1）情報資源組織化の意義と理論 2）書誌コントロールと標準化 3）書誌記述法(主要な書誌記述規則)
UNIT 21～22	2）主題分析と分類作業の実際 3）主題分析と統制語彙適用の実際	4）主題分析の意義と考え方
UNIT 23～40	2）主題分析と分類作業の実際	5）主題分析と分類法(主要な分類法)
UNIT 41～44	3）主題分析と統制語彙適用の実際	6）主題分析と索引法（主要な統制語彙）
UNIT 45～47	4）集中化・共同化による書誌データ作成の実際 5）書誌データ管理・検索システムの構築	7）書誌情報の作成と流通（MARC，書誌ユーティリティ） 8）書誌情報の提供（OPACの管理と運用）
UNIT 48～50	6）ネットワーク情報資源のメタデータ作成の実際	9）ネットワーク情報資源の組織化とメタデータ

UNIT 1

◉情報資源組織演習の概要

演習の教材および方針

●…………情報資源組織演習の教材（ツール）

情報資源組織化（または資料組織化）にかかわる図書館の業務は，収集業務（選書，発注，受入）とともに，「テクニカルサービス」と呼ばれる図書館運営の内部にかかわる業務の重要な一翼を担っている。この業務は，目録作業と分類・件名付与作業（主題索引作業）に大別される。これらの作業の拠り所となる技術は，記述目録法および分類法・件名法（主題目録法または主題索引法）と呼ばれる。

日本目録規則2018年版

日本十進分類法 新訂10版

基本件名標目表 第4版

本書で演習を進める際には，現在わが国で標準的なツールとして使用されている三つのツールの最新版を用いて行う。目録法演習においては，『日本目録規則 2018年版』（日本図書館協会，2018）（以下NCR2018と略す）を使用する。分類法演習においては，『日本十進分類法　新訂10版』（日本図書館協会，2014）（以下NDC10版と略す）を使用する。件名法演習においては，『基本件名標目表　第4版』（日本図書館協会，1999）（以下BSHと略す）を使用する。以下の演習教材は，これら三つのツールの理解のための「解説」と，それらのツールを使用した「演習」で構成される。

メタデータ記述規則

DCMES

OAI-PMH

また，メタデータ記述規則の実例としては「ダブリンコア　メタデータエレメントセット」（DCMES）を，メタデータ収集の標準プロトコルの実例としてはOAI-PMHを使用している。

●…………基本用語について

ネットワーク情報資源

情報資源

資料

本書のタイトルは，2009年の司書課程のカリキュラムの改正に伴い，『資料組織演習』から『情報資源組織演習』に変更された。図書館の組織化の対象が，図書館所蔵資料に限定するのではなく，図書館が物理的に所蔵しないネットワーク情報資源も対象とするようになってきたからである。しかし，NCR2018においても，情報資源（resource）ではなく，「資料」の語を用いている。そのため本書では，ネットワーク情報資源にかかわる場合にのみ「情報資源」の用語を用い，図書館所蔵資料には旧来通り「資料」の用語を用いることにする。

FRBR

図書館目録の要件を定義した新たな概念モデルであるFRBR（書誌レコードの機能要件）（UNIT 3参照）を基礎としたNCR2018では，「標目」や「排列」といったカード目録に固有の用語は消え,「実体」,「関連」,「著作」,「表現形」,「体現形」,「個別資料」といった新たな基本用語が多く導入されている。これらの基本用語の定義をわかりやすく解説することに注力した。

●…………本書での基本方針と特徴

本書は,初めてこの科目を学習する方々に対して,情報資源(資料)組織化の基本的,原則的な解説を行い,演習問題を通して理解を深めてもらうことを目的としている。その点で,従来の演習テキストに比べて解説部分に力を注いでいる。

以下に,目録法,分類法・件名法,コンピュータ目録,メタデータにおける基本的な方針を示す。

●…………目録法

目録法

(1) 概要

日本図書館協会目録委員会のアンケート調査報告(2010年4月現在)からもわかるように,日本国内の約9割の図書館で目録の作成提供にコンピュータが用いられている。カード目録時代と異なり,図書館によって利用者に提示される目録データの形式が多様なものとなっている。

しかし,利用者に提供される多様な形式の目録データの基礎には,記述対象に表示された情報を標準化された規則に沿って採録・加工・記録されたデータが存在し,その内容の理解が重要である。本書では,わが国の最新の標準規則であるNCR2018の本則に基づいて,書誌データ・典拠データの作成演習を行う。

(2) 全体の構成

NCR2018は,資料種別ごとの規則構成ではなく,FRBRの概念モデルに即した規則構成であるが,本書では実務的な観点から,体現形の記録については,資料種別ごとのUNIT編成を採用するとともに,対象とする情報資源(資料)では,冊子体の図書と逐次刊行物を大きく扱っている。

本書では目録法に関して以下の内容で解説した。

a) 情報資源組織化を行う環境(UNIT 2)
 図書館業務のコンピュータ化とコンピュータ目録

b) 目録と目録規則(UNIT 3)
 NCR2018成立までの経緯の概観

c) NCR2018総説(UNIT 4〜UNIT 6)
 ① NCR2018が依拠している書誌データの概念モデルFRBRおよびそれに基づくエレメントの設定(UNIT 4)

② エレメントの記録（UNIT 5）

③ 属性の記録総則（UNIT 6）

d）体現形の記録（UNIT 7～UNIT 14）

① 図書の記録（UNIT 7～UNIT 10）

② 逐次刊行物の記録（UNIT 11～UNIT 12）

③ 録音資料，映像資料の記録（UNIT 13）

④ 地図資料，電子資料およびその他の資料の記録（UNIT 14）

e）著作・表現形の記録（UNIT 15）

f）個人・団体・家族の記録（UNIT 16）

g）アクセス・ポイントの構築と典拠コントロール（UNIT 17）

h）関連の記録（UNIT 18）

i）エレメントの記録例と例題（UNIT 19）

UNIT 4～UNIT 18 において例示した対象の情報源を例題として示した。これらの例題は，解説部分で述べた記録方法全般を習熟するための総合演習問題としても使用することを想定している。

j）総合演習問題（UNIT 20）

●…………分類法・件名法

主題組織法

(1) 主題組織法

分類法･件名法に先だって，「主題組織法」の章（UNIT 21～UNIT 22）を設けた。ここでは，主題とはなにか，主題組織法とはなにかを原理的な観点から扱っている。利用者による効果的な主題検索を可能とするために，対象となる資料（情報資源）からどのように主題を抽出するかという主題分析の理解が中心的な課題である。

統制語彙表

また，図書館における主題組織法には，類書も含めた総合的・系統的な主題探索を可能とする「分類法」と日常言語を基礎とする直接的なアプローチの「件名法」があること，それぞれの特徴を生かすためには，統制語彙表（分類表や件名標目表）が必要であることを解説した。

さらに，主題分析の代表的な手法としてファセット分析と主題を構成する要素間の列挙順序を取り扱い，簡単な演習も行う。

(2) 日本十進分類法の概要

UNIT 23～UNIT 39 において，NDC新訂10版による分類演習を行う。まず，UNIT 23～UNIT 25 において，NDC10版の概要を示した。分類表の構成（主表，補助表，相関索引）と十進記号法の仕組みを理解した上で，補助表を用いた細区分のための記号合成の基礎を習得することがここでの中心的な課題である。

(3)　分類記号付与の実際

UNIT 26〜UNIT 28では，書架分類と書誌分類の相違，分類作業の具体的な手順を理解した上で，分類表全体を通じて共通に適用される一般的分類規程の内容を解説と演習を通して学ぶ。UNIT 29において，NDC9版からNDC10版の改訂内容の概要を通して分類表のあり方を示し，新主題の取り扱いを学ぶ。

UNIT 30〜UNIT 38では，各類や分類項目ごとに適用される個別的分類規程を学ぶ。1類（哲学・宗教）から9類（文学）までの各類の後に，総記（0類）を扱っている。UNIT 39の総合分類演習の後のUNIT 40において，図書記号の付与を解説した。また，各類の解説の末尾に，各類におけるNDC10版改訂のあらましを示した。

(4)　件名法

UNIT 41〜UNIT 44において，日本の代表的な件名標目表であるBSHを用いた主題索引語を付与する作業を，解説と演習を通して学ぶ。

また，日本全国書誌における件名データ付与に使用されている『国立国会図書館件名標目表』（NDLSH）は，Web NDL Authorities（国立国会図書館典拠データ検索・提供サービス）としてウェブ上で自由に使用できる環境にあり，BSHとの関連も示されている。そのため，UNIT 44においてNDLSHを簡単に紹介し，UNIT 44の演習問題として，NDLSHによる件名付与演習の問題も設けた。

●…………コンピュータ目録

コンピュータ目録

UNIT 45〜UNIT 47では，目録作業の標準化や省力化にもかかわる，記録フォーマットとデータ活用の実際を取り上げる。集中化・共同化によるデータ作成の実例として，まず全国書誌データ，次に国立情報学研究所の書誌ユーティリティ（NACSIS-CAT）で扱われるデータに関して解説した。演習においては，身近な資料や本書内の例示も手がかりに，実際のデータを参照して，さらに理解を深めていただきたい。

●…………メタデータ

メタデータ

メタデータの作成・流通にかかわる規約や技術的基盤となる要素は広範多岐にわたるため，本書のようなテキストおよび情報資源組織演習という科目では扱いきれない点が多々あるといわざるを得ない。UNIT 48〜UNIT 50では，ネットワーク情報資源の組織化にかかわるメタデータについての初歩的な理解を目的として，ごくシンプルな形で解説し，演習も設けた。変化が激しいのはウェブの世界の常だが，巻末の参考文献も活用してより詳しく，あるいは発展的に，メタデータ作成から活用にかかわる各種の規約や技術的基盤要素についても学ぶ端緒としていただきたい。

UNIT 2

◎情報資源組織化を行う環境

図書館業務のコンピュータ化とコンピュータ目録

●…………図書館業務のコンピュータ化

情報通信技術（ICT）の進展に伴い，図書館独自の業務，つまり資料や情報を収集し，組織化し，利用者に提供する部分のぞれぞれに，当然のようにデジタル化と効率化，業務プロセスの変革が起こってきた。古くはすべて手作業であったものだが，コンピュータ処理による効率化というだけではなく，サービスの充実等を目的として業務のあり方自体の変化も起こっている。

そもそも大量データを一定の規則に従って並べ替えたり，瞬時に一部を探し当てたり，さまざまに加工して出力したりすることは，コンピュータの長所をそのまま活かすことのできる部分である。そうしたことから，この演習科目で学ぶ目録作業（cataloging）をはじめとした図書館業務においても，まずは必要な情報をコンピュータに入力・蓄積して処理するようになった。これには，業務にコンピュータ処理を導入するという側面と，目録作業でいえば最終成果物である目録自身のデジタル化という側面がある。これらのことによって，目録の形態と目録作業とが，次第に大きく変化していくことになった。

●…………MARCの登場による業務効率化

MARC

MARC（MAchine Readable Catalogingの頭字語，機械可読目録と訳される）は，目録をデジタル化し，データを流通させるために開発された（UNIT 45参照）。目録のコンピュータ化以前にも，全国書誌作成機関によって作成された全国書誌の冊子体刊行物や印刷カードがあることにより，各図書館が目録作業を省力化できた。印刷カードは，自館のカード目録として必要な情報を付加するなどした上で編成（繰り込み）する，という形で活用され，目録作業の標準化も促した。しかし，情報をコンピュータで処理するには，コンピュータが扱いうるデータの形（機械可読形式）にする必要があり，MARCの開発へとつながった。

全国書誌

印刷カード

機械可読形式

全国書誌作成機関

MARCフォーマット

主に全国書誌作成機関によって，データ頒布または交換用フォーマットとしてのMARC開発や標準化が進められたが，民間の組織によるMARCフォーマットも複数存在する。日本の出版流通においては，出版社等と書店，図書館の間をつなぐ大手取次会社や出版関連団体が重要な役割を果たしており，購入を促す新刊情報等の提供だけでなく，コンピュータ化された目録に取り込める書誌データ提供もサービスとして行われてきた。それらの，独自フォーマットで提供されるデータもMARCと呼ばれ，あるいは全国書誌作成機関のMARCに対して，「民間MARC」とも呼ばれる。主な民間MARCとしては，株式会社トーハンのトーハンMARC，株式会社図書館流通センター（TRC）のTRC MARC，日本書店商業組合連合会の日書連MARCがある。なお，日本出版販売株式会社の日販MARC（NS-MARC）が2017年に提供終了となったが，このほかにも終了を迎えた民間MARCが複数あった。

民間MARCの活用が進んだ背景には，その利便性があるといえるが，中でも国立国会図書館での目録作業と全国書誌データの頒布に日数を要していて，迅速な情報取得には不向きだったことが挙げられる。新刊書籍の取り扱いが多い公共図書館では，資料現物の入手と同時に利用できる民間MARCへのニーズが高まった。TRCによれば，TRC MARC採用実績は公共図書館全体の8割を大きく超える（2021年時点）。また，TRC MARCは後述するNACSIS-CAT（UNIT 47参照）の参照MARCとして採用されており，間接的には大学図書館等でも利用されているといえる。他方，トーハンMARCは，国立国会図書館においてデータソースとして採用されている。日書連MARCは，小・中学校の学校図書館での利用が多い。

参照MARC

これらは，有形の媒体に収められたデータとして納品されるにせよ，ダウンロードするにせよ，図書館が購入する資料とセットであることが多い。トーハンは大手取次であり，TRCは出版物等の図書館向け販売，図書館管理業務の受託などを行っている企業で取次ではないが，いずれも，選書ツール（冊子体のカタログや，データでの提供），発注ツールの提供，装備付き納品等もあわせて行われている。

選書ツール
装備付き納品
発注ツール

もっとも近年は，国立国会図書館によるデータ提供も充実している。2022年8月時点で，刊行された出版物が国立国会図書館に届いてから約4日後には，「新着書誌情報」（作成中の全国書誌データ）としての提供が行われている。また，MARCとしての提供とは意味合いが異なるが，日本出版インフラセンター（JPO）出版情報登録センター（JPRO）により提供される近刊情報が，国立国会図書館サーチで利用可能となっており，各図書館における選書用情報源としての活用も可能になっている。

新着書誌情報
近刊情報
国立国会図書館サーチ

●…………選書から情報資源組織化までの外部資源の活用

外部資源の活用

新しい情報の追加や修正に煩雑な作業を要したカード目録に対して，コンピュータ・システムを介した目録作業が省力化になったのは，MARC以外にも，図書館外部にあるデータの積極的な活用や，目録以外の情報との連携が進んだことにもよる。目録作業の前段階では選書が行われ，購入すべきものは発注が行われるが，ここでも（すべてにではないものの）コンピュータ処理が介在するようになっている。選書のための情報を各種ウェブサイトから得たり，発注を書店等のウェブサイト上で行ったりというだけでなく，選書や発注を行った際の情報を目録作業時に（あるいは，目録の情報を選書・発注作業時に）活用できるようになっていることもある。

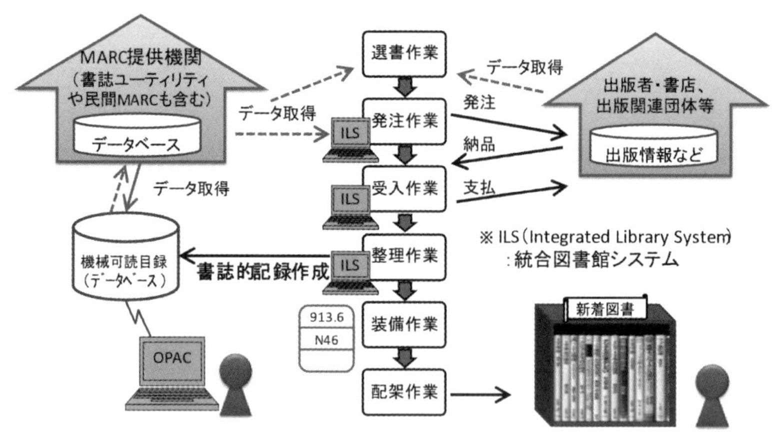

図　資料の整理にかかわる業務の流れ（イメージ）

特に，取次や図書館への出版物の流通を担う企業は，新刊情報をまとめた出版情報誌を発行し，選書ツールとして提供し，また発注ツールとの連動やデータの連携を図ってきた。今日では，それらはウェブ・システムとして整備されている。これらを利用すると，発注用バーコード等をシステムに読み込ませることで，選書対象となる資料の詳細情報や受発注の状況を確認できる，また納品されたMARCを取り込むところまでひと流れで処理できる，というようにもなっている。発注バーコードとしては，各社固有番号が使われるほか，図書の商品コードとして用いられる書籍JANコード中のISBN（国際標準図書番号：International Standard Book Number，UNIT 10参照）が利用されることもある。同様にして，ISBN等を手がかりに国立国会図書館が提供する全国書誌データをダウンロードして，自館の目録に取り込むことが可能な場合もある（UNIT 47参照）。

書籍JANコード

ISBN

このように，他システムとの連動やデータの受け渡しを実現したり，各目録作成機関の外部にある情報源（他の目録作成機関等で作成されるデータや，出版物情報のデータベース等）から入手するデータを活用したり，といったことも行いやすくなり，ゼロからデータを作成することが総じて減っている。

●…………OPAC（Online Public Access Catalog）としての提供，その他の展開

目録の変化は業務遂行に用いる事務用目録に留まらず，利用者用目録にも及んだ。目録のデータを利用者向けの画面表示により提供する，オンライン閲覧目録（Online Public Access Catalog：OPAC）がうまれた。なお，「蔵書検索システム」，「目録デー

OPAC

タベース」などと呼ぶこともあるが，以降ではOPACの略称を用いる。

かつては，利用者が目的とする資料をある図書館が所蔵しているかどうかについては，基本的には開館時間内に図書館に出向き，閲覧用のカード目録を（または冊子体目録などを）利用しなければならなかった。図書館にとっても，事務用目録と利用者用目録をともに維持管理し，内容を更新していく必要があった。OPACがインターネット上に公開され，広く提供されるようになると，遠隔地からでも利用でき，開館時間などの制約を受けずに利用できるようにもなる。特に区別する場合にはWebOPACとも呼ばれるこうしたOPACの公開は，（館種にもよるが）一般的なことになってきている。また，目録作業だけでなく図書館業務全体の連携を実現するようなシステム（Integrated Library System：ILS，統合図書館システム等とも呼ばれる）を構築した場合，各業務間での情報共有も可能となる。その結果，例えばOPACに資料の状態（貸出中か貸出可能か，受入処理中か配架済みであるか等）をあわせて表示することも行われている。

WebOPAC

統合図書館システム

●…………OPACに求められるもの

目録にどこまでの機能をもたせるか，といったことにもいろいろな考え方があるが，貸出中等の状況をあわせて表示することはもとより，検索結果をさらに絞り込むための機能，関連する主題の提示や類似資料の提案機能などの面でも，年々工夫が重ねられている。さらには，OPACが，情報ポータルサイトとして利用者向け各種サービスの一翼を担っているようなケースもある。

情報ポータルサイト

今日では，図書館利用者がノートパソコンやタブレット端末，スマートフォンなどの情報通信機器を持ち歩くことも増え，図書館内外でOPACを利用することも当たり前となった。カード目録の時代には図書館内に偏在していた閲覧目録が，図書館所蔵資料の実際に置かれている場所により近いところで利用できるものとなり，さらに図書館利用者の身近に遍在するものへとなってきている。

そうなってなお，使いやすい目録とは，一定の方法で適切に組織化されたデータがあってのことであろう。目録作業者は，自らの作業によりデータがどのように処理され，OPAC等を通じて利用者の目前にどのような影響をもってあらわれるのかを，よく理解して業務にあたることが必要である。

UNIT 3

◉目録法

目録と目録規則

●…………目録とは

目録　目録とは，利用者が図書館で利用可能な資料を発見・識別・選択・入手できるように，図書館または図書館グループが所蔵する各資料に関する諸情報を，圧縮・構造化したデータとして記録したものである。

今日その比重を急速に高めている電子資料については，全文検索など資料自体を直接に検索対象とすることが可能となったため，書誌データの必要性は，従来型の資料のようには自明ではなくなった。しかし，ウェブ情報技術の世界でも，データに関する構造化されたデータであるメタデータが重要視されているように，資料に関する重要な情報を一定のルールのもとで構造化した書誌データには，全文検索では代替できない有用性がある。図書館は，適切な書誌データ，所在データおよび典拠データを作成し，目録を編成して利用に供することで，資料のもつ利用可能性を最大限に顕在化する努力が必要である。

書誌データ
所在データ
典拠データ

●…………書誌コントロールと目録規則の標準化

無秩序に刊行・公開されている情報資源の中から必要なものを効率的に発見するためのさまざまな工夫や活動を「書誌コントロール」と呼ぶ。図書館では所蔵する資料群から迅速かつ適確に求める情報を発見するために，対象の情報群の特徴を考慮して，その異同を効果的に見極める情報を体系化した。そのルールが目録規則である。対象となる情報資源の増大と多様化が進み，複数の所蔵機関を対象に検索することが求められる中，目録情報作成のための目録規則の標準化が進展した。

書誌コントロール
目録規則

1960年代以降，「国際図書館連盟」（International Federation of Library Associations and Institutions：IFLA）を中心に標目と書誌記述の標準化が国際的レベルで進められた。1961年に標目の選定と形式の決定に関する原則（パリ原則）がまとめられ，わが国でもこれを基礎にして「日本目録規則　1965年版」（NCR1965）が策定された。さらに1970年代になると，資料種別ごとに「国際標準書誌記述」（ISBD）が策定され記述の標準化が進められた。わが国では，ISBDに基づく「日本目録規則　新版予備版」が1977年に，それに基づいて，1987年には「日本目録規則　1987年版」（NCR1987）が策定された。NCR1987は，カード目録対応の規

IFLA
パリ原則
ISBD
NCR1987

則ではあるが，記述ユニット方式を採用し，カード目録だけでなくコンピュータ目録にも対応した規則として策定されたものである。

その後NCR1987は，30年以上にもわたってわが国の図書館の標準目録規則としての役割を担ってきた。その間3度改訂が行われている。1994年の改訂版では，未刊であった「書写資料」，「静止画資料」，「博物資料」の各章の完成や書誌階層規定の再構成などが行われた。2001年の改訂2版では，「コンピュータファイル」の章において，リモート・アクセス資料にも対象を拡張し，章名は「電子資料」に改められた。2006年の改訂3版では，「逐次刊行物」の章を更新資料をも対象とするよう拡張され，その章名は「継続資料」に改められるとともに，和古書・漢籍に関する規定も整備され「図書」，「書写資料」の両章が改訂された。

●…………FRBRの成立

21世紀になって実現した目録規則の抜本的な改訂は，IFLAの研究グループが，電子情報資源への対応と利用者指向の観点から書誌レコードの機能要件を再検討し，その成果を最終報告書「書誌レコードの機能要件」（FRBR）として1998年に公表 FRBR
したところから始まった。この最終報告書では，目録に求められる諸機能を実体関連分析の手法を用いてまとめた概念モデルが提示されている。この概念モデルを基礎として，その後，目録のコンピュータ化を進める特質を活かして利用者の情報探索ニーズに適合した目録データの提供のあり方，情報資源組織化の考え方の抜本的な刷新が進められ，さまざまな報告書が下記のとおり作成された。そして2010年には，英米圏の国際規則である『英米目録規則　第2版』（AACR2）に代わって，FRBRを基礎としたRDAと呼ばれる準国際規則が作成されることになった。 RDA

1998 『書誌レコードの機能要件：最終報告書』（FRBR）
2009 『国際目録原則覚書』（ICP）
2009 『典拠データの機能要件』（FRAD）
2010 『Resource Description and Access』（RDA）
2010 『主題典拠データの機能要件』（FRSAD）
2011 『国際標準書誌記述：統合版』（ISBD）

●…………日本目録規則2018年版の成立

NCRを維持管理する日本図書館協会目録委員会は，国立国会図書館と共同で2013年8月に「『日本目録規則』改訂の基本方針」を公表し，翌9月からは国立国会図書館と共同で改訂作業を進めた。そして2018年12月に，上記RDAとの相互運用性を担保し，FRBRを基礎とした新たな目録規則『日本目録規則　2018年版』（NCR2018）を刊行した。 NCR2018

●…………日本目録規則 2018 年版の全体構成

NCR1987 は,「記述」,「標目」,「排列」の 3 部構成で,ISBD を基礎とする「記述」を中心とし,「記述」は資料種別ごとに章を設けて規定していた。一方,FRBR を基礎とする NCR2018 は,「総説」,「属性」,「関連」の 3 部構成となり,大きく様変わりした。本書では,NCR2018 の構成に従って UNIT を組み立てているが,NCR1987 の「第 I 部　記述」に相当する第 2 章の体現形の属性の記録は書誌データの根幹となるので大きく取り上げることとした（UNIT 7〜UNIT 14）。また,資料種別に従う NCR1987 の構成の方が実務の観点から理解しやすいと考え,図書（UNIT 7〜UNIT 10）,逐次刊行物（UNIT 11〜UNIT 12）,非図書資料（UNIT 13〜UNIT 14）に分けた UNIT 構成を採っている。以下に NCR1987 と NCR2018 の目次を掲載する。

NCR1987
NCR2018

表　NCR1987とNCR2018の比較

NCR1987 の全体構成	NCR2018 の全体構成
目録委員会報告	目録委員会報告
序説	序説
第 0 章　総則	**第 1 部　総説**
第 I 部　記述	第 0 章　総説
第 1 章　記述総則	**第 2 部　属性**
第 2 章　図書	**<属性の記録>**
第 3 章　書写資料	**セクション 1　属性総則**
第 4 章　地図資料	第 1 章　属性総則
第 5 章　楽譜	**セクション 2　著作, 表現形, 体現形, 個別資料**
第 6 章　録音資料	第 2 章　体現形
第 7 章　映像資料	第 3 章　個別資料
第 8 章　静止画資料	第 4 章　著作
第 9 章　電子資料	第 5 章　表現形
第 10 章　博物資料	**セクション 3　個人・家族・団体**
第 11 章　点字資料	第 6 章　個人
第 12 章　マイクロ資料	第 7 章　家族
第 13 章　継続資料	第 8 章　団体
記述付則 1　記述の記載様式	**セクション 4　概念, 物, 出来事, 場所**
2　記述の記載例	第 9 章　概念, 第 10 章　物, 第 11 章　出来事, 第 12 章　場所（保留）
	<アクセス・ポイントの構築>
第 II 部　標目	**セクション 5　アクセス・ポイント**

第21章　標目総則 第22章　タイトル標目 第23章　著者標目 第24章　件名標目 第25章　分類標目 第26章　統一タイトル 標目付則1　片かな表記法 2　単一記入制のための標目選定表 **第Ⅲ部　排列** 第31章　排列総則 第32章　タイトル目録 第33章　著者目録 第34章　件名目録 第35章　分類目録 **付録** 1　句読法・記号法 2　略語表 3　国名標目表 4　無著者名古典・聖典統一標目表 5　カード記入例 6　用語解説 索引	第21章　アクセス・ポイントの構築総則 第22章　著作 第23章　表現形 第24章　体現形，第25章　個別資料（保留） 第26章　個人 第27章　家族 第28章　団体 第29章　概念，第30章　物，第31章　出来事，第32章　場所（保留） **第3部　関連** **セクション6　関連総則** 第41章　関連総則 **セクション7　資料に関する関連** 第42章　資料に関する基本的関連 第43章　資料に関するその他の関連 第44章　資料と個人・家族・団体との関連 第45章　資料と主題との関連（保留） **セクション8　その他の関連** 第46章　個人・家族・団体の間の関連 第47章　主題間の関連（保留） **付録** A.1　片仮名記録法 A.2　大文字使用法（2019.7.5更新） A.3　略語使用法 B.1　語彙のリストの用語 B.2　三次元資料の種類を示す用語と用いる助数詞（追加分） C.1　関連指示子：資料に関するその他の関連 C.2　関連指示子：資料と個人・家族・団体との関連 C.3　関連指示子：資料と主題との関連（保留） C.4　関連指示子：個人･家族･団体の間の関連 C.5　関連指示子：主題間の関連（保留） D　用語解説 索引

UNIT 4

◎日本目録規則 2018 年版総説

概念モデルFRBR

FRBR

●…………概念モデルFRBRの概要【#0.1〜#0.4】

実体
関連
属性

NCR2018 が基礎としているFRBRは，目録の機能を実体関連分析の手法によって分析した概念モデルである。このモデルは「実体」,「関連」,「属性」を構成要素としているのに従い，NCR2018 はこの三つの構成要素を枠組みとしている。

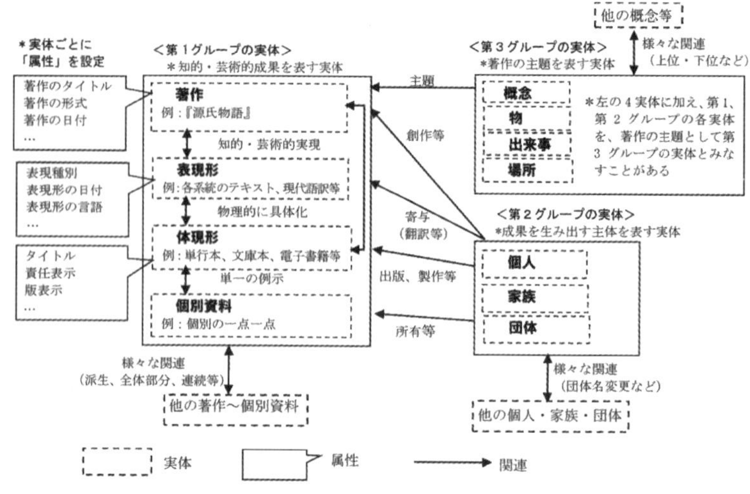

図　概念モデルFRBRの概要図（NCR2018　図0.3（p.23）より）

（1）　実体

第 1 グループの実体

FRBRは，利用者の関心対象を「実体」として捉えてモデル化を行っている。実体は，上の図が示すように三つのグループに大別される。

第 1 グループの実体は，書誌データにおいて命名あるいは記述される知的・芸術的活動の成果を言う。いわゆる著作物や資料自体を指している。この実体は，さらに四つのカテゴリーに分けられる。

著作
表現形
体現形
個別資料

① 著作（work）：個別の知的・芸術的創造

② 表現形（expression）：著作の知的・芸術的実現

③ 体現形（manifestation）：著作の表現形の物理的具体化

④ 個別資料（item）：体現形の単一の例示

具体例を挙げて説明する。

A図書館の書棚に次の2冊本の図書がある。

二年間の休暇 / J.ベルヌ作 ; 朝倉剛訳 ; 太田大八画. — 東京 : 福音館書店, 2002.6. — 2冊 ; 17cm. — (福音館文庫 ; C-1, 2) (UNIT 19記録例参照)

この2冊の図書は，フランスの小説家Jules Verneが1888年に著したDeux ans de vacancesという冒険小説の日本語訳を収録している。無人島に漂流した15人の少年たちが力を合わせて生活していく物語を読みたいと思った利用者にはその要求に合致した図書であるが，この物語を収録しているのはこの2冊の図書だけではない。「二年間の休暇」という同一タイトルの図書が岩波書店からも偕成社からも出版されている。さらに，この物語は「十五少年漂流記」という翻訳タイトルで知られている物語で，試みにA図書館のOPACを検索すると，「十五少年漂流記」という語を含むタイトルで出版された図書が52件ヒットする。52件の『十五少年漂流記』も『二年間の休暇』もすべて同一の知的・芸術的創造である作品が収録されている。このような作品という実体を「著作」と呼ぶ。 著作

「著作」はさまざまなテキストによって表現されている。上記の2冊の図書は，朝倉剛が訳したテキストである。フランス語による原作や英語訳のテキストとともに，数多くの日本語訳テキストが存在している。このような各テキストという実体を「表現形」と呼ぶ。 表現形

さらに，福音館文庫収録の上記の2冊本の朝倉剛訳のテキストは，もともと1968年に1冊本の単行本として出版されたものである。単行本や文庫本という出版物を「体現形」と呼ぶ。図書館目録（OPACやカード目録）は，主としてこの「体現形」のデータを収録している。 体現形

出版物は複数部数が印刷（複製）されて刊行されるのが一般的である。各図書館が所蔵する資料の一点ごとの実体を「個別資料」と呼ぶ。 個別資料

著作：Jules Verne著　Deux ans de vacances
　表現形1：フランス語テキスト
　表現形2：英訳テキスト
　表現形3：森田思軒訳「十五少年」
　　体現形1：1896年博文館刊行本
　　体現形2：1929年春陽堂刊『明治大正文学全集　第8巻』
　表現形4：荒川浩充訳「十五少年漂流記」
　表現形5：朝倉剛訳「二年間の休暇」

体現形1：1968年福音館書店刊行本

体現形2：福音館文庫収録本 〈UNIT 19記録例〉

個別資料：A図書館所蔵本

個別資料：B図書館所蔵本

……

表現形6

……

(2) 属性

各実体は，それぞれ固有の属性と外的に付与される属性をもっている。例えば，著作の属性には，著作のタイトル，著作の形式，著作の成立日付，想定終期，想定利用者，音楽作品の演奏手段，地図の経緯度等が挙げられている（UNIT 15参照）。体現形の属性としては，体現形のタイトル，責任表示，版・刷表示，出版地・頒布地，出版者・頒布者，出版日付・頒布日付，シリーズ表示，キャリアの形態，キャリアの数量，体現形識別子等々が挙げられている（UNIT 7～UNIT 14参照）。体現形の属性の多くは，ISBDの記述要素に対応するものであるが，このような実体がもっている特徴，利用者が実体を発見し，識別し，選択し，入手する場合に用いる著者名やタイトルや主題などの検索用語や概念を，実体がもつ属性として捉え，これらの属性を目録のデータとして利用するのである。

著作の属性

体現形の属性

(3) 関連

属性とともに，利用者が実体を探索する場合に重要な手段として設定されているのが，実体と他の実体との間の関係を示す「関連」である。「図 概念モデルFRBRの概要図」の矢印がそれに相当する（UNIT 18参照）。

FRBRモデルにおける最も基本的な関連は，第1グループの実体内の関連である。著作と表現形との関連は，表現形の定義で示されているように，著作の知的・芸術的「実現」の関連であり，著作・表現形と体現形の関連は「物理的具体化」の関連であり，体現形と個別資料との関連は「単一の例示」の関連である。

また，第1グループの実体と第2グループの実体（知的・芸術的成果になんらかの責任をもつ実体すなわち個人・家族・団体）の関連で言うと，著作との関連は，「創造」の関連であり，表現形との関連は，「表現」の関連であり，体現形との関連は「製作」の関連であり，個別資料との関連は「所有」の関連である。

著作と第3グループの実体との関連は「主題」の関連である。「主題」の関連は，UNIT 21～UNIT 44のテーマである。

基本的な関連

「実現」の関連

「物理的具体化」の関連

「単一の例示」の関連

「創造」の関連

「表現」の関連

「製作」の関連

「所有」の関連

「主題」の関連

UNIT 5

◉日本目録規則 2018 年版総説

エレメントの記録

●…………エレメント【#0.5.1】

NCR2018 は，目録の機能の実現に必要となる実体の属性および実体間の関連を，「エレメント」として設定し，記録の範囲や方法を規定している。 エレメント

エレメントは細分される場合がある。この場合，下位のエレメントには，「エレメント・サブタイプ」（エレメントを種類によって区分したときの下位のエレメント，例えば，エレメント「タイトル」における本タイトル，並列タイトル，タイトル関連情報など）と「サブエレメント」（エレメントの構成部分となる下位のエレメント，例えば，エレメント「出版表示」における出版地，出版者，出版日付など）がある。 エレメント・サブタイプ サブエレメント

エレメントのうち，資料の発見・識別に欠かせないものを「コア・エレメント」と呼ぶ。コア・エレメントは，適用可能でかつ情報を容易に確認できる場合は，必ず記録する。 コア・エレメント

以下，体現形のエレメントについてはUNIT 7～UNIT 14，著作と表現形のエレメントについてはUNIT 15，個人，家族，団体のエレメントについてはUNIT 16で取り扱う。また，関連のエレメントについてはUNIT 18で取り扱う。実体の属性および関連のエレメントの記録例については，UNIT 19を参照のこと。

●…………エレメントの記録の方法【#0.5.1.3】

属性および関連のデータの記録の方法は，次のとおり，エレメントによって異なる。

a）体現形のタイトルなど，情報源における表示の転記を原則とするエレメント 転記

b）統制形アクセス・ポイントなど，**統制形**（一定の規定に基づく表記形式）による記録を行うエレメント 統制形

c）資料の種別など，規則に提示された**語彙のリストから用語を選択**して記録することを原則とするエレメント 語彙のリスト

d）キャリアの数量や大きさなど，**計数・計測した値**の記録を原則とするエレメント 計数・計測した値

e）上記のいずれにもよらず，**文章等**により記録を行うエレメント 文章等

各実体について，その属性および関連のエレメントの記録を行ったデータの集合

記述

を「**記述**」と呼ぶ（体現形の記述，著作の記述，個人の記述，団体の記述等）。

属性の記録

●…………属性の記録【#0.5.2】

実体ごとに，その発見・識別等に必要な属性のエレメントが設定されている。体現形に関する属性の記録は，資料の識別に根幹的な役割を果たす。著作，表現形，個人・家族・団体の属性の記録は，体現形の属性の記録を根拠として，主に典拠データとして記録される。

資料の種別

●…………資料の種別【#0.5.3】

表現種別
機器種別
キャリア種別
刊行方式の区分

資料の種別は，次のように多元的に捉えて記録する。表現形の属性としては，表現形の内容を表現する基本的な形式を示す「**表現種別**」（語彙のリスト表4参照），体現形の属性としては，記述対象の内容を利用（表示，再生，実行など）するために必要な機器の種類を示す「**機器種別**」（語彙のリスト表2参照），記述対象の内容を記録した媒体およびその形状を示す「**キャリア種別**」（語彙のリスト表3参照），体現形の刊行単位，継続性，更新の有無などによる刊行形態の区分を示す「**刊行方式の区分**」（語彙のリスト表1参照）が設定されている。

主に言語で表現されている一冊本の単行書の場合の資料の種別	DVD-ROMに収録された電子地図の場合の資料の種別
【表現種別】テキスト	【表現種別】地図
【機器種別】機器不用	【機器種別】コンピュータ
【キャリア種別】冊子	【キャリア種別】コンピュータ・ディスク
【刊行方式】単巻資料	【刊行方式】単巻資料

アクセス・ポイント
典拠形アクセス・ポイント
異形アクセス・ポイント

●…………アクセス・ポイントの構築【#0.5.4】

実体ごとに，規定に基づいて必要な属性を組み合わせ，実体に対する「**典拠形アクセス・ポイント**」と「**異形アクセス・ポイント**」を構築する（NCR1987までの目録規則における「統一標目」と「参照」に該当する）。当該実体を他の実体と一意に判別する典拠形アクセス・ポイントは，典拠コントロールにおいて根幹的な役割を果たし，関連の記録にも用いる。他方，異形アクセス・ポイントは，典拠形アクセス・ポイントとは異なる形から実体を発見する手がかりとなる。両者は，ともに「**統制形アクセス・ポイント**」である。ほかに「**非統制形アクセス・ポイント**」（体現形のタイトルの読みなど）がある（UNIT 17参照）。

統制形アクセス・ポイント
非統制形アクセス・ポイント

●…………関連の記録【#0.5.5】

関連のエレメント

資料や実体の発見・識別に必要な，実体間のさまざまな関係性を表現する，関連のエレメントが設定されている。関連する実体の識別子，典拠形アクセス・ポイント等によって，関連の記録を行う。また，関連の詳細な種類を示す「**関連指示子**」を設け，用いる用語は，NCR2018の【付録#C.1】に提示された語彙のリストに基づいて記録するエレメントもある（UNIT 18参照）。 関連指示子

●…………記録の順序等【#0.5.7】 記録の順序等

規定対象をエレメントの記録の範囲と方法に限定し，エレメントまたはエレメントのグループの記録の順序，エンコーディングの方式，提供時の提示方式は，原則として規定されていない。ただし，典拠形アクセス・ポイントの構築については，優先タイトルまたは優先名称に付加する識別要素の優先順位が規定されている。

●…………別法と任意規定【#0.7】

本則と択一の関係にある条項として「別法」が設けられている。この場合，データ作成機関は方針を定めた上で，本則を採用せず別法を採用することができる。本書では，基本的に本則に基づいて演習を行う。 別法

また，本則または別法の内容を拡充したり限定したりする「任意規定」が設けられている。データ作成機関は，任意規定の採否について方針を定める必要がある。本書では，任意規定については取り扱わない。 任意規定

●…………記号法【#0.8】

NCR2018は，エンコーディングの方式や提供時の提示方式は原則として規定されていないが，NCR2018では，図書館OPACの表示等を通じて普及しているISBDの区切り記号法を例示に使用している。そのため，ISBD区切り記号法を以下に簡略に解説する。 ISBD区切り記号法

(1)　ISBDで規定されている書誌的事項（エレメント）と区切り記号

体現形の記述に相当する記述データのエレメントを，8つのエリアに大括りし，エリアごとに複数のエレメントに細分するのがISBDの記録方式である。エリアおよびエレメントの記録順序も決められている。これらのエリアおよびエレメントがコンピュータでも認識できるように，それぞれ区切り記号が決められている（例えば，並列タイトルのデータの直前にはスペース，等号，スペース（□＝□）が記録されるなど）。

資料種別によってデータ項目の適用は異なるが，ここでは，すべてのデータ項目を列挙した（例えば，図書の場合には，「資料（または刊行方式）の特性に関する事項」は適用されない）。記述は「タイトル」から始まり，最初のエリアを除いて，

各エリアの前には，ポイント，スペース，ダッシュ，スペース（.□—□）をつける追い込み方式で示した（□は1字あけを意味する）。

本タイトル□［資料種別］□＝□並列タイトル□：□タイトル関連情報□／□責任表示.□—□版表示□／□特定の版にのみ関係する責任表示,□付加的版表示□／□付加的版表示にのみ関係する責任表示.□—□資料（または刊行方式）の特性に関する事項.□—□出版地または頒布地等□：□出版者または頒布者等，□出版年または頒布年等.□—□特定資料種別と資料の数量□：□その他の形態的細目□；□大きさ□＋□付属資料.□—□（本シリーズ名□＝□並列シリーズ名□：□シリーズ名関連情報□／□シリーズに関係する責任表示,□シリーズのISSN□；□シリーズ番号.□下位シリーズの書誌的事項）.□—□注記.□—□標準番号□＝□キイ・タイトル□：□入手条件

エレメントを繰り返す場合には，スペース，セミコロン，スペース（□；□）が使用される。

ISBD統合版

なお，最新版である2011年のISBD統合版において，本タイトルに続くエレメント「資料種別」は廃止され，エリア0として「表現種別と機器タイプエリア」が新たに追加され，エリアは9つとなったが，このエリアは区切り記号法にはかかわらないのでここでは省略する。

十五少年漂流記□／□ジュール・ヴェルヌ著□；□荒川浩充訳.□—□東京□：□東京創元社,□1993.8.□—□465p□：□15cm.□—□（創元SF文庫）.□—□ISBN 4-488-60605-9

読みのデータを示す記号

(2) 読みのデータを示す記号など

例示のためにNCR2018が使用している次の記号を本書でも踏襲する。

a）読みを示す場合には，読みのデータの直前に二重縦線（||）を使用する。

湯川, 秀樹 || ユカワ, ヒデキ

b）統制形アクセス・ポイントを構築する場合，優先タイトルと創作者に対する典拠形アクセス・ポイントを結合させるためのピリオド，セミコロン等を使用する。

園部, 三郎 || ソノベ, サブロウ, 1906-1980; 山住, 正己 || ヤマズミ, マサミ, 1931-2003. 日本の子どもの歌 || ニホン ノ コドモ ノ ウタ

エレメントを示す記号

(3) エレメントを示す記号

NCR2018の条項番号および属性および関連の規則を説明する際の例示では，条項番号やエレメント名を【 】に括って示した。

【#2.1】

【本タイトル】ハムレット

●…………資料の種別を示す語彙のリスト

表1　刊行方式を示す用語【表2.12.3】

用語	説明
単巻資料	物理的に単一のユニットとして刊行される資料（例えば，1冊のみの単行資料）。無形資料の場合は，論理的に単一のユニットとして刊行される資料（例えば，ウェブに掲載されたPDFファイル）。
複数巻単行資料	同時に，または継続して刊行される複数の部分から成る資料で，一定数の部分により完結する，または完結することを予定するもの（例えば，2巻から成る辞書，1セットとして刊行された3巻から成る録音オーディオカセット）。
逐次刊行物	終期を予定せず，部分に分かれて継続して刊行され，通常はそれぞれに順序表示がある資料（例えば，定期刊行物，モノグラフ・シリーズ，新聞）。
更新資料	追加，変更などによって更新されるが，一つの刊行物としてのまとまりは維持される資料。更新前後の資料は，別個の資料として存在するのではなく，更新箇所が全体に統合される。ページを差し替えることにより更新されるルーズリーフ形式の資料，継続的に更新されるウェブサイトなど。

表2　機器種別とキャリア種別の用語【表2.15.0.2】【表2.16.0.2】

機器種別	主なキャリア種別
映写 動画または静止画を保持し，映画フィルム・プロジェクター，OHPなどの映写機器の使用を想定した体現形に適用する。	トランスペアレンシー スライド フィルム・カセット フィルム・リール
オーディオ 録音音声を保持するなどし，オーディオカセット・プレーヤー，CDプレーヤー，MP3プレーヤーなどの再生機器の使用を想定した体現形に適用する。アナログ方式，デジタル方式いずれの音声も該当する。	オーディオカセット オーディオ・カートリッジ オーディオ・ディスク オーディオテープ・リール
顕微鏡 肉眼では見えない微小な対象を見るために，顕微鏡などの機器の使用を想定した体現形に適用する。	顕微鏡スライド
コンピュータ 電子ファイルを保持し，コンピュータの使用を想定した体現形に適用する。コンピュータ・ディスクなどにローカル・	コンピュータ・ディスク オンライン資料

アクセスする場合と，ファイル・サーバを通じてリモート・アクセスする場合がある。	
ビデオ 動画または静止画を保持し，ビデオカセット・プレーヤー，DVDプレーヤーなどの再生機器の使用を想定した体現形に適用する。アナログ方式，デジタル方式，二次元，三次元いずれの画像も該当する。	ビデオカセット ビデオディスク
マイクロ 閲覧するために拡大を必要とするマイクロ画像を保持し，マイクロフィルム・リーダー，マイクロフィッシュ・リーダーなどの機器の使用を想定した体現形に適用する。透明，不透明いずれの媒体も該当する。	アパーチュア・カード マイクロオペーク マイクロフィッシュ マイクロフィルム・リール
立体視 三次元効果を与えるように，対をなす静止画によって構成され，ステレオスコープ，立体視ビューワなどの機器の使用を想定した体現形に適用する。	立体視カード 立体視ディスク
機器不用 機器を使用せず，人間の感覚器官を通して直接認識することを想定した体現形に適用する。印刷，手描き，点字などによって作製された資料，彫刻，模型などの三次元資料が該当する。	オブジェクト カード 冊子 シート 巻物

表3　表現種別の用語【表5.1.3より】

用語	説明
テキスト	視覚認識する言語表現に適用する。
テキスト（触知）	触覚認識する言語表現に適用する。点字，ムーン・タイプなどの触読文字が該当する。
楽譜	視覚認識する音楽記譜に適用する。
地図	視覚認識する静止画としての地図表現に適用する。シート状の地図，地図帳，対景図，リモートセンシング図などが該当する。
地図（触知）	触覚認識する静止画としての地図表現に適用する。
地図動画	二次元動画としての地図表現に適用する。地球などの天体を映した衛星動画などが該当する。
三次元地図	視覚認識する三次元形状の地図表現に適用する。地球儀，地形模型などが該当する。

静止画	視覚認識する線，図形，陰影などによる，二次元の静的な画像表現に適用する。線図，絵画，写真などが該当する。地図は除く。
静止画（触知）	触覚認識する線，図形などによる，二次元の静的な画像表現に適用する。
二次元動画	視覚認識する二次元の動的な画像表現に適用する。音声の有無を問わない。映画，ビデオ，ビデオゲーム（3Dグラフィックスを使用したゲームを含む）などが該当する。3D動画は除く。また，動画の地図は除く。
三次元動画	視覚認識する三次元の動的な画像表現に適用する。音声の有無を問わない。3D映画，ステレオスコピック 3Dビデオゲームなどが該当する。3Dグラフィックスを使用したビデオゲームは除く。
話声	聴覚認識する言語表現に適用する。朗読，話芸，ラジオドラマ，演説，インタビューなどの録音が該当する。また，コンピュータ発話なども該当する。映像を伴う場合は除く。
演奏	聴覚認識する音楽表現に適用する。録音された音楽演奏，コンピュータ音楽などが該当する。映像を伴う場合は除く。
音声	話声または演奏を除く，聴覚認識する表現に適用する。自然音，人工音のいずれも該当する。映像を伴う場合は除く。
コンピュータ・データセット	コンピュータ処理用にデジタル・コード化したデータセットに適用する。平均，相関などの計算やモデル作成のための，アプリケーション・ソフトウェアに使用される数値データ，統計データなどが該当する。コンピュータ処理用の地図データは除く。また，視覚認識または聴覚認識するデータは除く。
コンピュータ・プログラム	コンピュータが処理，実行する指令をデジタル・コード化したデータに適用する。オペレーティング・システム（OS），アプリケーション・ソフトウェアなどが該当する。

該当する表現種別が存在しない場合は，「その他」または「other」と記録する。
該当する表現種別が容易に判明しない場合は，「不明」または「unspecified」と記録する。

UNIT 6

◉日本目録規則 2018 年版総説

属性の記録総則

このUNITでは，属性の記録の一般的な事項を，体現形の属性の記録を中心に解説する。著作・表現形の属性の記録についてはUNIT 15，個人・家族・団体の属性の記録についてはUNIT 16を，関連の記録についてはUNIT 18を見よ。

記録の目的

●…………記録の目的【#1.1，#2.0.1】

発見
識別
選択
入手

実体の属性は，a）アクセス・ポイントとして実体の発見に寄与する，b）特定の実体を識別する，c）利用者のニーズに適合する資料を選択する，d）記述された個別資料を入手することを目的として記録する。

体現形の属性の記録は，体現形の識別を可能とすること，ならびに利用者のニーズに合致する体現形の選択および入手に役立つことにあり，他の実体（著作・表現形，個人・家族・団体，主題）の属性を記録するための根拠となるものである。

記述対象

●…………記述対象【#1.3】

体現形の記述

書誌データの根幹は，体現形の記述にある。当該資料全体の刊行方式と書誌階層構造を把握した上で，その資料から特定の体現形を選択し，記述対象とする。

記述対象とする体現形の属性を記録し，あわせて個別資料の記述，その体現形が属する著作および表現形の記述を作成する。また，必要に応じて関連するその他の実体（個人・家族・団体，場所）の記述を作成する。

ただし，書写資料，肉筆の絵画，手稿譜等については，個別資料を記述対象として，体現形の記述を作成する（本書では取り扱わない）。

刊行方式

●…………刊行方式【#1.4】

単巻資料
複数巻単行資料
逐次刊行物
更新資料

刊行物の刊行単位，継続性，更新の有無などによる刊行形態の区分を「刊行方式」と呼ぶ。刊行方式には，a）単巻資料，b）複数巻単行資料，c）逐次刊行物，d）更新資料がある（UNIT 5「表1　刊行方式を示す用語」参照）。

●…………書誌階層構造【#0.5.6】

体現形は，シリーズとその中の各巻，逐次刊行物とその中の各記事のように，それぞれが固有のタイトルを有する複数のレベルとして，階層的に捉えることができる。このように，体現形の構造を固有のタイトルを有する複数のレベルから成る書誌階層構造と捉え，記述対象を任意の書誌レベルから選択できるという考え方に基づいている。

書誌階層構造

記述対象として選択することが望ましい書誌レベルを基礎書誌レベルと言う。その上下の書誌レベルを，それぞれ上位書誌レベル，下位書誌レベルと定める。

基礎書誌レベル
上位書誌レベル
下位書誌レベル

表　書誌階層構造

エレメント	上位書誌レベル（集合単位）	基礎書誌レベル（単行単位）		下位書誌レベル（構成単位）	下位書誌レベル（構成単位）
		巻次			
タイトル：本タイトル	日本の名著	36	中江兆民	東洋のルソー：中江兆民	三酔人経綸問答
責任表示			河野健二責任編集	河野健二著	中江兆民[著]
出版表示：出版地	東京		東京		
出版表示：出版者	中央公論社		中央公論社		
出版表示：出版年	1969-1982		1970.1		
数量	50冊		490p	p.5-58	p.199-272
体現形の識別子			全国書誌番号 74003406		

データ作成者は，任意の一つの書誌レベルを選択し，体現形の記述を作成する。上位書誌レベルの情報は，属性の記録（シリーズ表示），および（または）関連の記録（体現形間の上位・下位の関連）として記録することができる。形態的に独立した資料だけでなく，その構成部分も記述対象とできるよう規定している。〈例題4〉

構成部分

●…………記述のタイプ【#1.5.2】

記述のタイプ

体現形の記述のタイプには，包括的記述，分析的記述，階層的記述がある。データ作成の目的にあわせて，いずれかの記述のタイプを採用する。

(1)　包括的記述

包括的記述

包括的記述は，体現形の全体を記述対象とする記述である。書誌階層構造でいえば，下位書誌レベルが存在する場合の上位書誌レベルの記述が該当する。また，単一の書誌レベルしか存在しない場合の記述も該当する。

単巻資料，逐次刊行物，更新資料については，包括的記述が基礎書誌レベルのデータ作成に相当する。複数巻単行資料については，各部分が固有のタイトルを有しない場合に限り，包括的記述が基礎書誌レベルのデータ作成に相当する。

分析的記述

(2) 分析的記述

分析的記述は，より大きな単位の体現形の一部を記述対象とする記述である。複数の部分から成る体現形のうちの一つの部分を記述対象とする場合や，シリーズのうちの１巻を記述対象とする場合などがある。書誌階層構造でいえば，上位書誌レベルが存在する場合の下位書誌レベルの記述が該当する。また物理レベルでの記述もこれに該当する。

階層的記述

(3) 階層的記述

包括的記述に一つまたは複数の分析的記述を連結した記述である。複数の部分から成る体現形は，その全体と部分をそれぞれ包括的記述と分析的記述の双方によって記録することができる。分析的記述は，複数の階層に細分できる場合がある。

識別の基盤

●…………識別の基盤【#1.6】

イテレーション

記述対象の体現形が複数の部分（巻号，部編など）から成る場合，または複数のイテレーション（特定の時点における更新資料の状態）をもつ場合は，識別の基盤となる部分またはイテレーションを選定する必要がある。

単巻資料に対する包括的記述を作成する場合，または単一の部分に対する分析的記述を作成する場合は，記述対象全体を識別の基盤とする。複数の部分から成る記述対象のうち，逐次刊行物と更新資料はUNIT 11〜UNIT 12を見よ。

●…………情報源【#1.8】

優先情報源

資料に対する情報源は，資料自体の情報源と資料外の情報源に区分される。資料自体の範囲および優先情報源の選定については，UNIT 7〜UNIT 14を見よ。

●…………体現形の記録の方法【#1.9】

体現形の主なエレメントと記録の方法の原則は次のとおりである。

a）情報源の表示の転記を原則とするエレメント

「タイトル」，「責任表示」，「版表示」，「逐次刊行物の順序表示」，「出版表示」，「頒布表示」，「製作表示」，「非刊行物の制作表示」，「著作権日付」，「シリーズ表示」

b）体現形間の関連として記録するエレメント

「下位書誌レベルの記録」

c）規則中の語彙のリスト（UNIT 5「資料の種別を示す語彙のリスト」）中の用語を使用して記録するエレメント

「刊行方式」，「刊行頻度」，「機器種別」，「キャリア種別」

d）キャリア種別の用語とユニット数を記録するエレメント

「数量」

e）計数・計測した値を記録するエレメント

「大きさ」

●…………**転記【#1.10】**

情報源における表示を転記する場合，文字等の転記は次のように行う。

なお，他機関が作成したデータを使用する場合，または自動的なコピー，スキャン，ダウンロード，メタデータのハーベストなどによるデジタル情報源を使用する場合は，データを修正せずに使用してよい。

漢字は，原則として情報源に使用されている字体で記録する。〈例題 1〉 字体

楷書以外の書体は楷書体に改める。入力できない漢字は，入力できる漢字に置き換えるか，読みや説明的な語句に置き換え，その旨がわかる方法（コーディングや角がっこの使用など）で示し，必要に応じて説明を注記として記録する。 楷書体

仮名はそのまま記録するが，変体仮名は平仮名に改める。 変体仮名

ラテン文字等の大文字使用法については，当該言語の慣用に従う。〈例題 2〉 大文字使用法

発音符号は，情報源に表示されているとおりに記録する。入力できない文字は，入力できる文字に置き換えるか，説明的な語句に置き換え，その旨がわかる方法（コーディングや角がっこの使用など）で示し，必要に応じて説明を注記として記録する。 発音符号

句読記号を表示されているとおりに記録することで，かえって意味が不明確になる場合は，記録しないか，他の句読記号に置き換える。識別のために重要な場合は，その旨を注記として記録する。一度の表示で明らかに再読を意図して表示されている文字または語句は，繰り返して記録する。 句読記号

誤記または誤植は，当該エレメントに関する規定が特にない場合は，情報源に表示されているとおりに記録する。識別またはアクセスに重要な場合は，正しい表記について注記する。誤記または誤植がタイトル中に存在して，それが重要とみなされる場合は，正しい表記を異形タイトルとして記録する。 誤記または誤植

UNIT 7

◉体現形の記録（図書）

タイトル，責任表示

図書

UNIT 7～UNIT 10では，対象とする資料を「図書」に限定して体現形の属性の記録を扱う。「図書」とは「文字や図表などが記載された紙葉を冊子体に製本した資料」であり，【機器種別】は「機器不用」，【キャリア種別】は「冊子」，【刊行方式】は「単巻資料」，「複数巻単行資料」または「更新資料」（ルーズリーフ）の値をもつ資料である。

タイトル
責任表示

本UNITでは，タイトルと責任表示を取り上げる。

●…………タイトル【#2.1】

体現形のタイトル

体現形のタイトルは，体現形の名称である語，句または文字の集合である。それは，図書本体の情報源に表示されているだけではなく，カバー（ブック・ジャケット）や箱，付属資料などにも表示されている。その場合，いずれの情報源を優先情報源とするかを選択する必要がある。また，どの情報源にもタイトルの表示がない場合には，参考資料に記載されているタイトルあるいはデータ作成者が独自に付与するタイトルを記録する場合もある。

タイトルは，「本タイトル」，「並列タイトル」，「タイトル関連情報」，「異形タイトル」というエレメント・サブタイプに区分される。これらのサブタイプのうち，「本タイトル」のみがコア・エレメントである。

複製資料

複製資料については，原資料のタイトルではなく，複製資料自体のタイトルを記録する【#2.1.0.5】。原資料のタイトルは，関連する体現形のタイトルとして記録する（UNIT 18参照）。

本タイトル

(1)　本タイトル

体現形を識別するための固有の名称として情報源に表示されている主なタイトルが本タイトルである。

優先情報源
タイトル・ページ

a)「図書」の本タイトルの優先情報源はタイトル・ページである。タイトル・ページがあっても，その情報が不十分な場合は，①奥付，②背・表紙またはカバー，③キャプション，④資料中のその他の情報源の優先順位で情報源を選定することができる。この場合，必要に応じてタイトル・ページ以外のものを情報源とした旨を注記として記録する。

b）資料自体の情報源のどこにもタイトルが表示されていない場合は，資料外の情報源によって本タイトルを選定するか，データ作成者が本タイトルを付与する。

c）次の場合の表示も本タイトルとする。

・本タイトルが総称的な語句，数字，略語のみの場合。〈例題 3〉

「詩集」「諸絵図」「版画集」「研究報告」「1984」「DX」

・本タイトルが個人，家族，団体，場所の名称のみから成る場合。〈例題 4〉

「貝原益軒」「Rosa Luxemburg」「徳川家」「高知市民図書館」「The British Museum」「東京」

・本来，責任表示や出版者，頒布者等として扱われる名称が，タイトルの不可分な一部として表示されている場合は，それらも含めて本タイトルとする。〈例題 5〉

「ヴォート基礎生化学」「有斐閣法律用語辞典」「Horowitz in London」

d）句が，本タイトルの一部とみなされず，タイトル関連情報，責任表示，版次，出版者，シリーズの本タイトル等の別のエレメントと判断される場合は，情報源に表示されている順序にかかわらず，本タイトルに含めず，それぞれの該当するエレメントとして記録する。〈例題 6〉

・タイトル・ページの表示: 鈴木信太郎随筆集 お祭りの太鼓

⇒【本タイトル】お祭りの太鼓　【タイトル関連情報】鈴木信太郎随筆集

・タイトル・ページの表示: 安東次男 古美術の目

⇒【本タイトル】古美術の目　【責任表示】安東次男

・タイトル・ページの表示: 改訂 環境アセスメント関係法令集

⇒【本タイトル】環境アセスメント関係法令集　【版次】改訂

e）情報源に表示されている別タイトルは，本タイトルの一部として表示されている場合は本タイトル，サブタイトルとして表示されている場合はタイトル関連情報として記録する。〈例題 7〉　別タイトル

【本タイトル】ジュリエット物語又は悪徳の栄え

f）情報源において，明らかに本タイトルと判定される部分の上部または前方に表示されている語句（角書，冠称等）は，次のように扱う。　角書 冠称

語句が，明らかに本タイトルと判定される部分と不可分な場合は，本タイトルの一部として記録する。複数行に割って書かれた割書きは1行書きとし，また文字の大小にかかわらず原則として続けて記録する。

・タイトル・ページの表示:「作句と鑑賞のための」が割書き

⇒【本タイトル】作句と鑑賞のための俳句の文法

・タイトル・ページの表示:「図解」が割書き

⇒【本タイトル】図解電子計算機用語辞典

ルビ

g）情報源に表示されたタイトルに付記されたルビは本タイトルに含めない。識別またはアクセスに重要な場合は，ルビを含めたタイトルを異形タイトルとして記録する。〈例題 8〉

タイトル・ページの表示: 青い思想（こころ）

⇒【本タイトル】青い思想　【異形タイトル】青い思想（こころ）

h）同義語による別の表現，原語形とその略語，外来語とその原語などが，タイトルに併記されている場合は，情報源での表示順序，配置，デザイン等に基づいて本タイトルを選定する。この場合に，識別またはアクセスに重要なときは，他方を異形タイトルとして記録する。

タイトル・ページの表示: Android（アンドロイド）アプリ事典

⇒【本タイトル】Androidアプリ事典　【異形タイトル】アンドロイドアプリ事典

言語・文字種

i）情報源に表示されているタイトルの言語・文字種が，本文と異なっている場合でも，情報源に表示されているタイトルを本タイトルとして記録する。

【本タイトル】I love Tokyo Disneyland 2000

【体現形に関する注記】本文は日本語

j）情報源に複数の言語・文字種によるタイトルがある場合は，主な内容で使われている言語または文字種によるタイトルを本タイトルとして記録し，本タイトルとしなかったタイトルは，識別またはアクセスに重要な場合は，並列タイトルとして記録する。〈例題 5〉

タイトル・ページの表示: 詩のトリセツ THE JAPANESE POETRY MANUAL 詩を読むチカラを身につける！

⇒【本タイトル】詩のトリセツ　【タイトル関連情報】詩を読むチカラを身につける！

【並列タイトル】The Japanese poetry manual

スペース

k）日本語のタイトルは，原則としてスペースを入れずに続けて記録する。意味上の区切りがある場合や，続けて記録することによって読解が困難になると判断される場合は，情報源に表示されているスペースを省略せずに記録するか，または語句の間に適宜スペースを挿入することができる。〈例題 9〉

〈スペースを入れずに続けて記録している例〉

タイトル・ページの表示: 福島第一原子力発電所事故　その全貌と明日に向けた提言

⇒【本タイトル】福島第一原子力発電所事故その全貌と明日に向けた提言

〈表示通り，スペースで区切って記録している例〉

【本タイトル】昔噺 人買太郎兵衛

誤記，誤植，脱字

l）情報源に表示されているタイトルに誤記，誤植，脱字などがあっても，そのままの形を記録し，その旨を注記として記録する。正しい形がわかり，識別またはアクセスに重要な場合は，訂正したものを異形タイトルとして記録する。

タイトル・ページの表示: 広告ポタスー銘鑑

⇒【本タイトル】広告ポタスー銘鑑　【異形タイトル】広告ポスター銘鑑
【タイトルに関する注記】正しい本タイトル: 広告ポスター銘鑑

m）情報源に総合タイトルと個別のタイトルの双方が表示されている場合は，総合タイトルを本タイトルとして記録する。識別またはアクセスに重要な場合は，個別のタイトルを関連する体現形のタイトルとして扱う。〈例題 10〉

総合タイトル
個別のタイトル

タイトル・ページの表示: 諸子百家　墨子　孫子　荀子　韓非子
⇒【本タイトル】諸子百家　【関連する体現形のタイトル】墨子　……

n）資料自体のどの情報源にも総合タイトルが表示されていない場合に，包括的記述を作成するときは，すべての個別のタイトルを本タイトルとして，情報源に表示されている順に記録する。

タイトル・ページの表示: 李陵・山月記　弟子・名人伝　中島敦
⇒【本タイトル】李陵・山月記　弟子・名人伝　【責任表示】中島敦

(2)　複数巻単行資料の記録

複数巻単行資料

複数巻単行資料（同時に，または継続して刊行される資料で，一定数の部分により完結する，または完結を予定する資料）で，独立して刊行された各巻，部編，補遺等を記録する場合，複数巻単行資料全体を記述対象とするか，各巻，部編，補遺等を記述対象とするかによって記録の仕方が異なる。

a）情報源に，部編，補遺等のタイトルと，すべての部編，補遺等に共通するタイトルの双方が表示されている場合は，次のように扱う。

部編，補遺等のタイトル

・部編，補遺等のタイトルのみで十分識別できる複数巻単行資料の場合には，独立して刊行された部編，補遺等を記述対象とし，部編，補遺等のタイトルを本タイトルとし，すべての部編，補遺等に共通するタイトルは，シリーズ表示の一部として，または関連する著作のタイトルとして記録する。〈例題 11〉

【本タイトル】春の雪　【シリーズ表示】豊饒の海

・部編，補遺等のタイトルのみでは識別が困難な複数巻単行資料の場合には，本タイトルは，共通タイトルと従属タイトルから構成されるものとする。

共通タイトル
従属タイトル

【本タイトル】検索入門野鳥の図鑑 水の鳥

・部編，補遺等が，タイトルだけではなく，共通するタイトルに対する順序表示をも有する場合は，それも本タイトルに含めて，共通タイトル，順序表示，従属タイトルの順に記録する。

【本タイトル】社会保障論 1 基礎編

b）共通タイトルと巻次のみの複数巻単行資料の場合には，複数巻単行資料全体を記述対象とする包括的記述の場合にも，独立して刊行された各巻，部編，補

共通タイトルと巻次のみ

遺等を記述対象とする分析的記述（物理単位の記録）の場合にも，共通タイトルのみが本タイトルとなる。〈例題 12〉

包括的記述の例

【本タイトル】はてしない物語　【巻次】上 ; 下

分析的記述の例

【本タイトル】はてしない物語　【巻次】上

並列タイトル

(3)　並列タイトル

並列タイトルは，「本タイトルとして記録したものと異なる言語および（または）文字種によるタイトル」である。情報源でタイトル全体が，複数の言語および（または）文字種のタイトルのうちいずれを本タイトルとするかは，情報源での表示順序，配置，デザイン等に基づいて選定する。この場合に，識別またはアクセスに重要なときは，他方を並列タイトルとして記録する。〈例題 5〉

タイトル関連情報

(4)　タイトル関連情報

タイトル関連情報は，「本タイトルを限定，説明，補完する表示」である。情報源における表示の位置は，本タイトルの後に続くことが多いが，本タイトルの上部や前方の位置に表示されていることもある。〈例題 13〉

異形タイトル

(5)　異形タイトル

異形タイトルは，本タイトル，並列タイトル，タイトル関連情報，並列タイトル関連情報としては記録しないが，体現形と結びついているタイトルであり，識別またはアクセスに重要な場合に記録する。

●…………責任表示【#2.2】

責任表示とは，「資料の知的・芸術的内容の創作または実現に，責任を有するか寄与した個人・家族・団体に関する表示」を記録するエレメントである。

責任表示には，「特定の版に関係する責任表示」や「シリーズに関係する責任表示」もあるが，ここで扱うのは「本タイトルに関係する責任表示」である。

本タイトルに関係する責任表示

責任表示は，個人・家族・団体の名称と，役割を示す語句から成る。ただし，名称が単独で表示されている場合もある。責任表示とするものには，著者，編纂者，作曲者，編曲者，画家などのほか，原作者，編者，訳者，脚色者，監修者，校閲者などをも含む。

本タイトルに関係する責任表示のうち，情報源に表示されている主なもの，または最初のものは，コア・エレメントである。

責任表示の情報源の優先順位は，①本タイトルと同一の情報源，②資料自体の他の情報源，③資料外の情報源である。必要な場合は，情報源を注記として記録する。

責任表示の情報源の優先順位

記録の方法は次のとおりである。

個人・家族・団体の名称
役割を示す語句

a）責任表示は，情報源に表示されている，個人・家族・団体の名称と，その役割を示す語句を記録する。ただし，名称が単独で表示されている場合もある。

・タイトル・ページの表示: 芥川竜之介作　⇒　【責任表示】芥川竜之介作

・タイトル・ページの表示: 芥川龍之介　　⇒　【責任表示】芥川龍之介

b）複数の名称を含む責任表示は，複数の個人・家族・団体の果たす役割が同一の場合は，一つの責任表示として記録する。異なる役割を果たしているものは，その役割ごとに別個の責任表示として記録する。〈例題 13〉

【本タイトル】生命の解放

【責任表示】チャールズ・バーチ, ジョン・B・コップ著

【責任表示】長野敬, 川口啓明訳

c）総合タイトルのない資料の場合，記述対象全体に共通する責任表示は，すべてのタイトル，タイトル関連情報などに対応していることがわかるように記録する。責任表示が個別のタイトルに関係している場合は，対応するタイトルとタイトル関連情報がわかるように記録する。〈例題 14〉

・【本タイトル】にごりえ たけくらべ　【責任表示】樋口一葉著

・土佐日記 / 紀貫之著 ; 池田弥三郎訳. 蜻蛉日記 / 藤原道綱母著 ; 室生犀星訳（ISBD区切り記号法を用いてタイトル等との対応関係を表示）

⇒【本タイトル 1】土佐日記

【責任表示 1】紀貫之著　【責任表示 1】池田弥三郎訳

【本タイトル 2】蜻蛉日記

【責任表示 2】藤原道綱母著　【責任表示 2】室生犀星訳

d）情報源に表示されている個人・家族・団体の役割を示す語句は，そのままの形で記録する。個人・家族・団体の名称のみが表示されていて，役割を示す語句が表示されていない場合に，その役割を明らかにする必要があるときは，補ったことがわかる方法（角がっこの使用など）で記録する。〈例題 6〉

タイトル・ページの表示: 寺山修司　群れるな

⇒【責任表示】寺山修司［著］

UNIT 8

◉体現形の記録（図書）

版表示，出版表示等

版表示

●…………版表示【#2.3】

記述対象がどのような版であるかを示す表示を記録するエレメントである。版とは，印刷物の場合には，同一出版者が同一原版を用いて発行する刊行物の刷りの全体を，印刷物以外では，同一マスターを用いたコピーの全体を言う。

版表示の主なサブエレメントは次のとおりである【#2.3.0.2】。

a）版次および版に関係する責任表示

b）付加的版次および付加的版に関係する責任表示

これらのうち，版次と付加的版次は，コア・エレメントである。

版次を記録する場合に選定する情報源の優先順位は，①本タイトルと同一の情報源，②資料自体の他の情報源，③資料外の情報源である【#2.3.0.3】。

版に関係する責任表示は，版次と同一の情報源を選定する。

付加的版次等は，①版次と同一の情報源，②資料自体の他の情報源，③資料外の情報源の順に選定する。

記録の方法は，情報源に表示されている文字列を転記するのを原則とする【#2.3.0.4】。〈例題 15〉

・情報源の表示: 第九版　⇒　【版表示】第九版[注)]

・情報源の表示: New ed.　⇒　【版表示】New ed.

・情報源の表示: Second Edition　⇒　【版表示】Second edition

注）NDL適用細則では，「ただし，漢数字，ローマ数字，語句で表記される数字等は，#1.10.10.1 ～#1.10.10.4 に従ってアラビア数字で記録する」という【#2.3.0.4.1 数字別法】を採用し，「第 9 版」と記録している。

複製

複製については，原資料の版表示ではなく複製自体の版表示を記録する。原資料の版表示は，関連する体現形の版表示として記録する【#2.3.0.5】。

版次
付加的版次

(1)　版次および付加的版次【#2.3.1】

版次は，記述対象が属する版を示す語，数字またはこれらの組み合わせから成る表示である。次のような種類がある。

a）著作内容の特定もしくは変更を示すもの

「初版」「新版」「改訂版」「第２版」「増補版」

b）内容の変更を伴わない刷次と判断される場合は，版次として扱わない。　刷次

情報源の表示: 初版２刷　⇒　【版次】初版

c）内容の変更を伴う刷次は，版次として扱う。〈例題 16〉

情報源の表示: 初版第２刷補訂　⇒　【版次】初版第２刷補訂

d）著作内容に変更は伴わない次のような版の表示も版次として扱う。

・地理的範囲の相違（出版物の流通範囲を示すもの）

「国際版欧州」「Latin America edition」

・言語の相違

「中文版」「日本語版」「English version」

・利用対象者の相違

「看護学生版」

・刊行の様式，形態等の相違

「新装版」「豪華版」「普及版」「限定版」「私家版」「縮刷版」「複製版」「累積版」「ソフトカバー版」

e）「版」，「edition」などと表示されていても，本タイトル（部編タイトルなどの従属タイトルを含む），タイトル関連情報または責任表示の一部として記録したものは，版次として扱わない。

【本タイトル】新編英和活用大辞典

【本タイトル】五訂食品成分表

付加的版次は，ある版に変更が加えられて再発行されたことを示す版次である。再発行されても従前の版から変更が加えられていない場合に，識別またはアクセスに重要でないときは，付加的版次として扱わない。日本語で表示されている場合は，「改訂」，「増補」等の表示のある刷次をも含む。

(2)　版または付加的版に関係する責任表示【#2.3.3】

版に関係する責任表示は，責任表示のうちの特定の版に関係する表示である。記述対象の責任表示のうち，属する版（補遺資料を含む）にのみ関係する個人･家族･団体の名称と，その役割を示す語句を記録する。〈例題 15〉　版に関係する責任表示

【版に関係する責任表示】日本国語大辞典第二版編集委員会編集

●…………出版表示等【#2.5，#2.6，#2.7，#2.8】

出版表示，頒布表示，製作表示とは，刊行物の出版・発行・公開（出版表示），頒布・発売（頒布表示），印刷・複写・成型（製作表示）に責任を有する個人・家族・団体および日付を識別する表示である。　出版表示

非刊行物については，書写，銘刻，作製，組立等に関して，場所，責任を有する個人・家族・団体，日付を識別する表示を「制作表示」として記録する。

出版表示等の主なサブエレメントは次のとおりである。

a）出版地等（出版地，頒布地，製作地，非刊行物の制作地）

b）出版者等（出版者，頒布者，製作者，非刊行物の制作者）

c）出版日付等（出版日付，頒布日付，製作日付，非刊行物の制作日付）

出版表示等の情報源は，出版者等の表示を中心にサブエレメントごとに定める。

記録の方法は，情報源に表示されている文字列を転記する。資料外の情報源から採用した場合は，その旨を注記および（または）その他の方法（コーディングや角がっこの使用など）で示す。

複製については，原資料の出版表示等ではなく，複製自体の表示を出版表示等として記録する。原資料の出版表示等は，関連する体現形の出版表示等として記録する。

出版地

(1)　出版地【#2.5.1】

出版地とは，刊行物の出版，発行，公開と結びつく場所（市町村名等）である。

a）出版地の情報源の優先順位は，①出版者と同一の情報源，②資料自体の他の情報源，③資料外の情報源である。

b）複数の出版地が情報源に表示されている場合は，最初に記録するもののみが，コア・エレメントである。

c）市町村名等とともに，上位の地方自治体名等および（または）国名が情報源に表示されている場合は，それを付加する。ただし，東京都特別区は，「東京」またはそれに相当する語のみ記録する。市名は，「市」またはそれに相当する語を記録しないという方針で記録してもよい（任意省略）。「日本」という国名は，原則として記録しない。

情報源の表示: 北海道　⇒　【出版地】北海道
情報源の表示: 東京都文京区　⇒　【出版地】東京
情報源の表示: 横浜市　⇒　【出版地】横浜市

d）同一の出版者に複数の出版地が情報源に表示されている場合は，採用した情報源での表示順序，配置，デザイン等に基づいて判断した順に記録する。複数の出版者が存在して，それらが複数の出版地と結びついている場合は，それぞれの出版者と結びついた出版地を記録する。

e）出版地が情報源に複数の言語または文字種で表示されている場合は，本タイトルと一致する言語または文字種で記録する。該当する表示がない場合は，情報源に最初に現れた言語または文字種でその出版地を記録する。

f）出版地が資料自体に表示されていない場合は，判明の程度に応じて，角がっこに入れて記録する。

【出版地】[名古屋市]

【出版地】[名古屋市？]

(2) 出版者【#2.5.3】

出版者

出版者は，刊行物の出版，発行，公開に責任を有する個人・家族・団体の名称である。

その名称の代わりに個人・家族・団体を特徴づける語句が表示されていることもある。出版者は，出版表示のサブエレメントである。

出版者は，コア・エレメントである。複数の出版者が情報源に表示されている場合は，最初に記録するもののみが，コア・エレメントである。

a）出版者の情報源の優先順位は，①本タイトルと同一の情報源，②資料自体の他の情報源，③資料外の情報源である。

b）法人組織を示す語等については省略してよい。省略を示す記号（…）は記録しない。

情報源の表示: 株式会社岩波書店　⇒　【出版者】岩波書店

出版者が資料自体に表示されていない場合に，資料外の情報源からも特定できないときは，[出版者不明]と記録する。

(3) 出版日付【#2.5.5】

出版日付

出版日付は，刊行物の出版，発行，公開と結びつく日付である。

出版日付は，コア・エレメントである。

a）出版日付の情報源の優先順位は，①本タイトルと同一の情報源，②資料自体の他の情報源，③資料外の情報源である。

b）出版日付は，その図書の属する版が最初に刊行された年月を記録する。

c）出版日付は，情報源に表示されている日付の暦が西暦の場合は，アラビア数字で記録する。情報源に表示されている日付の暦が西暦でない場合は，その日付を西暦に置き換える。漢数字，ローマ数字，語句で表記される数字等は，アラビア数字に置き換えて記録する。語句で表された暦は，アラビア数字に置き換える。日付は，ピリオドでつないで記録する。「年」，「月」またはそれに相当する語は記録しない。

情報源の表示: 1982.7 第1刷発行　1986.10 第3刷発行　⇒【出版日付】1982.7

情報源の表示: 平成27年9月　⇒【出版日付】2015.9

情報源の表示: June 1981　⇒【出版日付】1981.6

情報源の表示: MDCCCXXXII　⇒【出版日付】1832

d）その図書に初刷の出版日付の表示がなく，2刷以降の出版日付の表示がある場合は，その出版日付を記録し，刷次を丸がっこに入れて付加する。

情報源の表示: 1997.7 第3刷発行　⇒【出版日付】1997.7（第3刷）

e）出版日付を特定できない場合は，推定の出版日付を，次のように記録する。

[1975] [1975?] [1970頃] [1970年代] [2000から2009の間]

f）出版日付を推定できない場合は，「出版日付不明」と記録する。

g）包括的記述を作成する複数巻単行資料については，開始および（または）終了の出版日付を，最初および（または）最後に刊行された巻号から選択し，ハイフンを付加して記録する。

【出版日付】2000-2012

頒布表示
製作表示
非刊行物の制作表示

(4)　頒布表示・製作表示・非刊行物の制作表示

頒布表示・製作表示・非刊行物の制作表示は，出版表示の規則に準じて記録する。

【出版地】東京

【出版者】日経BP

【頒布地】東京

【頒布者】日経BPマーケティング（発売）

著作権日付

(5)　著作権日付【#2.9】

著作権日付は，記述対象の著作権または著作権に相当する権利の発生と結びつく日付を記録するエレメントである。原盤権日付（録音の権利保護と結びつく日付）も含まれる。文章，音楽，画像等のそれぞれに対する著作権日付が表示されている場合は，識別または選択のために重要なものをすべて記録する。文章，音楽，画像等のいずれか一つに対して複数の著作権日付が表示されている場合は，最新の著作権日付のみを記録する。

どの情報源に基づいて記録してもよい。

アジア・子どもの本紀行 2013年3月24日　初版第1刷発行	【版表示】初版 【出版日付】2013.3

さ　ぶ 昭和40年12月25日　発行 平成14年 3 月30日　73刷改版 平成21年 5 月25日　90刷	【版表示】改版 【出版日付】2002.3

UNIT 9

◉体現形の記録（図書）

シリーズ表示，キャリアに関する情報

●…………シリーズ表示【#2.10】

シリーズ表示

シリーズ表示とは，記述対象より上位の書誌レベルに位置する体現形（叢書，全集，出版社シリーズなど）を表示したデータを記録するエレメントである（UNIT 6「記述のタイプ」の項参照)。〈例題 13〉〈例題 4〉〈例題 9〉

〈叢書〉記述対象: 内閣制度（「行政学叢書」の 5）

〈全集〉記述対象: ムーミン谷の十一月（「ムーミン全集」の全 9 巻の 8）

〈出版社シリーズ〉記述対象: 忘れられた日本人（「岩波文庫」の青(33)-164-1）

シリーズ表示の主なサブエレメントは次のとおりである【#2.10.0.2】。

a）シリーズの本タイトル（コア・エレメント）

b）シリーズの並列タイトル

c）シリーズのタイトル関連情報

d）シリーズに関係する責任表示

e）シリーズの ISSN

f）シリーズ内番号（コア・エレメント）

g）サブシリーズの本タイトル（コア・エレメント）

h）サブシリーズ内番号（コア・エレメント）

複製については，原資料のシリーズ表示ではなく，複製自体のシリーズ表示を記録する。原資料のシリーズ表示が，資料自体に表示されている場合は，関連する体現形のシリーズ表示として記録する。

一つのシリーズに関する記録，または一つのシリーズと一つまたは複数のサブシリーズに関する記録を，一組のシリーズ表示とする。

記述対象が属するシリーズまたはサブシリーズを，関連する著作として扱う場合については，UNIT 18 を見よ。

記述対象が複数のシリーズに属する場合は，シリーズ表示ごとに記録する。

【シリーズ】現代俳句選集

【シリーズ】河叢書

記述対象の個々の部分が異なるシリーズに属し，かつその関係をシリーズ表示において的確に記録できない場合は，シリーズに関する具体的な情報を注記として記録する。

シリーズの本タイトル

(1) シリーズの本タイトル

シリーズの本タイトルの情報源の優先順位は，①本タイトルと同一の情報源，②資料自体の他の情報源，③資料外の情報源である。

情報源に表示されているシリーズの別タイトルは，シリーズの本タイトルの一部として扱う。

シリーズの並列タイトル

(2) シリーズの並列タイトル

シリーズの並列タイトルは，資料自体のどの情報源から採用してもよい。

シリーズのタイトル関連情報

(3) シリーズのタイトル関連情報

シリーズのタイトル関連情報は，シリーズの本タイトルと同一の情報源から採用する。シリーズに関係する版表示は，シリーズのタイトル関連情報として記録する。〈例題 11〉

シリーズに関係する責任表示

(4) シリーズに関係する責任表示

対応するシリーズの本タイトルと同一の情報源から採用する。

シリーズのISSN

(5) シリーズのISSN

シリーズのISSNは，ISSN登録機関によってシリーズに付与された識別子である。情報源に表示されているとおりに記録する（詳細はUNIT 12参照)。

【体現形の識別子】ISSN 0302-9743

シリーズ内番号

(6) シリーズ内番号

資料自体のどの情報源から採用してもよい。

「7」「中」「第2巻」「第3集」「巻の3」「その6」「no. 7」

複数巻を対象にした包括的記述において，各巻に付されたシリーズ内番号が連続している場合は，最初と最後の番号をハイフンで結んで記録する。シリーズ内番号が連続していない場合は，すべての番号を記録する。〈例題 12〉

「10-12」「第417, 419, 421-423号」

サブシリーズ

(7) サブシリーズの本タイトル等

シリーズは，複数階層のレベルから成ることがある。最上位のレベルをシリーズとして，それ以外のレベルをサブシリーズとして扱う。

サブシリーズがある場合は，シリーズとサブシリーズの関係がわかるように記録する。〈例題 17〉

【シリーズ】書誌書目シリーズ

【サブシリーズ】未刊史料による日本出版文化

（記述対象：出版の起源と京都の本屋）

●…………キャリアに関する情報【#2.14～#2.18】

キャリアに関する情報

キャリアに関する情報の各エレメントには，記述対象を物理的側面から識別するための情報を記録する。

図書にかかわるキャリアに関する情報には，「機器種別」，「キャリア種別」，「数量」，「大きさ」のエレメントがある。これらのうち，「キャリア種別」と「数量」は，コア・エレメントである。

キャリアに関する情報は，資料自体に基づいて記録する。さらに識別または選択に重要な情報がある場合は，資料外のどの情報源に基づいて記録してもよい。

(1)　機器種別とキャリア種別

機器種別
キャリア種別

機器種別は，表 2.15.0.2（p.31 参照）中の用語を使用して記録する。図書の場合は「機器不用」とする。

キャリア種別は，表 2.16.0.2（p.31 参照）中の用語を使用して記録する。図書の場合は「冊子」とする。

〈複数巻単行資料の例〉

【機器種別】機器不用

【キャリア種別】冊子

【数量】2 冊

【大きさ】27 cm

複数のキャリア種別から成る体現形の包括的記述を作成する場合は，記述対象の特徴と記録の必要に応じて，次のいずれかの方法を適用する【#2.14.0.4.1】。

a）キャリア種別ごとに，キャリア種別と数量を記録し，必要に応じてその他のエレメントも対応させて記録する。

〈コンピュータ・ディスク 1 枚と冊子 2 冊から成る記述対象について，キャリア種別と数量のみを記録する場合〉

【キャリア種別】冊子

【数量】2 冊

【キャリア種別】コンピュータ・ディスク

【数量】コンピュータ・ディスク 1 枚

b）多くの異なるキャリア種別から成る体現形について，主なキャリア種別のみを記録し，包括的な表現で数量を記録する。

〈シートをはじめ，さまざまな種類の25個のパーツから成る組み合わせ資料〉

【キャリア種別】シート

【数量】各種資料25個

複製については，原資料のキャリアではなく，複製自体のキャリアについて記録する。原資料のキャリアは，関連する体現形のキャリアに関する記録として扱う【#2.14.0.5】。

テキストの数量

(2) テキストの数量

a）冊子1冊の資料（単行資料）

冊子1冊の資料は，キャリアの種類を示す用語および冊数は記録せず，ページ数，丁数，枚数，欄数のみを，それぞれ「p」，「丁」，「枚」，「欄」の語を付加して記録する。

表示されたページ付の最終数を記録する。語句を用いたページ付の場合は，数字に置き換えて記録する。漢数字は，アラビア数字に置き換えて記録する。

【数量】238 p

【数量】xcvii p

【数量】105 p（「一〇五 p」とはしない。）

ページ付のない資料は，①全体のページ数等を数え，そのページ数等の後に「ページ付なし」等を丸がっこに入れて付加する，②ページ数等の概数を記録する，③「1冊」と記録し，「ページ付なし」等を丸がっこに入れて付加する，のいずれかの方法で記録する。

【数量】302 p（ページ付なし）

【数量】約300 p

【数量】1冊（ページ付なし）

ページ付が複数に分かれた資料は，ページ付ごとにコンマで区切って記録する。

【数量】22, 457, 64 p

【数量】xvii, 530 p

【数量】30 p, 120枚

【数量】18（ページ付なし），220, 25 p

図版が本文のページ付に含まれない場合は，それが一箇所にまとめられているか，資料全体に分散しているかを問わず，そのページ数等を記録する。

【数量】246 p, 図版 32 p

【数量】xiv, 145 p, 図版 10枚, 図版 xiii p

ページ付のない図版が資料の大部分を占める場合，注記で言及されている図版にページ付がない場合，または識別または選択に重要な場合は，「図版」の語を用いて，図版のページ数等を記録し，「ページ付なし」等を丸がっこに入れて付加する。

【数量】10 p（ページ付なし），図版 16 p（ページ付なし）

【数量】xvi, 249 p, 図版 12 枚（ページ付なし）

b）複数の冊子から成る資料（複数巻単行資料）

「冊」または「volumes」の語を用いて冊数を記録する。

【数量】5 冊　　【数量】5 volumes

必要に応じて，下位ユニットとして，ページ数等を付記する。

【数量】3 冊（800 p）　　【数量】3 volumes（800 pages）

複数の冊子にそれぞれ独立したページ付がある場合は，下位ユニットとして各冊のページ数等を記録する。

【数量】2 冊（329; 412 p）　　【数量】2 volumes（329; 412 pages）

刊行が完結していない資料，または完結していても全体の冊数が不明な資料を包括的に記述する場合は，「冊」または「volumes」の語のみを記録する。

c）加除式資料

加除式資料が更新中の場合は，ページ数は記録せず，「冊」と記録し，その後に，「加除式」を丸がっこに入れて付加する。

【数量】冊（加除式）

(3)　大きさ【#2.18】

大きさ

記述対象のキャリアおよび（または）容器の寸法（高さ，幅，奥行など）を，大きさとして記録する。

「冊子」は，外形の高さをセンチメートルの単位で小数点以下の端数を切り上げて記録する。　冊子

【大きさ】18 cm（外形の高さ 17.2 cm の場合）

外形の高さが 10cm 未満のものは，センチメートルの単位で小数点以下 1 桁まで端数を切り上げて記録する。縦長本（縦の長さが横の長さの 2 倍以上），横長本，枡型本は，縦，横の長さを「×」で結んで記録する。

【大きさ】8.7 cm（小型本）

【大きさ】21 × 9 cm（縦長本）

【大きさ】15 × 25 cm（横長本）

【大きさ】15 × 15 cm（枡型本）

UNIT 10

◉体現形の記録（図書）

体現形の識別子，入手条件，注記，個別資料の記録

体現形の識別子

●…………体現形の識別子【#2.34】

体現形の識別子は，コア・エレメントである。複数の識別子が存在する場合は，国際標準の識別子がコア・エレメントである。

ISBN
全国書誌番号

体現形の識別子とは，「その体現形と結びつけられ，他の体現形との判別を可能とする文字列および（または）番号」と定義されている【#D 用語解説】。図書の国際標準の識別子としては，「国際標準図書番号」（ISBN）がある。また，全国書誌に収録された書誌レコードの番号である「全国書誌番号」も体現形の識別子として取り扱われる。

(1)　国際標準図書番号と日本図書コードの仕組み

Cコード
価格コード
日本図書コード
書籍JANコード

日本で出版される図書（書籍）の裏表紙や奥付ページには，世界中の図書を特定するための識別番号である国際標準図書番号（ISBN）とともに，日本独自の国内基準である図書分類記号（Cコード）と価格コードが印刷されている。ISBN，Cコードおよび価格コードを合わせて「日本図書コード」と呼んでいる。これらの情報をJANコード（日本の共通商品コード）として表示しているのが書籍JANコードである。〈例題 17〉

a）ISBNとは

日本図書コード管理センター
出版者記号

世界共通で図書を特定するための番号。International Standard Book Number（国際標準図書番号）の略。各国の管理機関（日本では日本図書コード管理センター）が出版者記号を割り当てる。当初は10桁，現在は13桁のコードで構成され，次の5つの要素からなる。

接頭記号（978または979）－グループ記号（国や言語圏）－出版者記号－書名記号－チェックデジット

【体現形の識別子】ISBN 978-4-88708-503-9

b）Cコード

図書分類記号（Cコード）は，記号Cを冠した4桁の数字から成っており，販売対象，発行形態および図書の内容を表す3種類の分類表による分類記号が付与されている（例：C1322)。

c）記録の方法

体現形の識別子に定められた表示形式（ISBN等）がある場合は，その形式に従って記録する。

【体現形の識別子】ISBN 978-4-8204-0602-0（13桁の場合）

【体現形の識別子】ISBN 4-8204-0602-7（10桁の場合）

d）全体と部分に対する識別子【#2.34.0.4.1】

複数の部分から成る資料が，全体に対する識別子と部分に対する識別子の双方をもつ場合に，全体を記述対象とするときは，全体に対する識別子を記録する。

【体現形の識別子】ISBN 4-477-00376-5（セット）

（全3巻から構成される資料の全体に対するISBN）

一つの部分のみを記述対象とするときは，その部分に対する識別子を記録する。

【体現形の識別子】ISBN 978-4-284-10194-3（第1巻）

（2） その他の識別子

体現形の識別子に定められた表示形式がない場合は，情報源に表示されているとおりに記録する。必要に応じて，管理主体の商号または名称，識別子の種類を特定できる語句等に続けて，識別子を記録する。

【体現形の識別子】全国書誌番号 21061415

●…………入手条件【#2.35】

入手条件は，記述対象に表示されている定価および（または）その入手可能性を示す情報である。 入手条件

入手条件に関する情報は，どの情報源に基づいて記録してもよい。

販売されている資料については，情報源に表示されている価格を，アラビア数字で記録する。価格は，それを表す語または一般に使用される記号とあわせて記録する。販売されていない資料については，入手可能性を示す語句を簡略に記録する。

【入手条件】2400円

【入手条件】非売品

入手条件に説明を付加する必要がある場合は，簡略に記録する。

【入手条件】1000円（税込）

●…………下位書誌レベルの記録【#43.3】

内容細目などの構成部分の記録は，体現形間の関連として扱う（UNIT 18参照）。

下位書誌レベルの記録
内容細目
構成部分の記録

●…………体現形に関する注記【#2.41】

体現形に関する注記

体現形に関する注記は，体現形のエレメントとして記録しなかった，体現形の識別，選択またはアクセスに必要な情報を記録する。

体現形に関する注記は，どの情報源に基づいて記録してもよい。

●…………個別資料の記録【第3章】

体現形の単一の例示を表す実体である個別資料の属性を記録する目的は，個別資料の識別を可能とすること，ならびに利用者のニーズに合致する個別資料の選択および入手に役立つことである。

個別資料の属性

個別資料の属性には次のようなものがある。どの情報源に基づいて記録してもよい。

所有・管理履歴

(1)　所有・管理履歴

その個別資料の過去の所有，責任，保管などの変遷に関する情報。旧蔵者の名称および所有等に関する年を記録する。

「岡田希雄旧蔵 印記: 醍醐蔵書, 忠順之印」

直接入手元

(2)　直接入手元

個別資料の直接の入手元，入手日付および入手方法を公表できる範囲で記録する。

「梅原龍三郎氏より寄贈 1974年8月」

個別資料の識別子

(3)　個別資料の識別子

個別資料の識別子は，その個別資料と結びつけられ，他の個別資料との判別を可能とする文字列および（または）番号である。

「憲政資料室収集文書 1235」（国立国会図書館憲政資料室が所蔵する「米軍投下ビラ」の資料番号）

複製については，原資料ではなく，複製物自体の識別子を記録する。原資料の識別子は，関連する個別資料の識別子として記録する。

個別資料のキャリアに関する注記

(4)　個別資料のキャリアに関する注記

個別資料のキャリアに関する注記とは，その個別資料に固有で，同一の体現形に属する他の個別資料が有しないキャリアの特性について，付加的な情報を提供する注記である。

個別資料の数量，個別資料の大きさ，破損・虫損等で保存状態がよくないものや補修があるものについての記録などがある。

UNIT 11

◉体現形の記録（逐次刊行物）

逐次刊行物の記録（1）

NCR2018では，資料全体の刊行方式と書誌階層構造を把握して記述対象を捉えるが，その刊行方式の一つとして「逐次刊行物」（UNIT 5「表1　刊行方式を示す用語」参照）がある。具体的には雑誌，新聞，モノグラフ・シリーズのほかに，特定イベントに関するニュースレターのように刊行期間は限定されているが逐次刊行物としての特徴（連続する巻号や刊行頻度など）を備えた資料や，逐次刊行物の複製も含む。 逐次刊行物

NCR2018の規定は，従来の目録規則のように資料種別ごとにまとめられてはおらず，特定の種別の資料に適用される規定がある場合，原則として一般的な規定の後に置かれている。UNIT 11〜UNIT 12では，図書とは異なる点を中心に取り上げ，紙媒体の逐次刊行物の他，電子ジャーナルについても関連する箇所で言及する。また，「体現形に関する注記」のエレメント・サブタイプのうち関係するものについて，体現形の各エレメントとあわせて説明する。

●…………書誌階層構造と記述のタイプ【#1.5】，資料自体の範囲【#2.0.2.1】

逐次刊行物はその全体を基礎書誌レベルとする。ただし，それぞれ独立した順序表示をもつ部編等に分かれている場合は，部編等を基礎書誌レベルとする。記述のタイプ（UNIT 6参照）としては，逐次刊行物の体現形全体を記述対象とする場合は包括的記述を採用する。この場合，情報源となる資料自体の範囲としては，付属資料も資料自体の一部と扱う。1号のうちの1記事，全号のうちの1号全体など，逐次刊行物の一部を記述の対象とする場合は，分析的記述を採用する。この場合は，その部分に対する付属資料は資料自体の一部として，資料全体に対する付属資料は資料外（関連する資料など）として扱う。 基礎書誌レベル 包括的記述 分析的記述

●…………識別の基盤【#1.6.1】

UNIT 6に示されているように，記述対象の体現形が複数の部分（巻号，部編など）から成る場合は，識別の基盤となる部分を選定する。特に逐次刊行物では，完結を予定せず刊行されていく途中で，タイトルや責任表示等の情報が変更されることもある。そのため，体現形の記録のよりどころとする部分を，識別の基盤として選定 識別の基盤

する必要がある。

初号 まず，各部分に順序を示す番号付があれば，最も小さな番号が付された部分（初号等）を識別の基盤とする。刊行が終了した逐次刊行物は，順序表示等の記述において，最も大きな番号が付された部分（終号）も識別の基盤とする。初号，あるいは出版等の日付が最も古い部分を入手できない場合は，入手できた範囲で識別の基盤を選定し，識別の基盤とした部分について注記として記録する。

終号

複数の巻号を参照した場合は，参照した最新の巻号を，識別の基盤とした巻号とは別に注記に記録する。ただし，後述するエレメント「逐次刊行物の順序表示」として記録する初号，終号についてはこの記録に含めない。

【識別の基盤に関する注記】識別の基盤は586号による

【識別の基盤に関する注記】参照した最新の号: 607号

各部分に番号付がない，または番号付が順序決定の役割を果たさない場合は，出版等の日付が最も古い部分を識別の基盤とする。出版日付，頒布日付等については，出版等の日付が最も新しい部分も識別の基盤とする。

【識別の基盤に関する注記】参照した最新の巻: スコットランドの民話, 1989

●…………優先情報源【#2.0.2.2】

優先情報源

タイトル・ページ

優先情報源は資料自体の情報源から選定し，タイトル・ページ等がある場合はこれを使用する。タイトル・ページがあっても，その情報が不十分な場合は，①背・表紙またはカバー，②キャプション，③奥付の優先順位で優先情報源を選定することができる。タイトル・ページ等がない場合は，①背・表紙またはカバー，②キャプション，③マストヘッド，④奥付の優先順位で選定する。どの情報源にもタイトルが表示されていないか不十分な場合は，タイトルが表示されている資料自体の他の情報源を優先情報源として使用する。必要に応じ，情報源についての詳細を注記として記録する。

なお，紙媒体の逐次刊行物はページで構成される資料であるが，それを画像化し収録した媒体（マイクロフィルム，PDFを収録したコンピュータ・ディスク等），また同様に構成されたオンライン資料（PDF, EPUB等）も同様の優先情報源とする。

●…………新規の記述を必要とする変化【#2.0.5B】

変化

継続前

継続後

逐次刊行物が完結を予定せず刊行されていく途中で，タイトル等に変化が生じることがある。変化の状況によっては，それまでのものと異なる逐次刊行物，つまり新しい著作として扱い，著作に対する新規の記述と，その体現形に対する新規の記述を作成する場合がある（変化前後の著作間の関連は，関連指示子「継続前」,「継続後」を用い記録する。UNIT 18参照)。新規の記述の対象となるのは，a）刊行方式の変化，b）機器種別の変化，c）オンライン資料のキャリア種別の変化，d）本タイトルの重要な変化，e）責任表示の重要な変化，f）版表示の変化 である。

刊行方式，機器種別，キャリア種別に使用する用語は，UNIT 5に表1～表3として掲載している。例えば紙媒体の雑誌が電子ジャーナルに変化した場合が b）機器種別の変化に該当し，そのキャリア種別がコンピュータ・ディスクからオンライン資料に変化した場合等が c）に該当する。そのほか，d），e），f）については，後述するそれぞれのエレメントについての説明で取り上げる。

電子ジャーナル

オンライン資料

●…………タイトル【#2.1】

記述対象全体を通じて共通する固有の名称を本タイトルとして扱う。「鹿児島県立短期大学紀要 自然科学篇」のように，部編等のタイトルと，すべての部編，補遺等に共通するタイトルの双方が表示されている場合は，部編等のタイトルを従属タイトルとして扱い，共通タイトルと従属タイトルをあわせて本タイトルとする。

本タイトル

また，情報源にタイトルとともに表示されている刊行頻度は，その配置，デザイン等に基づいて適切と判断される場合は，本タイトルの一部として記録する（タイトル関連情報としては扱わない【#2.1.1.2.17】【#2.1.3.1.1f】）。

刊行頻度

【本タイトル】季刊考古学 〈例題 22〉

タイトルが，巻号ごとに変わる日付，名称，回次などの番号を含む場合は，本タイトルの記録においてそれらを省略する。省略部分は省略記号（...）で示す。または別法として省略記号は使用せずに，該当部分を省略することもできる。

【本タイトル】日韓歴史共同研究プロジェクト第...回シンポジウム報告書

その他に，タイトルのエレメント・サブタイプのうち特に逐次刊行物において特徴的といえるのが，コア・エレメント「本タイトル」に変化があった場合の取り扱い，誤植等誤りのあった場合の取り扱い，そして「キー・タイトル」である。

(1) 本タイトルの重要な変化

本タイトルの重要な変化

逐次刊行物については，本タイトルの変化は重要な変化と軽微な変化に区別される。重要な変化が生じた場合は，新しい著作の出現とみなし，その体現形に対する新規の記述を作成する【#2.1.1.4b】。ただし，重要な変化の条項【#2.1.1.4.1a～f】と軽微な変化【#2.1.1.4.2a～m】のいずれにも該当する場合，また判断に迷う場合は，軽微な変化として対応する。

次のような本タイトルの変化は，重要な変化とする。

・本タイトル中の単語に変化，追加または削除があるか，語順の変化があり，その結果，本タイトルの意味が変わったり，異なる主題を示すものとなったとき

【本タイトル】図書館史研究 → 図書館文化史研究

・言語が変わったとき
・本タイトルに含まれる団体名に変化があり，変化後の団体が別の団体を示すものとなったとき

本タイトルの軽微な変化

(2) 本タイトルの軽微な変化と，後続タイトルとしての記録

次のような本タイトルの変化は軽微な変化とする。

・本タイトル中の助詞，接続詞，接尾語に変化，追加または削除があったとき
・逐次刊行物の種別を示す単語について，類似の単語への変化，追加または削除があったとき

【本タイトル】ふくおか → グラフふくおか 〈例題 23〉

・逐次刊行物の刊行頻度の変化を伴わずに，刊行頻度を示す単語について，同義の単語への変化，追加または削除があったとき

【本タイトル】チャペル・アワー月報 → 月刊チャペル・アワー

・規則的なパターンに従って巻号単位で複数のタイトルを使い分けているとき
・本タイトルと並列タイトルが入れ替わったとき
・言語の変化がなく，文字種の変化があったとき

【本タイトル】広報たちかわ → 広報 Tachikawa

・本タイトルに含まれる団体名の表記に微細な変化，追加または削除があるか，他の単語との関係に変化があったとき

【本タイトル】相模原市立図書館だより → 相模原市図書館だより

後続タイトル

軽微な変化の場合は新規の記述を作成しないが，識別またはアクセスに重要なときは，変化後の本タイトルを「後続タイトル」として記録する【#2.1.1.4】。後続タイトルは，変化前の本タイトルを採用した情報源と対応する，後続の巻号の情報源から採用する。また，後続タイトルが使用されている巻号または出版日付の範囲は，注記として記録する。

【タイトルに関する注記】後続タイトルは 32 巻 6 号（平 23.10）から

変化後の本タイトルを後続タイトルとして記録しなかったときは，注記として変化のある旨を簡略に記録する。

【タイトルに関する注記】本タイトルは微細な変更あり 〈例題 23〉

誤記，誤植，脱字

(3) タイトルの誤記，誤植，脱字

逐次刊行物の場合は，明らかな誤りは正しい形に改めたものを記録し，情報源に表示されている形を注記として記録する。識別またはアクセスに重要な場合は，情報源に表示されている形を「異形タイトル」として記録する。

異形タイトル

なお，並列タイトル，タイトル関連情報，並列タイトル関連情報の，後続の巻号

における変化後のタイトルも，「異形タイトル」として記録する【#2.1.9.1.1g】。

(4)　キー・タイトル

タイトルのエレメント・サブタイプ「キー・タイトル」は，「国際標準逐次刊行物番号」(ISSN) の登録機関が登録するタイトルで，タイトルごとに与えられるISSNと1対1で結びつく。本タイトルが欧文であれば，原則として本タイトルと同一であるが，その場合もキー・タイトルとして記録することができる。情報源は，①ISSNレジスター，②資料自体の情報源，③資料外の情報源の優先順位で選定する【#2.1.7】。 キー・タイトル ISSN

●…………責任表示【#2.2】

逐次刊行物の個人編者は，識別に重要な場合に限定して，責任表示として記録する。また，逐次刊行物が刊行されていく途中で責任表示に変化が生じることもよくある。本タイトルが総称的な語である場合の，逐次刊行物の識別にかかわる責任表示の変化は，重要な変化であり，新しい著作とみなして体現形に対する新規の記述を作成する。 個人編者

【責任表示】山田家政短期大学　→　名古屋女子文化短期大学（【本タイトル】研究紀要）

それ以外の場合で，識別またはアクセスに重要なときは，注記として記録する。

【責任表示に関する注記】編者変遷: 自然科学研究機構岡崎統合事務センター（no.15-no.18）

●…………版表示【#2.3】 版表示

逐次刊行物の版表示にも変化が生じることがある。版表示に対象範囲や主題が変わったことを示す変化がある場合は，異なる資料とみなして体現形に対する新規の記述を作成する。

【版表示】Pacific Edition　→　Asia Edition　(【本タイトル】Time)

それ以外の場合で，識別またはアクセスに重要なときは，変化を注記として記録する。また，記述対象の一部分にのみ関係する版表示が，全体に関係する版表示と異なっており，それが識別に重要な場合にも注記として記録する。

なお，a）逐次刊行物の順序表示（巻次，年月次）を示す表示，b）定期的な改訂または頻繁な更新を示す表示については，版次として扱わない。

【タイトル】学校図書館 速報版

UNIT 12

◉体現形の記録（逐次刊行物）

逐次刊行物の記録（2）

●…………逐次刊行物の順序表示【#2.4】

逐次刊行物の順序表示
表示
巻次
年月次

逐次刊行物の順序表示には,「第5巻1号」といった巻次と「2022年1月」のように示される年月次（年，月，日，または時期を示す数字，文字から成る）がある。エレメント・サブタイプのうち,「初号の巻次」,「初号の年月次」,「終号の巻次」,「終号の年月次」はコア・エレメントである。

本タイトルまたは責任表示等の重要な変化により体現形に対する新規の記述を作成した場合は，変化後の最初の号の順序表示を初号の順序表示として扱う。同様に，変化前の最後の号の順序表示は，変化前の終号の順序表示として扱う。

(1)　情報源と記録の方法

情報源は，①初号または終号の本タイトルと同一の情報源，②初号または終号の資料自体の他の情報源，③資料外の情報源の優先順位で選定する。採用した情報源に表示されているものを省略せずに記録するが，漢数字，ローマ数字，語句で表記される数字等は，アラビア数字に置き換えて記録する。

巻次または年月次が採用した情報源に複数の言語または文字種で表示されている場合は，本タイトルと同一の言語または文字種によるものを記録する。それがない場合は，最初に表示されているものを記録する。また，同時に複数の順序表示の方式を保持している場合は，主な順序表示または最初に表示された順序表示の順で，巻次および年月次として扱う。それ以外のものはエレメント・サブタイプ「初号の別方式の巻次」,「初号の別方式の年月次」,「終号の別方式の巻次」,「終号の別方式の年月次」として扱う。巻号と通号である場合は，通号が別方式の巻次となる。

通号

情報源の表示: 第3巻第1号通巻第6号　⇒【初号の別方式の巻次】第6号

ハイフン等の記号が含まれている場合に，その意味を明確にするために必要なときには，スラッシュに置き換える。

情報源の表示: 1981-90　⇒【終号の年月次】1981/1990

巻次は通常は巻と号から構成されるが，年と号で構成される場合もある。

情報源の表示: 3号/2014年　⇒【終号の巻次】2014年3号

年月次の表示について，初号や終号，それ以外の号からも確認できない場合は，出版日付，頒布日付等を初号および終号の年月次として記録する。

また，初号に巻次や年月次が表示されていない場合は，それに続く号に基づいて判断し，初号の順序表示として記録する。この場合，初号を情報源としていないことを注記またはその他の方法（コーディングや角がっこの使用など）で示す。終号についても，その前の号に基づいて判断し，同様とする。識別の基盤として初号や終号を入手していない場合などに，他の情報源で確認できるときも同様とする。

【初号の巻次】［1 号］

【逐次刊行物の順序表示に関する注記】初号の巻次は 2 号からの推定による 〈例題 25〉

(2) 複製

逐次刊行物の複製については，原資料の順序表示を記録する。複製自体の順序表示がある場合は，これを注記として記録する。 複製

【逐次刊行物の順序表示に関する注記】複製資料の順序表示: 1 巻-6 巻

(3) 変化

順序表示の方式に変化があった場合は，古い方式，新しい方式の順に，双方を記録する。古い方式の最後の号の順序表示も終号の巻次および年月次として扱い，新しい方式の最初の号の順序表示も初号の巻次および年月次として扱う。 変化

●…………出版表示等【#2.5〜#2.8】

出版表示等のうち出版日付，頒布日付，製作日付は，包括的記述を作成する逐次刊行物の初号が入手可能なときはその日付を記録し，ハイフンを付加する。刊行が休止または完結している場合，終号が入手可能なときは，ハイフンに続けてその日付を記録する。全号が同一年に出版されている場合は，ハイフンは付加せずその年を記録する。 出版日付 頒布日付 製作日付

【出版日付】2012- 〈例題 25〉

【出版日付】1999 （全号が同一年に出版されている場合）

初号または終号を入手できないときは，それらの日付を推定して記録する。

【出版日付】［1960］-2000（〈例題 25〉の継続前誌について終号のみ入手した場合）

また，後日再開する予定で休刊した場合はその旨を注記として記録し，刊行が再開された際には，その期間がわかる日付や巻号などを記録する。 休刊

【出版表示に関する注記】休刊: 2012-2013

なお，出版地の変化や出版者の名称の変化，出版者が他の出版者に替わった等のことがあって，識別またはアクセスに重要な場合は，注記として記録する。頒布地，製作地等についても同様である。

【出版表示に関する注記】29巻1号から30巻4号までの頒布者: 防衛弘済会

シリーズ表示

●…………シリーズ表示【#2.10】

逐次刊行物についても，記述対象より上位の書誌レベルに位置する体現形があれば，シリーズについての表示を記録する。

【シリーズの本タイトル】広島大学総合科学部紀要
（このシリーズ中の1部編である「言語文化研究」が記述対象の体現形である場合）

体現形間の関連

もっとも記述対象が逐次刊行物の構成部分（雑誌論文等）である場合は，上位の書誌レベルの情報（収録誌紙等）はシリーズ表示とは扱わず，体現形間の関連として記録する。

シリーズ内番号

シリーズ表示のサブエレメントは多数ある（UNIT 9参照）が，ここでは図書とは異なる点を取り上げる。まず，コア・エレメント「シリーズ内番号」は，記述対象とする逐次刊行物の各巻号に，全体を通して同じシリーズ内番号が付されている場合に限って記録する【#2.10.8.2.5B】。

サブシリーズの本タイトル

また，「サブシリーズの本タイトル」について，サブシリーズが巻次のみから成りタイトルがない場合は，巻次をサブシリーズの本タイトルとして記録する。サブシリーズが巻次とタイトルから成る場合は，両者の対応関係を維持するように，巻次に続けてタイトルを記録する。

【サブシリーズの本タイトル】A，物理統計
（【シリーズの本タイトル】農業技術研究所報告）

シリーズのISSN

シリーズ・タイトル・ページ

シリーズの識別子としてISSNがある場合は，サブエレメント「シリーズのISSN」として，情報源に表示されているとおりに記録する。情報源は，①本タイトルと同一の情報源（ただし，シリーズ・タイトル・ページがある場合は，それを優先する），②資料自体の他の情報源，③資料外の情報源の優先順位で選定する。なお，サブシリーズのISSNについても同様だが，サブシリーズのISSNを記録する場合，シリーズのISSNを省略することができる（任意省略）。

なお，逐次刊行物のシリーズ表示に変化または追加が生じた場合は，そのシリーズ表示を追加して記録する。シリーズ表示の中で的確に記録できず，かつ識別またはアクセスに重要な場合は，変化または追加の旨を注記として記録する。

●…………刊行頻度【#2.13】

刊行頻度

逐次刊行物の各巻号の刊行の間隔が判明している場合には，NCR2018に示されている用語（日刊，週刊，月刊，隔月刊，季刊，年刊等）を使用して，刊行頻度として記録する。刊行頻度は，どの情報源に基づいて記録してもよい。

刊行頻度を示す用語【表 2.13.3】
日刊，週3回刊，週2回刊，週刊，旬刊，隔週刊，月2回刊，月刊，隔月刊，季刊，年3回刊，年2回刊，年刊，隔年刊，3年1回刊，不定期刊

刊行頻度を示す用語

表に示された用語に適切なものがない，または表現しきれない場合は，刊行頻度の詳細を注記として記録する。変化が生じた場合も，その旨を注記として記録する。

【刊行頻度に関する注記】月刊（8-9月は刊行せず）

【刊行頻度に関する注記】隔月刊，1969-1985；月刊，1986-

●…………キャリアに関する情報【#2.14〜#2.18，#2.32】

キャリアに関する情報のうちキャリア種別と数量は，図書の場合と同様にコア・エレメントである。

(1)　キャリア種別（と機器種別），数量

キャリア種別

UNIT 5「表2　機器種別とキャリア種別の用語」のとおり，機器種別はキャリア種別と組み合わせて記録する。紙媒体の逐次刊行物では，複数のシートが製本等によって一つのユニットとなっているもの（雑誌，新聞等）は【機器種別】が「機器不用」，【キャリア種別】が「冊子」となり，いわゆる壁新聞や学校向け写真新聞『少年写真ニュース』のような紙の平らな一葉であるものは【機器種別】が「機器不用」，【キャリア種別】が「シート」となる。電子ジャーナルについては，【機器種別】が「コンピュータ」，【キャリア種別】が「オンライン資料」となる。

シート

電子ジャーナル

数量は，資料が完結している場合，または総数が判明している場合は，コア・エレメントである。刊行が完結した「冊子」の逐次刊行物は，「12冊」のように冊数を記録する。シートの逐次刊行物は「シート12枚」のように，適切なキャリア種別の用語に続けてユニット数と単位を示す助数詞を記録する。使用する助数詞については表 2.17.0.2 がNCR2018 に掲載されている。

ユニット数
助数詞

刊行が完結し全体のユニット数が明らかになってから冊数等を記録するが，刊行が完結していない，または完結していても全体のユニット数が不明な場合は，下表のようになる。オンライン資料の場合は「オンライン資料1件」と記録する。

オンライン資料

例）	紙媒体の新聞	電子ジャーナル	シートの逐次刊行物
機器種別	機器不用	コンピュータ	機器不用
キャリア種別	冊子	オンライン資料	シート
数量	冊	オンライン資料1件	シート 枚

(2)　大きさ

大きさ

大きさは，オンライン資料を除く全種類のキャリアについて記録する。冊子は(図

書同様）原則として外形の高さを記録，シートは本体の縦横の長さを「×」で結んで記録する。畳ものは折りたたんだときの外形の縦，横の長さを付加する。いずれも，センチメートルの単位で小数点以下の端数を切り上げる。

畳もの

【大きさ】シート 72 × 88cm（折りたたみ 24 × 22cm）

(3)　デジタル・ファイルの特性

電子ジャーナル

電子ジャーナルでは，デジタル・ファイルを再生して利用することから，デジタル変換にかかわる技術的仕様が記述対象の識別または選択に重要な場合，デジタル・ファイルの特性として記録する。そのエレメント・サブタイプのうち，【ファイル種別】は通常「テキスト・ファイル」や「画像ファイル」，【デジタル・コンテンツ・フォーマット】は「PDF」，「JPEG」等を記録する【#2.32】。

変化

(4)　変化

キャリアに関する情報にも変化が生じることがあり，新規の記述を作成する場合については既述である。その他の変化については，各エレメントの規定に従って変化後の情報を追加して記録し，必要に応じて注記としても記録する。例えば，刊行途中で（キャリア種別に変化はなく）大きさの変化が生じた場合は，最も小さいものと最も大きいものの大きさを，ハイフンで結んで記録する。

【大きさ】18-24cm　（冊子の大きさの変化の場合）

【大きさ】18 × 24cm-24 × 30cm　（シート，または横長本の大きさの変化の場合）

合冊

製本

なお，テキスト・ブロック（冊子の表紙・背などの外装を除いた本体部分）の大きさが異なるものを合冊している場合は，製本状態の大きさのみを記録する。製本が刊行後のものである場合（所蔵機関での再製本など）は，そのことを注記として記録する【#2.18.0.2.1A】【#3.7.2】。

●…………体現形の識別子【#2.34】

ISSN

記録の方法等は図書と同様であるが，国際標準としては「国際標準逐次刊行物番号」（ISSN）がある。複数の識別子が存在し，その中に国際標準がある場合は優先して記録し，その他の識別子は任意で追加する。

ISSNはタイトルごとに与えられる番号であり，原則としてタイトル変更に伴い新たなISSNが付与される。同内容の逐次刊行物が複数のキャリア種別（例えば冊子とオンライン資料）で発行される場合も，それぞれ異なるISSNが付与される。しかし，本タイトル変更後の情報源に変更前の本タイトルに紐づくISSNが誤って示されていたり，複数のキャリア種別で発行されているが共通のISSNが示されたりしている場合もある。識別子が不正確であると判明している場合は，資料に表示されているとおりに番号を記録し，続けて不正確であること等を示す語句を付加する。

【体現形の識別子】ISSN 0891-4746（エラーコード）

識別子はどの情報源に基づいて記録してもよいので，正しい識別子も記録し，必要に応じて詳細を注記として記録する。

【体現形の識別子に関する注記】No.76-85 の ISSN1345-3688（継続前誌から継承）

●…………アクセス制限，利用制限，URL【#2.37〜#2.39】

資料へのアクセスに関する制限については「アクセス制限」として，複写，出版，アクセス制限
展示のような利用に関する制限については「利用制限」として記録する。どの情報 利用制限
源に基づいてもよい。制約がないことについては，必要に応じて記録する。

【アクセス制限】ユーザー名とパスワードによるアクセス制限（学内者限定）

記述対象であるインターネット上の資料の所在を特定するURLは，一種の識別子であるが，前項「体現形の識別子」ではなく「URL」として記録する。 URL

●…………個別資料の記録【第3章】

逐次刊行物については，管理方法や館外貸出の手続きが図書とは異なる図書館もあるが，1点1点に登録番号のバーコードラベルを貼付する等，他の個別資料との
判別を可能にしている場合には，図書と同様に「個別資料の識別子」として一意と 個別資料の識別子
なるその番号を記録する。また，逐次刊行物の所蔵状況について欠号や欠落がある 欠号 欠落
場合には,「個別資料のキャリアに関する注記」のエレメント・サブタイプである「個別資料の数量に関する注記」として記録する【#3.7.1.2.1】。

【個別資料の数量に関する注記】12号欠号，15号に欠落あり

◉——option A

図書扱い／雑誌扱い

ある図書館のOPACには「雑誌」（または逐次刊行物）として表示される資料が，別の図書館のOPACでは図書と表示される，ということは珍しくない。国立国会図書館でも，2003（平成15）年より逐次刊行物として扱う資料の範囲に変更があり，ムックは原則として図書扱いという基準も新設された。それまでの基準には明示されていなかった発行形態であるムックは，magazineとbookの特性を併せもつ出版物である。巻次・年次があっても継続性が少ないと判断し，図書扱いと取り決められた，という。（補足：国立国会図書館サイト掲載の「逐次刊行物として扱う資料の範囲変更（平成15年1月変更点）」をWARP（インターネット資料収集保存事業）

にて参照可能である。)

ムックはもとより雑誌でも，ISSNとISBNの両方が付与されたり（〈例題25〉），流通管理のために雑誌コードも，というケースもある。片や図書館では，図書と雑誌で配架場所が分かれることが多い。保存期間や貸出条件に影響する場合もある。また一般に，雑誌には件名や分類記号を付与しないことから，1点ずつ固有のタイトルを持つ図書と扱うか，逐次刊行される資料のひとまとまりとして扱うかによって，利用者がその資料をどう探せばよいか，という点で大きな違いが生じかねない。

もっとも，雑誌扱いとした場合の配架やOPAC表示に関して，さまざまな工夫を施している図書館もある。雑誌架においても2桁ほどの大まかな主題別配架を実現していたり，各号の特集テーマをOPACでキーワード検索できるようにしていたり，といった例がある。また，同じ主題の資料であれば，CD・DVD等も雑誌も図書と同じ書架に，同じ基準で排列するという図書館もあるという。

NCR2018では，「表現種別」，「機器種別」，「キャリア種別」と「刊行方式」によって多元的に捉えることとなったが，2022年時点で，NDLオンラインのほか，「図書」，「雑誌」のような資料種別による区分を示しているOPACが少なくない。配架も同様であろう。従来の区分を変えないほうが利用者にとってわかりやすい等，変えがたい理由はあるとしても，今後はより多様な扱い方が考えられるだろう。

●——option B

更新資料

刊行方式を示す用語（UNIT 5 表1参照）で，「追加，変更などによって更新されるが，一つの刊行物としてのまとまりは維持される資料」をいう。ページの差し替え（加除）により内容が更新されるルーズリーフ形式の資料，書き換えにより継続的に更新されるウェブサイト等が該当する。更新前後の資料は，版が異なる図書のように別個の資料と扱われるのではなく，更新箇所が全体に統合されたものという扱いである。そして，特定の時点における更新資料の状態のことをイテレーション（iteration）と呼ぶ。識別の基盤となるのは，最新のイテレーションである。出版等の日付については，日付が最も古いイテレーションもあわせて識別の基盤とする。

終期を予定しないという点で逐次刊行物と似ており，「逐次刊行物または更新資料」というように適用する規定が共通することもある。ただし，タイトルや責任表示に変化が生じた場合，最新のイテレーションを反映して記録を改め，体現形に対する新規の記述を作成することはしない。変化前の本タイトルを記録する「先行タイトル」は，更新資料のみ対象とするエレメントであるが，それ以外のエレメントでも，記録に際して他の刊行方式とは異なる部分が多いので，留意が必要である。

UNIT 13

◉体現形の記録（各種資料）

録音資料，映像資料

NCR2018では表現種別，機器種別，キャリア種別，刊行方式の組み合わせにより多元的に資料の種別が捉えられる。特に表現種別では，聴覚認識する表現や画像表現に適用される用語がそれぞれ複数ある。このUNITでは，これらに関連する規定をみていく。主に図書とは異なる点について，体現形の属性の記録を中心に取り上げるが，表現種別のほかに，表現形または著作についての記録として特徴的といえるものにも言及する。著作・表現形の記録（UNIT 15），関連の記録（UNIT 18）とあわせて参照されたい。

●…………録音資料

録音資料

録音資料とは「機械的または電子的手段でその音声が再生されるように，符号化した音声を記録した資料。映像を伴うものは含めない」とされている（この「音声」は，用語解説「音声」1）に示された表現種別ではなく，「2）聴覚認識される情報」の意味である）【#D 用語解説】。具体的には，音楽作品の演奏，朗読や落語などの話芸を録音してCDに収めたもの，あるいはインタビューや講演，演説の音声のみ録音してカセットテープに収めたものなどがある。これらは，表現形の識別要素である【表現種別】が「話声」，「演奏」，「音声」（話声または演奏を除く，聴覚認識する表現）に該当する。いずれも映像を伴うものは含まれない。また，人による発話や演奏に限らず，音声合成によるコンピュータ発話や，コンピュータ音楽も該当する。

話声
演奏
音声

なお，視覚障害者等の利用のために音訳（文字や図表などの情報を，原本通りに音声化すること）を録音した資料が，録音図書と呼ばれる。先述のとおり，音声合成技術を活用した場合も含め録音資料といえる。国際標準規格DAISY（Digital Accessible Information SYstem）に則ったデジタル録音図書では，音声データに加え文字，図・写真等が含まれるもの（マルチメディアDAISY資料）があり，それらは電子資料としてUNIT 14で扱う。

録音図書
DAISY
マルチメディアDAISY

●…………記述のタイプ【#1.5】

書誌階層構造の捉え方は録音資料についても同様であり，単巻資料であれば資料それ自体を基礎書誌レベルとする。ただ，市販の音楽CDの多くは複数の曲を収録していて，曲名を手がかりに，収録されているCDを探したい，ということもあろう。

構成部分 そうしたニーズに対応するには，構成部分も下位書誌レベルとして記録する必要があり，データ作成の目的にあわせて，記述のタイプを採用する。図書の内容細目と同じく，下位書誌レベルの記録は体現形間の関連「全体・部分」として扱うことができる。

全体・部分

付属資料 また，楽譜や解説冊子等が付属している場合，付属資料も含め複数のキャリア種別から成る体現形と捉え包括的に記述するか，または，各々独立した体現形と捉え分析的に記述（両者の体現形間の関連は「付属・付加」）することができる。なお，特定の種別の資料に適用されるものとして楽譜に関する条項があるが，本書では取り扱わない。必要に応じてNCR2018を参照されたい。

付属・付加

●…………資料自体の範囲【#2.0.2.1】

録音資料にはさまざまな形状のものがあるが，例えばMD，オーディオカセットのように記録体（ディスク，テープ等）がカートリッジやカセットに収納されたものでは，カートリッジやカセットは「資料と分かち難い収納物」であり資料の一部として扱う。また，資料刊行時の容器も資料自体の一部として扱う。

容器

●…………優先情報源【#2.0.2.2.3】

有形資料 録音資料のうち有形資料は，a）資料に印刷または貼付された，タイトルが表示されているラベル，b）電子資料における，タイトルに関する情報の表示画面，c）資料刊行時の容器または資料自体の一部として扱う付属資料，の順位で優先情報源を選定する。オンライン資料は，a）内容に現れる文字情報，b）資料に埋め込まれた（タイトルを含む）メタデータ（文字情報），の順位で優先情報源を選定する。これらのどの情報源にもタイトルが表示されていないか不十分な場合は，資料を構成するどの部分を優先情報源として使用してもよい。

オンライン資料

ラベル なお，有形資料の場合のa）に挙げられた「ラベル」について，NCR2018では「録音資料ではレーベルという」とも記されている【#D 用語解説】。他方，【#2.5.3.1.1】に「録音資料のレーベル名（商標名）は，原則として出版者として扱わず」と記されており，【#2.34.0.6】（録音・映像資料の発売番号）には「レーベル」の表記がある。本書では，混同を避けるため，情報源として参照すべき部分については「ラベル」，レコードやCDを制作する会社の商標やブランド名は「レーベル名」と表現する。

レーベル名

楽曲形式
演奏手段
調
番号
作曲年

●…………タイトル【#2.1】

本タイトルに関して，楽曲形式等（楽曲形式，演奏手段，調，番号，作曲年）が表示されている場合についての規程があり，次のいずれかの方法で選定する。

a）楽曲形式等のみから成る表示は，それを本タイトルとして扱い，情報源に表示されている順に記録する。

【本タイトル】交響曲第四十番ト短調 KV550

b）a）以外のその他の表示は，楽曲形式等をタイトル関連情報として扱い，本タイトルに含めない。

いずれに該当するか判断できない場合は，a）を適用する。なお，「楽曲形式」は，上記例示では「交響曲」の部分である。「演奏手段」，「音楽作品の番号」，「調」については，著作の属性の記録におけるエレメントに関して後述する。

●…………責任表示【#2.2】

複数の責任表示がある場合も多いが，情報源での表示順序，配置，デザイン等に基づいて判断した順に記録する。判断できない場合，または本タイトルとは別の情報源から採用する場合は，合理的な順（著作の成立過程による順など）により記録する。また，音楽資料の演奏者は，情報源に表示されているパートを，責任表示の役割を示す語句として転記し記録することができる。本タイトルに関係する責任表示として記録しなかったものは，注記として記録できる。 演奏者 パート

【責任表示】ピアノ　ダニエル・バレンボイム

●…………出版表示等【#2.5～#2.9】

オンライン資料もすべて刊行物とみなし，出版表示等を記録する。録音資料のレーベル名（ブランド名または商標名）は，原則として出版者として扱わず，発売番号とともに後述する体現形の識別子として扱うか，シリーズ表示として扱う。ただし，情報源に発行者等が表示されていない場合に，レーベル名が表示されているときは，レーベル名を出版者として扱う【#2.5.3.1.1】。 レーベル名 発売番号

市販されている音楽CDの容器などに，四角枠で囲まれた発売年月日の表示があるときは，これを出版日付として記録できる。 発売年月日

【出版日付】2016.7.7　（情報源の表示：16・7・7）

「Ⓟ」，「©」の記号とともに表示されている日付は，著作権日付として記録する。Ⓟ（phonogram symbol）はレコードやCDなどの原盤権による保護を受けるための表示である。記号を記録できない（データとして入力できない）場合は，「p」，「c」に置き換えて記録する。 Ⓟ © 著作権日付

【著作権日付】Ⓟ2006

文章，音楽等のそれぞれに対して著作権日付が表示されている場合は，識別または選択のために重要なものをすべて記録する。文章，音楽等のいずれか一つに対して複数の著作権日付が表示されている場合は，最新の日付のみを記録する。

●…………キャリアに関する情報【#2.14～#2.18，#2.29，#2.32】

世代

録音資料に特徴的なエレメントとして，「録音の特性」がある。以下に取り上げるエレメントのほかには,「世代」（原版のキャリアと，原版から作られた複製のキャリアとの関係）や「装置・システム要件」（UNIT 14 参照）等がある。

(1)　キャリア種別，機器種別，数量

ユニット数

助数詞

録音資料に限ることではないが，利用に適した装置の考慮にキャリア種別と機器種別の情報が重要である。数量は，適切なキャリア種別の用語に続けてユニット数と単位を示す助数詞を記録する（UNIT 5「表2　機器種別とキャリア種別の用語」参照，助数詞は【表 2.17.0.2】)。適切な用語がなければ，または必要に応じて，データ作成機関がキャリアの種類を示す用語を定めて記録する。

【機器種別】オーディオ　　【キャリア種別】オーディオ・ディスク

【数量】オーディオ・ディスク 2 枚

→（表外の用語「CD」を数量の記録に用いた場合の例）【数量】CD2 枚

(2)　大きさ

オンライン資料を除く全種類のキャリアについて，キャリア種別ごとにキャリアを計測する箇所や記録の方法が定められている。例えばCD等のディスクは直径を記録する。オーディオカセット，オーディオ・カートリッジは，横と縦の長さを「×」で結び，センチメートルの単位で小数点以下の端数を切り上げて記録する。続けてコンマで区切り，テープの幅をミリメートルの単位で小数点以下の端数を切り上げて記録する。映像資料や電子資料の場合も同様である。

【大きさ】10 × 7cm, 4mm テープ　　（オーディオカセットの場合）

録音の特性

(3)　録音の特性

利用に適した装置を考慮できるように，録音に関する技術的仕様について記録するエレメントである。以下のエレメント・サブタイプではいずれも，NCR2018 に適切な用語がなければ，データ作成機関が用語を定めて記録する。

録音の方式
アナログ
デジタル

「録音の方式」は,「アナログ」または「デジタル」を記録する。「録音の手段」は，録音の固定に用いた手段として，表 2.29.2 の用語を用い，「光学」（CDの場合)，「光磁気」（MDの場合）等を記録する。

録音の手段
光学
光磁気

再生チャンネル
モノラル
ステレオ

「再生チャンネル」は，表 2.29.7 に示された用語「モノラル」，「ステレオ」などを記録する。モノラルでは単一，ほかは複数の音声信号が再生できる構成を指す。

【再生チャンネル】モノラル　（情報源の表示: MONO）

特定の再生仕様

「特定の再生仕様」は，録音・再生時に用いるノイズ・リダクション・システム

などの種類について，表2.29.8に示された用語「ドルビーB」などを用いて記録する（用語の説明は【#B.1 表2.29.8】）。

このほかのエレメント・サブタイプとして，目的の音声を生成するためにオーディオ装置を操作する速度を記録する「再生速度」，アナログ・ディスクの音溝の幅やアナログ・シリンダーの音溝のピッチを記録する「音溝の特性」等がある。また，デジタル変換された音声の付加的特性については，次項の「デジタル・ファイルの特性」として記録する。

再生速度

音溝の特性

(4)　デジタル・ファイルの特性

デジタル・ファイルの特性

録音資料の識別または選択に重要な場合，デジタル変換された音声の付加的特性について記録する。以下に挙げたエレメント・サブタイプのほかに，「ファイル・サイズ」，「ビットレート」（ストリーミング・オーディオの再生速度）等がある。

ビットレート

「ファイル種別」は，デジタル・ファイル内のデータ・コンテンツの種類を容易に確認できる場合，表2.32.1の用語を用いて「オーディオ・ファイル」等と記録する（用語の説明は【#B.1 表2.32.1】）。

ファイル種別

「デジタル・コンテンツ・フォーマット」は，デジタル・コンテンツのフォーマットに用いられているスキーマや標準を容易に確認できる場合に記録する。使用する用語は示されておらず，できる限り標準的なリストによることとなっている。利用に影響がある場合は，バージョンも記録する。

デジタル・コンテンツ・フォーマット

【デジタル・コンテンツ・フォーマット】CD audio　（市販の音楽CD）

【デジタル・コンテンツ・フォーマット】DAISY 2.02　（音声DAISYのバージョン）

●…………体現形の識別子【#2.34】

体現形の識別子

記録の方法等は図書と同様であるが，出版者等による番号には，録音・映像資料の発売番号が含まれる。発売番号は，出版者等が付与した文字列・番号を，情報源に表示されているとおりに記録する。レーベル名（およびレーベル名にあたる商標やブランド名を示すロゴ等）がある場合は，レーベル名を含めて記録する。

発売番号

レーベル名

【体現形の識別子】KING KICG5056　（KICGで始まる発売番号と，レーベル名（KING）のロゴであるライオンのマークが付されていることによる記録の例）

●…………著作の記録【第4章】

NCR2018第4章に，特に音楽作品についての規定が多数ある。ここではエレメント「演奏手段」，「音楽作品の番号」，「調」を取り上げる。いずれも，その音楽作品を同一タイトルの他の音楽作品と判別するために必要な場合，またタイトルだけでは識別が困難な場合はコア・エレメントである。どの情報源に基づいて記録してもよく，音楽作品に対する統制形アクセス・ポイントの一部として，または独立したエレメントとして，あるいはその双方として記録する。

原タイトル

なお，音楽作品のタイトルに関して詳述は割愛するが，原則として作曲者による原タイトルを，優先タイトルとして選択する。ただし，以下の(1)～(3)のエレメントは著作の優先タイトルに含めない，という点が体現形のタイトルの記録とは異なる。

【著作の優先タイトル】協奏曲　(情報源の表示: ピアノ協奏曲イ短調 op.54)

演奏手段

(1)　演奏手段【#4.14.3】

本来使用すると想定されている楽器，声およびアンサンブルなどを記録する。

【演奏手段】ピアノ　(情報源の表示: ピアノ協奏曲イ短調 op.54)

音楽作品の番号

(2)　音楽作品の番号【#4.14.4】

作曲者，出版者，音楽研究者により付与された一連番号，作品番号などがある。容易に確認できる限りのものをすべて，【付録#A.3】の略語を使用し，漢数字やローマ字等で表記された数はアラビア数字に置き換える等の規定に従って記録する。

【作品番号】op.54　(情報源の表示: ピアノ協奏曲イ短調 op.54)

調

(3)　調【#4.14.5】

調とは，「音楽作品の調性または基本的調性の主音を決定する一組の音程」と説明されている【#D 用語解説】。モーツァルトの3大交響曲の一つ「交響曲第41番」が「ハ長調」であるといったことで，主音と長調か短調かで表示する。

記録は，a) 参考資料で通常識別されるもの，b) 作曲者（個人・家族・団体）の原タイトルまたは最初の体現形の本タイトルに現れたもの，c) 記述対象とした資料により明らかであるもの（その資料で移調されていることが知られているときを除く），のいずれかに該当する場合に行う。

【調】イ短調　(情報源の表示: ピアノ協奏曲イ短調 op.54)

●…………表現形の記録【第5章】

録音資料に特徴的なエレメントとして，「表現形のその他の特性」，「収録の日付・場所」，「音楽の演奏手段」，「所要時間」がある。いずれも，どの情報源に基づいて記録してもよい。

表現形のその他の特性

(1)　表現形のその他の特性【#5.4】

音楽作品に関する細かな規定があるが，紙幅の都合上，ここでは【#5.4.3A】のみ取り上げる。表現形が，演奏手段の変化，または作品の単純化などの改編，いずれかに該当する場合，エレメント「表現形のその他の特性」に「編曲」と記録する。原曲の改編を伴わない，伴奏やパートの付加は編曲として扱わない。また，ポピュラー音楽（ロック，ジャズなど）については，情報源に「編曲」，「arranged」の表示があっても，インストゥルメンタルからヴォーカル曲への編曲か，ヴォーカル曲からインストゥルメンタルへの編曲に限って「編曲」と記録する。

編曲

(2)　収録の日付・場所【#5.11】

サブエレメント「収録の日付」と「収録の場所」から成り，資料の内容の収録（録音，撮影など）と結びつく日付および場所である。日付は，その年，月，日，時刻を記録する。スタジオ，コンサート・ホール等の名称を容易に確認できる場合にはその名称と市町村名等，または地名のみを「収録の場所」として記録する。

収録の日付
収録の場所

【収録の場所】プラハ

(3)　音楽の演奏手段【#5.21】

音楽の演奏手段

著作の属性の記録における「演奏手段」とは別に，音楽作品の表現形を特徴づけているものとして，演奏に使用されているか，使用が想定されている楽器，声などの種類を記録する。重奏のための音楽は，すべての楽器を記録する。オーケストラ，バンドなどのための作品については，楽器を列挙しない。

【演奏手段】ピアノ・パートのみ

(4)　所要時間【#5.22】

所要時間

データ作成機関で定める形式で合計時間を記録する。容易に確認できる場合は，正確な時間を記録し，おおよその時間が資料に表示されて推定できる場合は「約」に続けておおよその時間を記録する。容易に確認または推定できない場合は，記録を省略する。複数の構成部分から成る資料では，各構成部分の時間を記録するが，別法により全体の合計時間をあわせて記録することもできる。また，必要に応じてエレメント「所要時間に関する詳細」を記録する。

推定

【所要時間に関する詳細】A面: 150分; B面: 80分
（オーディオカセットやアナログ・ディスクで，2面にわけて収められている場合の例）

●…………映像資料

NCR2018の用語解説・索引等に「映像資料」という用語はなく，「動画資料」として「視覚認識する動的な画像表現による資料」という説明がみられる。ここでは「動画資料」よりやや広く，機器種別「映写」，「ビデオ」，「コンピュータ」により

映像資料
動画資料

利用可能な資料として（従来の目録規則における資料種別「映像資料」に同じく）動画と静止画を保持するものを取り上げる。

●…………優先情報源【#2.0.2.2】

記述のタイプ，資料自体の範囲に関しては録音資料に同じであるが，優先情報源については「動画で構成される資料」【#2.0.2.2.2】として規程がある。

有形資料

有形資料については，a）タイトル・フレームまたはタイトル・スクリーン，b）資料に印刷または貼付された，タイトルが表示されているラベル，c）資料刊行時の容器，または資料自体の一部として扱う付属資料，d）（電子資料の）内部情報源，の順位で優先情報源を選定する。タイトル・フレームとは，映像フィルム等の，通常は冒頭に現れる一コマのことである。タイトル・スクリーンとは，電子資料における，タイトルに関する情報の表示画面である。複数のコンテンツが収録されている資料について，タイトル・フレームまたはタイトル・スクリーンにそれら個別のタイトルしか列挙されていない場合は，総合タイトルが整った形式で表示されている情報源を優先する。

タイトル・フレーム
タイトル・スクリーン

オンライン資料

オンライン資料については，a）タイトル・フレームまたはタイトル・スクリーン，b）内容に現れる文字情報，c）資料に埋め込まれた（タイトルを含む）メタデータ（文字情報），の順位で優先情報源を選定する。

また，どの情報源にもタイトルが表示されていないか不十分な場合は，タイトルが表示されている資料自体のどの部分を優先情報源として使用してもよい。

●…………タイトル【#2.1】，責任表示【#2.2】

図書等に同じといえるが，動画資料については，短い広告フィルムまたは広告ビデオの本タイトルの付与について，また，予告編であるが本タイトルがそのことを示唆しておらず，かつそのことを示すタイトル関連情報が存在しない場合についての規定がある。責任表示については，録音資料と同様に複数ある場合も多い。本タイトルに関係する責任表示として記録しなかったものは，識別，アクセスまたは選択に重要な場合は，注記として記録できる。

●…………キャリアに関する情報【#2.14～#2.18，#2.29，#2.32】

映像資料に特徴的なエレメントとして「映画フィルムの映写特性」，「ビデオの特性」がある。また，利用する機器の対応している規格・標準やスピーカー構成等といった再生環境の選択にかかわる場合もあるため，録音資料について説明した「録音の特性」，「デジタル・ファイルの特性」も改めて取り上げる。

世代
極性

その他としては「世代」や「極性」（映画フィルム等の画像における色彩および

色調と，複製されたものの色彩および色調との関係。ネガ等）などがある。　ネガ

(1)　キャリア種別，機器種別，数量

録音資料と同様である。なお，機器種別「映写」，「ビデオ」は静止画も保持対象とする。キャリア種別「スライド」や「トランスペアレンシー」（OHPシートとも呼ばれるもの），「ビデオディスク」（静止画データを保存したもの）などがある。ここでは，数量の記録にあたり，静止画のみで構成されている場合の下位ユニット数を丸がっこに入れて付加した例を示す。助数詞は表2.17.0.2（下位ユニットについては表2.17.0.2.1）より選択する。　静止画　下位ユニット数

【数量】ビデオディスク1枚（50フレーム）

(2)　録音の特性

録音資料に関して既に説明したとおりであるが，録音を主な内容としない記述対象については任意となる。以下のエレメント・サブタイプではいずれも，NCR2018に適切な用語がなければ，データ作成機関が用語を定めて記録する。

「再生チャンネル」は，【#B.1 表2.29.7】の説明に従い，5.1ch，7.1chのように表示されている場合は「サラウンド」，2ch，2.1chは「ステレオ」が該当する。　再生チャンネル　サラウンド　ステレオ

「特定の再生仕様」は，ノイズ・リダクション・システムなどの種類について，表2.29.8の用語を用いて記録する。現在市販されている映画DVD/Blu-rayで標準的に採用されている「ドルビー・デジタル」は表中になく，記録しようとする場合はデータ作成機関が用語を定める必要がある。

【録音の方式】デジタル　【録音の手段】光学　【再生チャンネル】サラウンド
（DVD, Blu-rayで，ドルビー・デジタル5.1chの表記がある場合。p.78図参照）

このほかのエレメント・サブタイプとして，目的の音声を生成するためにオーディオ装置を操作する速度を記録する「再生速度」，サウンドトラック・フィルムの構成を記録する「フィルムのトラック構成」等がある。また，デジタル変換された音声の付加的特性は，「デジタル・ファイルの特性」として記録する。　再生速度

(3)　映画フィルムの映写特性

映画フィルムの映写に関係する技術的仕様について記録するエレメントである。エレメント・サブタイプ「映写方式」，「映写速度」があり，「映写方式」は表2.30.1の用語を用いて記録する（用語の説明は【#B.1 表2.30.1】）。　映画フィルムの映写特性　映写方式　映写速度

(4)　ビデオの特性

ビデオ画像の符号化に関する技術的仕様について記録するエレメントである。エ　ビデオの特性

ビデオ・フォーマット
LD
VHS
8mm

レメント・サブタイプ「ビデオ・フォーマット」は，アナログ・ビデオのフォーマットを，「LD」，「VHS」，「8mm」といった表2.31.1の用語を用いて記録する（用語の説明は【#B.1 表2.31.1】）。エレメント・サブタイプ「テレビ放送の標準方式」は，テレビ放送用のビデオ映像の放送方式を，「HDTV」（デジタル放送の規格），「NTSC」，「PAL」（いずれもアナログ放送の規格）といった表2.31.2の用語を用いて記録する（用語の説明は【#B.1 表2.31.2】）。それぞれ適切な用語がなければ，データ作成機関が用語を定めて記録する。

テレビ放送の標準方式
HDTV
NTSC
PAL

なお，上記の「8mm」は家庭用ビデオの規格名で，映画の8mmフィルムとは異なる。また，DVD等においてアナログ放送の規格（に由来するアナログ映像信号の伝送方式）の標準が国・地域ごとに異なり，利用する機器が対応していない場合に再生できないことがある。海外の資料では特に，後述するリージョン・コードとともに，資料選択の手がかりとして重要な場合がある（下図参照）。

(5)　デジタル・ファイルの特性

オーディオ，画像，テキスト，ビデオなどのデータのデジタル変換にかかわる技術的仕様を記録するエレメントである。

デジタル・コンテンツ・フォーマット

エレメント・サブタイプ「ファイル種別」と「デジタル・コンテンツ・フォーマット」は，録音資料に関して説明したとおりである。「デジタル・コンテンツ・フォーマット」の用語はできる限り標準的なリストによることとなっており，映画DVDのラベルや容器にみられる映像圧縮方式名「MPEG-2」などが該当する。

MPEG-2

リージョン・コード

エレメント・サブタイプ「リージョン・コード」は，ビデオディスク（やゲームソフト）の指定販売地域以外での利用を制限するコードである。DVDでは「リージョン2」（日本ほか），「リージョンALL」（制限なし）等，Blu-rayでは「リージョンA」（日本ほか），「リージョンフリー」（制限なし）等がある。ディスクと機器のそれぞれにコード設定があり，両者が対応していなければ利用できない。

【ファイル種別】ビデオ・ファイル　【デジタル・コンテンツ・フォーマット】MPEG-2
【リージョン・コード】リージョン2

図　DVDラベル表示例（映画『機動戦士ガンダム 閃光のハサウェイ』DVDより）

補足：リージョン・コードを示すマークから2を読み取れるほか，「NTSC日本市場向」の表示がある。NTSCはアナログ放送の規格を示す。（前項参照）

他のエレメント・サブタイプとして「ファイル・サイズ」，「ビットレート」（ストリーミング・ビデオの再生速度）等があり，容易に確認できる場合は記録する。

●…………利用制限【#2.38】

利用制限

各図書館による個別資料に対する設定（禁帯出か貸出可かの判断など）ではなく，出版者が与えた資料上の表示や許諾有無などに基づく制限事項がある場合には，体現形の属性として記録する。録音資料は図書と同様に貸出可のものも多いが，特に映像資料は原則として，許諾を得ない限りは館外貸出や館内上映等ができない。許諾を得ている条件や制約がないことについても，必要に応じて記録する。

【利用制限】館内上映可，団体貸出・上映可

●…………表現形の記録【第 5 章】

映像資料に特徴的なエレメントとして，「内容の言語」，「アクセシビリティ」，「色彩」，「音声」，「画面アスペクト比」等がある。各エレメントの説明において言及している場合を除いて，どの情報源に基づいて記録してもよい。

(1)　内容の言語【#5.12】

内容の言語

資料の内容を表現する言語に関する情報を記録する。一般的な字幕とは異なり，音が伝えている情報を文字にして表示した字幕（バリアフリー字幕）がある場合は，次項のエレメント「アクセシビリティ」として記録する。

【内容の言語】音声: フランス語，字幕: 英語

(2)　アクセシビリティ【#5.14】

アクセシビリティ

視覚または聴覚に障害をもつ利用者などが，資料の内容を理解できるように補助する手段について，資料から明らかな，または他の情報源から容易に得られる情報を記録する。主に視覚障害に対応するものとして，画面に映りセリフでは表しきれていないものを解説する音声（バリアフリー音声ガイドと呼ばれる）がある。主に聴覚障害に対応するものとしては，音楽や効果音，環境音などの音情報も文字にして表示した字幕（バリアフリー字幕と呼ばれる）や，手話がついたものがある。なお，発話と異なる言語の字幕は，アクセシビリティには含まない。

バリアフリー音声ガイド

バリアフリー字幕

手話

【アクセシビリティ】バリアフリー日本語字幕; バリアフリー日本語音声ガイド
（情報源の表示:「日本語字幕（聴覚障がい者対応）」「音声ガイド」）

(3)　色彩【#5.17】

色彩

資料に存在する特定の色，色調などを，資料自体に基づいて記録する。さらに必要がある場合は，資料外のどの情報源に基づいて記録してもよい。表 5.17.0.2 の用語「単色」，「多色」を用いるが，適切に表せない場合は，エレメント「色彩の詳細」として記録する。なお，「多色」は白と黒を除く 2 色以上から成る色彩，「単色」は

多色
単色

1色，白黒，または白か黒と別の1色から成る色彩である。

【色彩の詳細】カラー（一部モノクロ）

(4)　音声【#5.18】

音声あり
無声

音の有無に関して，「音声あり」または「無声」を資料自体に基づいて記録する。さらに必要がある場合は，資料外のどの情報源に基づいて記録してもよい。

画面アスペクト比

(5)　画面アスペクト比【#5.19】

フル・スクリーン
ワイド・スクリーン

動画の幅と高さの比について，資料自体に基づいて記録する。さらに必要がある場合は，資料外のどの情報源に基づいて記録してもよい。市販DVD等のラベルや容器に「4：3」や「16：9」の整数比を表記したマークで表されていることがあるが，表5.19.0.2の用語を用い，1.5：1未満のアスペクト比を示す「フル・スクリーン」，1.5：1以上のアスペクト比を示す「ワイド・スクリーン」，同一資料内に複数のアスペクト比が含まれる場合に用いる「アスペクト比混合」のいずれかを記録する。判明する場合は，高さ1を後項とする画面アスペクト比の値を付加する。

【画面アスペクト比】ワイド・スクリーン（2.35：1）

画面アスペクト比の特定の形式は，「画面アスペクト比の詳細」として記録する。下図の表示例では，16：9の右側のLBが，レターボックス形式に対応可能である（映像の上下に黒い帯状の部分を追加し，4：3の再生画面に納める）ことを示しているので，これを記録することができる。

【画面アスペクト比の詳細】レターボックス

図　容器の表示例（DVD『あなたのワンカットが世界を変える』（NHKスペシャル）より）

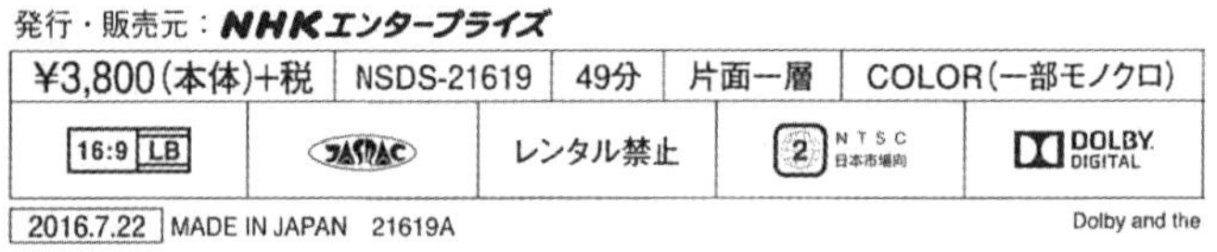

発行・販売元：NHKエンタープライズ

¥3,800（本体）+税	NSDS-21619	49分	片面一層	COLOR（一部モノクロ）
16:9 LB	JASRAC	レンタル禁止	2 NTSC 日本市場向	DOLBY DIGITAL

2016.7.22 MADE IN JAPAN 21619A　Dolby and the

(6)　表現形に関する注記【#5.27】

予告編
オーディオコメンタリー

特典として，その作品の予告編やオーディオコメンタリーと呼ばれる音声解説が表現形に含められている場合などに，注記として記録することができる。なお，DVD等のディスクとは別に解説冊子などが付属している場合については，録音資料（体現形の属性の記録）に同じである。

【表現形に関する注記】映像特典：予告集，イラスト設定資料集

UNIT 14

◉体現形の記録（各種資料）

地図資料，電子資料およびその他の資料

ここでは地図資料，電子資料，その他の資料として，バリアフリー資料を取り上げる。バリアフリー資料という名称はNCR2018には現れないが，図書館での資料・情報のバリアフリー化対応に関連して，いくつかの条項をみておきたい。

●…………地図資料

地図資料

地図資料とは「地球などの天体，または想像上の場所の全体もしくは部分を縮尺して表現した資料」と説明される【#D 用語解説】。体現形の属性の記録のために挙げられた「地図資料の種類を示す用語」【#B.1 表2.17.3】をみると，鳥瞰図，地質断面図，立体的に表現した地球儀や模型等も含むことがわかる。

●…………タイトル【#2.1】

明らかに本タイトルと判定される部分の上部または前方の語句が，本タイトルと判定される部分と不可分な場合，また，地図の尺度がタイトルと不可分な場合，本タイトルの一部として記録する。なお，資料自体のどの情報源にもタイトルが表示されていない場合，本タイトルに対象地域を示す名称または情報を必ず含める。情報源に関して地図資料に限定した規定はなく，ページやシートで構成される資料として，あるいはマイクロ資料や電子資料でもある場合等の規定に従う。

尺度

対象地域

本タイトルに対象地域および主題（使用目的，地図の種類など）を示す情報が含まれていない場合，かつそれらの情報を含むタイトル関連情報が存在しない場合は，それらの情報を含む短い語句をタイトル関連情報とする。使用目的を示す例としては，「登山・ハイキング最新コースタイム入り」といった情報が挙げられる。

使用目的
地図の種類

【本タイトル】最新東京都道路地図　（題字欄の表示:「最新」が割書き）

【本タイトル】五千分一東京図

題字欄の表示: 表層地質図 青梅 ⇒【本タイトル】青梅【タイトル関連情報】表層地質図

●…………キャリアに関する情報【#2.14～#2.18，#2.32】

地図資料にもさまざまなキャリア種別のものがあり，以下に取り上げるように，「キャリア種別」，「数量」，「大きさ」の記録方法等がそれぞれに異なることとなる。

また,「デジタル・ファイルの特性」のエレメント・サブタイプ「地図資料のデジタル表現」は地図資料に特有なエレメントである。

(1) キャリア種別,数量

キャリア種別

キャリア種別は,地図帳であれば「冊子」,シートで構成されるものは「シート」,オンラインで閲覧するものは「オンライン資料」,有形の電子資料は「コンピュータ・ディスク」等と分かれる。

地図資料の種類を示す用語

助数詞

数量の記録は,【表 2.17.3】に示された地図資料の種類を示す用語と助数詞を用いる。種類を示す用語には,「地図」,「ダイアグラム」,「対景図」,「断面図」,「地球儀」,「地質断面図」,「地図帳」,「天球儀」,「模型」,「リモートセンシング図」があり,このうち「地図」は,表中に該当する用語がほかにない場合に使用する。助数詞は,地図帳は「部」,模型等の三次元資料は「基」または「点」,他は「図」となる。地図帳ではさらに,冊数および(または)ページ数等を丸がっこに入れて付加する。

【数量】地図帳 1 部(2 冊(532 p))

また,シートが複数の図から成るとき,必要に応じて図数の後にシート枚数を丸がっこに入れて付加する等,より細かな情報の記録についても規定されている。

【数量】地図 2 図(シート 1 枚)

記述対象の機器種別が「コンピュータ」の場合と,記述対象がマイクロフィッシュまたはマイクロフィルムの場合に,収録されているファイルが印刷資料,書写資料等に相当し,内容が地図で構成されるときは,それぞれ【#2.17.0.2.1A】,【#2.17.0.2.1B】

下位ユニット数 に従い,下位ユニット数も記録する。

【数量】コンピュータ・ディスク 1 枚(地図 150 図)

(2) 大きさ

1 枚または複数枚のシートから成る地図の場合は,記録媒体である紙等の大きさではなく,地図そのものの大きさを計測する。図の縦と横の長さを「×」で結んで,

地図等の大きさ エレメント・サブタイプ「地図等の大きさ」として記録する。また,折りたたまれている地図の場合,折りたたんだ状態(外装が施されている場合はその外形)の大きさを丸がっこに入れて付加する。センチメートルの単位で小数点以下の端数を切り上げる点は,これまでと同様である。

【地図等の大きさ】65 × 90 cm(折りたたみ 24 × 15 cm)

地球儀・天球儀は直径を記録する。また,地図帳は図書に同じである。

【地図等の大きさ】径 12 cm　　(地球儀の例)

中！！

日本図書館協会　出版案内

JLA Bookletは、図書館とその周辺領域にかかわる講演・セミナーの記録、話題のトピックの解説をハンディな形にまとめ、読みやすいブックレット形式にしたシリーズです。

図書館の実務に役立ち、さらに図書館をより深く理解する導入部にもなるものとして企画しています。

JLA Bookletをはじめ、協会出版物は、こちらからお買い求めいただけます。また、お近くの書店、大学生協等を通じてもご購入できます。

二次元バーコード

お問い合わせ先
公益社団法人
日本図書館協会　出版部販売係
〒104-0033
東京都中央区新川１－１１－１４
TEL：03-3523-0812（販売直通）
FAX：03-3523-0842 E-mail：hanbai@jla.or.jp

no.1
学校司書のいる図書館に
いま、期待すること

木下通子著『読みたい心に火をつけろ！』（岩波ジュニア新書）の出版記念トークセッションの記録。読書について、つながることの大切さ、学校図書館の未来について語り合った内容を収録。図書館関係者でない方も必見です。

ISBN 978
4-8204-1711-8

no.2
読みたいのに読めない君へ
届けマルチメディアDAISY

保護者、図書館員、DAISY製作者のそれぞれの立場から、ディスレクシアやマルチメディアDAISYについてわかりやすくまとめた一冊。読みやすいブックレットにするため、視認性（目で見たときの認識のしやすさ）が高いUDフォントを使用。

ISBN 978
4-8204-1809-2

2018年に大阪と東京で開催した、塩見昇氏の著

JLA Booklet　既刊1

no.
新著作権制度と実務

書館」となり、「国民の知のアクセス」の向上への期待に応えることが求められている現在、必携の一冊です。

ISBN 978
4-8204-230

no. 15
図書館員のための「やさしい日本語」

外国人の状況や図書館の役割、実践的な「やさしい日本語」の使い方について詳しく説明。あらゆる利用者にとっても役立つものであり、図書館サービスを広く伝える大切なツールを教えてくれる一冊。

ISBN 978
4-8204-2306-5

no. 16
図書館のマンガを研究する

「海外図書館の大規模所蔵調査に基づく日本文化としてのマンガ受容に関する総合的研究」の成果を踏まえた講演録。今後の図書館におけるマンガ受容の必要性についても言及されており、マンガという資料特有の課題を知る一冊。

ISBN 978
4-8204-2311-9

no. 17
戦争と図書館 戦時下検閲と図書館の対応

第１０９回全国図書館大会分科会「戦争と図書館」の講演録。太平洋戦争中の思想統制、図書館への弾圧、図書館人の抵抗などをテーマとする３つの講演を収録。資料提供の自由を使命とする図書館のあり方を考えるとき、ぜひ手にしたい一冊です。

ISBN 978
4-8204-2403-1

no. 18
図書館員が知りたい 著作権８０問

図書館現場から実際に寄せられた質問を基に、Ｑ＆Ａ形式で平易に解説しています。著作権と図書館サービスのせめぎ合いに直面したとき、著作者・出版者等々、さまざまな関係者にとってよい「落としどころ」を悩んだときに役立つ一冊です。

ISBN 978
4-8204-2405-5

no. 19
Ｌｉｖｅ！図書館員のおすすめ本 人はなぜ本を紹介するのか リマスター版

図書館員が本を紹介することの意味、その仕事が図書館を越えて出版の世界、広く読者へ届くためにできることなど、これからの図書館と出版を考える必読書です。

ISBN 978
4-8204-2404-8

(3)　デジタル・ファイルの特性

「デジタル・ファイルの特性」のエレメント・サブタイプ「地図資料のデジタル表現」は地図資料に特有なエレメントである。容易に確認できる場合は，地理空間情報の符号化にかかわる技術的詳細を，エレメント・サブタイプ「地図資料のデジタル表現」として記録する。「地図資料のデジタル表現」は，さらにエレメント・サブタイプ「データ種別」，「オブジェクト種別」，「空間情報の表現に用いられるオブジェクトの数」から成り，「データ種別」は表2.32.7.2の用語「ベクタ」等を用いて記録することなどが規定されている。

地図資料のデジタル表現

データ種別
ベクタ

●…………著作の記録【第4章】

著作の内容に関する記録として，地図資料に特有なエレメントが「地図の座標」である。地図が対象とする区域を表し，資料自体のどの情報源に基づいて記録してもよい。資料自体に示されていない場合，資料外のどの情報源に基づいてもよい。

地図の座標

地図の座標のうち，エレメント・サブタイプ「頂点座標」と「赤経・赤緯」については，説明を割愛する。エレメント・サブタイプ「経緯度」は，最西端（経度），最東端（経度），最北端（緯度），最南端（緯度）の順に，西経はW，東経はE，北緯はN，南緯はSに続けて，経度または緯度の値を度（°），分（′），秒（″）を使用して記録する。経度間，緯度間はハイフンで結び，経度と緯度の組はスラッシュで区切る（ハイフン，スラッシュの前後にスペースは置かない）。

経緯度

【経緯度】E119°30′-E122°/N25°-N22°

●…………表現形の記録【第5章】

(1)　表現種別

UNIT 5 表3の説明のように，表現種別「静止画」，「二次元動画」等は地図資料を除くものである。地図資料の表現種別としては「地図」，「地図（触知）」，「地図動画」，「三次元地図」，「三次元地図（触知）」，「地図データセット」がある。地図に解説文が付されている場合など，複数の表現種別が該当するときはすべてを記録する。

地図資料の表現種別

(2)　尺度

尺度

表現形の内容に関する記録の中でも，エレメント「尺度」は，地図ではコア・エレメントである。地図における水平距離と実際の距離の比はエレメント・サブタイプ「地図の水平尺度」として記録する。三次元地図資料や，三次元の実物を表した二次元の地図資料（断面図など）の場合は，地図の高度または垂直方向の尺度であるエレメント・サブタイプ「地図の垂直尺度」もあわせてコア・エレメントである。なお，尺度についてすでに本タイトルまたはタイトル関連情報の一部として記録さ

地図の水平尺度

地図の垂直尺度

れている場合でも，コア・エレメント「尺度」として記録する。

【地図の水平尺度】1：5,000　　　（【本タイトル】五千分一東京図）

(3)　その他

色彩
地図の投影法

地図資料にかかわるエレメントとしては「色彩」,「地図の投影法」,「地図のその他の詳細」がある。「色彩」については，映像資料に同じである。「地図の投影法」には，地球や天球の表面を平面である地図上に表現する図法を記録する。

電子資料

●…………電子資料

オンライン資料
有形の電子資料

ここまでに，各種の資料が電子資料でもある場合に触れた箇所がいくらかあったが，コンピュータの使用を想定した体現形に適用する機器種別「コンピュータ」があり,キャリア種別としては通信ネットワークを介して利用する「オンライン資料」と，ローカル・アクセスする有形のものに分けられる。オンライン資料は，（自館作成資料等を除き）図書館が所有するものではない場合に，他の所蔵資料と同列に記述対象とするかは対応が分かれるところであろう。そのため，ここでは有形の電子資料を中心に説明する。

ウェブサイト
更新資料

なお，オンライン資料の中でも，論理的に単一のユニットとして刊行された資料とみなせるPDFファイル等は【刊行方式】が「単巻資料」となるのに対し，継続的に更新されるウェブサイトの【刊行方式】は「更新資料」が該当する。更新資料についてここでは詳述していないが，記録に際して他の刊行方式の資料とは異なる部分も多いので，留意が必要である（option B参照）。

●…………優先情報源【#2.0.2.2】

紙媒体の図書や逐次刊行物はページで構成される資料であるが，それを画像化したもの（PDFを収録したDVD-ROMや〈例題27〉の電子書籍）も同じである。よって，図書等と同様，タイトル・ページの画像などによって優先情報源を選定する。

内部情報源
ラベル
容器
付属資料

ページやシートで構成されるが，収録されている画像にタイトルが表示されていない，または不十分な場合は，a）タイトルが表示されている内部情報源（readmeファイル，ページソースのメタデータ等），b）タイトルが表示されている，資料に印刷または貼付されたラベル，c）資料刊行時の容器，または資料自体の一部として扱う付属資料，の順位で優先情報源を選定する。

動画で構成される有形資料の場合は，a）に代えてタイトル・スクリーン（タイトルに関する情報の表示画面）となる。また，プログラムやレイアウトが固定されていないテキストを収録したコンピュータ・ディスク等は，a）資料に印刷または貼付された，タイトルが表示されているラベル，b）タイトルを含む内部情報源（タイトル・スクリーンなど)，c）資料刊行時の容器，または資料自体の一部として扱う付属資料，の順位で優先情報源を選定する。

●…………キャリアに関する情報【#2.32，#2.33】

エレメント「デジタル・ファイルの特性」を改めて取り上げ，関連して記述対象の利用に必要な装置に関するエレメント「装置・システム要件」についてみる。

(1) デジタル・ファイルの特性

エレメント・サブタイプ「ファイル種別」は，デジタル・ファイル内のデータ・コンテンツの種類を，表 2.32.1 の用語「オーディオ・ファイル」,「画像ファイル」,「テキスト・ファイル」,「データ・ファイル」,「ビデオ・ファイル」,「プログラム・ファイル」を用いて記録する（用語の説明は【#B.1 表 2.32.1】)。適切な用語がなければ，データ作成機関が用語を定めて記録する。録音図書の中にも，オーディオ・ファイルや読み上げ用のテキスト・ファイルのほか，画像，動画等を含むマルチメディアDAISY 資料があり，容易に確認できる範囲で記録する。

ファイル種別

マルチメディアDAISY

【ファイル種別】テキスト・ファイル　【ファイル種別】画像ファイル　〈例題 29〉

エレメント・サブタイプ「デジタル・コンテンツ・フォーマット」は，コンテンツのフォーマットに用いられているスキーマや標準を容易に確認できる場合に，できる限り標準的なリストの用語を用いて記録する。バージョンの違いにより利用するうえでの影響が考えられる場合，バージョンも記録する。

デジタル・コンテンツ・フォーマット

【デジタル・コンテンツ・フォーマット】EPUB　〈例題 29〉,〈例題 27〉（電子書籍版）
【デジタル・コンテンツ・フォーマット】BES　　　（点字用データ形式の一種）

(2) 装置・システム要件

装置・システム要件

キャリア種別やファイル種別から明らかに必要と考えられるもの以外の，記述対象の利用や再生に必要な要件を記録する。ハードウェア，OS，メモリ容量，プログラミング言語，必須ソフトウェア，プラグイン，周辺機器などが該当する。

【システム要件】Windows 8.1/10/11

●…………バリアフリー資料

バリアフリー資料

UNIT 13 と UNIT 14 で，それぞれ断片的に言及してきたところがあるが，さまざまなバリアフリー資料の記録に関して，以下に補足しておきたい。

(1) 体現形のキャリアに関する記録：制作手段【#2.22】

例えば冊子の点字資料は，【機器種別】が「機器不用」，【表現種別】が「テキス

点字資料

制作手段 点字 ト（触知）」となるが，体現形のキャリアに関する情報のエレメント「制作手段」として，「点字」等の記録ができる。表 2.22.0.2 の用語を用い（用語の説明【#B.1 表 2.22.0.2】），適切な用語がない場合は，データ作成機関が用語を定めて記録する。

拡大写本 なお，弱視者向けに，拡大写本を制作するケースもある。書写資料に関しては，自筆以外の手書きである場合は，「書写」の語を用いて記録する。

レイアウト

(2) 体現形のキャリアに関する記録：レイアウト【#2.24】

体現形のキャリアに関する情報のエレメント「レイアウト」として，記述対象中のテキスト，画像，触知表記等の配置を記録することができる。表 2.24.0.2 に，「シートおよびテキスト（触知）資料」，「地図資料」，「楽譜（触知）資料」のそれぞれについて使用する用語が示されている（用語の説明は【#B.1 表 2.24.0.2】）。

フォント・サイズ

(3) 体現形のキャリアに関する記録：フォント・サイズ【#2.26】

体現形のキャリアに関する情報のエレメント「フォント・サイズ」として，記述対象中の文字や記号（点字を含む）の大きさを記録することができる。弱視者向け

大活字 資料のフォント・サイズは，表 2.26.0.2 の用語「大活字」，「特大活字」，「ジャンボ・ブレイル」を用いて，記録する（用語の説明は【#B.1 表 2.26.0.2】）。適切な用語がない場合は，データ作成機関が用語を定めて記録する。

【フォント・サイズ】大活字　　（大活字本シリーズとして刊行された資料の例）

(4) 表現形の内容に関する記録：表記法【#5.13】

表現形の内容に関する記録のうち，エレメント「表記法」のエレメント・サブタ

触知資料の表記法 イプの一つに「触知資料の表記法」がある。触知資料の内容を表現するために使用する，文字および（または）記号の用法を記録することができる。表 5.13.3.2 に示された用語「楽譜用点字」，「触図」，「点字」（点字は，テキストを表記したものに使用する）などを用いて記録する（用語の説明は【#B.1 表 5.13.3.2】）。表 5.13.3.2 に適切な用語がないか，十分に表す用語がない場合は，エレメント「触知資料の表記法の詳細」を【#5.13.3.3】に従って記録する。

【触知資料の表記法の詳細】墨字，点字，触図を含む

アクセシビリティ

(5) 表現形の内容に関する記録：アクセシビリティ【#5.14】

映像資料の音声ガイド等に関してUNIT 13でエレメント「アクセシビリティ」に言及しているが，資料の内容を理解できるように補助する手段として，他にアクセシビリティ・ラベル，キャプション，画像解説などが挙げられている。

UNIT 15

◉著作・表現形の記録

著作・表現形の記録

体現形には，知的・芸術的な内容を示す「著作」という実体，および「著作」を文字，記譜，音声，画像といった特定の知的・芸術的形式で表現する「表現形」という実体が収録されている。著作や表現形の属性は，当該体現形から導き出されるものであるが，他の体現形に含まれている同一の著作や表現形との共通性として存在しているものでもある。例えば，単行本を，その表現形式も含めてそのまま文庫本化する場合，単行本と文庫本という物理的形式の側面は除外されて，両者は共通の著作・表現形を構成するとみなされる（UNIT 4 参照）。 著作 表現形

著作や表現形の属性のデータは，通常，典拠データとして維持管理されることが多いが，書誌データにおける統制形アクセス・ポイント（旧来の統一タイトル標目）や表現種別などとして記録される。

特に規定がない限り情報源はどこから得てもよい。

●…………著作・表現形の属性の記録【第 4 章，第 5 章】

著作の属性の記録の目的は，著作の識別を可能とすること，および利用者のニーズに合致する資料の選択に役立つことである。 著作の属性

表現形の属性の記録の目的は，同一著作の複数の表現形の識別を可能とすること，および表現形の観点から利用者のニーズに合致する資料の選択に役立つことである。

著作の属性を記録する要素としては，「著作のタイトル」，「タイトル以外の識別要素」，「説明・管理要素」，「著作の内容」が，表現形の属性を記録する要素としては，「表現形の識別要素」，「説明・管理要素」，「表現形の内容」がある。

●…………著作のタイトル【#4.1～#4.2】

著作のタイトルには，「著作の優先タイトル」と「著作の異形タイトル」という二つのエレメント・サブタイプがある。 著作のタイトル

(1)　著作の優先タイトル【#4.1】

著作の優先タイトルは，著作を識別するために選択する名称である。これまで「統一タイトル」と呼ばれていたデータ項目に相当する。その著作に対する典拠形アク 著作の優先タイトル

セス・ポイントの基礎としても使用する。

a）一般によく知られているタイトルを，著作の優先タイトルとして選択する。

b）活版印刷が主となる時代以降（日本では明治時代以降，ヨーロッパでは1501年以降）の著作については，その著作の体現形または参考資料によって最もよく知られている原語のタイトル（別法として，日本語のタイトル）を優先タイトルとして選択する。

【著作の優先タイトル】Le petit prince

【著作の優先タイトル】星の王子さま（別法採用の場合）

c）活版印刷が主となる時代より前（日本では江戸時代まで，ヨーロッパでは1500年まで）の著作については，現代の参考資料において識別される原語のタイトルを優先タイトルとして選択する。参考資料に確定的な形がない場合は，著作の新しい版，古い版，手稿の複製の順に，よく見られる形を優先タイトルとして選択する。

【著作の優先タイトル】奥の細道　【著作の異形タイトル】おくのほそ道

表示形

d）表示形を優先タイトルとして選択する。読みは，情報源における表示を優先して選択する。その情報源に読みの表示がなければ，その他の情報源，一般的な読みの順に選択する。

【著作の優先タイトル】奥の細道 || オク ノ ホソミチ

e）表示形における漢字は，原則としてその著作の体現形または参考資料に表示された字体で記録する。別法として，表示形における漢字は，原則として常用漢字で記録する。

【著作の優先タイトル】文藝春秋 || ブンゲイ シュンジュウ

【著作の優先タイトル】文芸春秋 || ブンゲイ シュンジュウ（別法）

著作の異形タイトル

(2)　著作の異形タイトル【#4.2】

著作の一般に知られているタイトル，体現形に表示されているタイトルなどで，優先タイトルとして選択しなかったタイトルを異形タイトルとして記録することができる。

異形タイトルとして記録するものは，次のとおりである。

a）言語が異なるタイトル

【異形タイトル】リア王　【優先タイトル】King Lear

b）同一言語の異なるタイトル

【異形タイトル】牛若物語　【優先タイトル】義経記

c）詳細度が異なるタイトル

【異形タイトル】日本国現報善悪霊異記　【優先タイトル】日本霊異記

d）文字種が異なるタイトル

【異形タイトル】つれづれ草　【優先タイトル】徒然草

e）綴り，翻字，漢字の字体が異なるタイトル

【異形タイトル】栄花物語　【優先タイトル】栄華物語

f）読みが異なるタイトル

【異形タイトル】山海経||サンカイキョウ

【優先タイトル】山海経||センガイキョウ

g）著作の部分のタイトルを優先タイトルとして選択した場合の，全体のタイトルを部分のタイトルに冠したタイトル

【異形タイトル】千一夜物語. 船乗りシンドバッド

【優先タイトル】船乗りシンドバッド

h）更新資料の本タイトルの変化を反映した場合の，従来の優先タイトル

【異形タイトル】障害者自立支援法ハンドブック

【優先タイトル】障害者総合支援法ハンドブック

(3)　著作の部分

著作の部分

著作の単一の部分については，部分のタイトルを優先タイトルとして選択する。

【著作の優先タイトル】浮舟||ウキブネ　（源氏物語の一章）

(4)　著作の集合【#4.1.3.2】

著作の集合

著作の集合とは，複数の著作・表現形を具体化している一つの体現形を言う。旧来,「合集」と呼ばれていた資料である。

a）著作の集合は，その体現形や参考資料に使用されている総合タイトルがある場合は，そのタイトルを優先タイトルとして選択する。

【著作の優先タイトル】岩波講座計算科学

【著作の優先タイトル】シニャフスキー幻想小説集

聖典については，略称も含めてよく知られている名称を聖典の集合の優先タイトルとして選択する。大蔵経は，聖典の集合として扱う。

【著作の優先タイトル】大正新脩大蔵経

b）総合タイトルがない場合は，複数の異なる創作者（個人・家族・団体）による著作の集合については，各著作に対する優先タイトルのみを選択し，著作の集合に対する優先タイトルは選択しない。

c）単数または複数の特定の創作者による著作の集合については, 次のように扱う。

・全著作

特定の創作者（個人・家族・団体）による，出版時点で完成している全著作または全著作を収めることを意図する著作の集合については，定型的総合タイ

トルを選択する。

「作品集||サクヒンシュウ」（特定の個人による全著作「萩原朔太郎全集」または，一定の組を成す複数の創作者による全著作「鉄幹晶子全集」）

・特定の一形式の全著作

単数または複数の特定の創作者（個人・家族・団体）による，特定の一形式の全著作またはそれを収めることを意図する著作の集合については，定型的総合タイトルを選択する。

「詩集||シシュウ」（萩原朔太郎全詩集），「演説集||エンゼツシュウ」「歌詞集||カシシュウ」「歌集||カシュウ」「戯曲集||ギキョクシュウ」「句集||クシュウ」「小説集||ショウセツシュウ」「書簡集||ショカンシュウ」「随筆集||ズイヒツシュウ」「短編小説集||タンペン ショウセツシュウ」「評論集||ヒョウロンシュウ」など。

・全著作以外の著作の集合

単数または複数の特定の創作者（個人・家族・団体）の複数の著作を含むが，全著作を収めていない著作の集合については，各著作の優先タイトルを選択するのみとする。

著作のタイトル以外の識別要素

●…………著作のタイトル以外の識別要素【#4.2～】

タイトル以外の著作の識別要素として定義されているエレメント。

エレメント	説明
著作の形式	著作の種類やジャンル。「小説」，「漫画」，「戯曲」，「詩」など。
著作の日付	著作に関係する最も早い日付。成立日付，または最初の出版・公開日付。
著作の成立場所	著作が成立した国または国以外の法域。
責任刊行者	団体の公式機関誌など，著作を責任刊行する個人・家族・団体。
著作のその他の特性	著作のタイトルに結びつく上記以外の情報。

著作の説明･管理要素

●…………著作の説明・管理要素【#4.8～#4.12】

著作の説明・管理要素として定義されているエレメントは次のとおりである。

エレメント	説明
著作の履歴	著作の履歴に関する情報。
著作の識別子	著作または著作に代わる情報（典拠レコードなど）と結びつく一意の文字列。識別子は，著作を他の著作と判別するために有効である。 例）国立国会図書館典拠ID: 00642177 （兼好著「徒然草」の著作の識別子）
確定状況	データの確定の程度を示す情報。「確立」，「未確立」，「暫定」。

出典	著作の優先タイトル，異形タイトルまたはタイトル以外の識別要素を決定する際に使用した情報源。
データ作成者の注記	著作に対する典拠形アクセス・ポイントを使用または更新するデータ作成者にとって，または関連する著作に対する典拠形アクセス・ポイントを構築する者に役立つ説明。

●…………表現形の識別要素

表現形の識別要素

表現形の識別要素として定義されているエレメントは次のとおりである。

エレメント	説明
表現種別	表現形の内容を表現する基本的な形式を示す種別。動きの有無，次元，内容を知覚するための人間の感覚器官に対応する語句を含む。「テキスト」，「静止画」など。UNIT 5「表4　表現種別の用語」を参照。複数の表現種別が該当する場合は，それらをすべて記録する（絵本の場合，「静止画」と「テキスト」の両者を記録する）。コア・エレメントである。
表現形の日付	表現形に関係する最も早い日付。
表現形の言語	著作を表現している言語。記述対象が言語を含む内容から成る場合は，コア・エレメントである。
表現形のその他の特性	表現形と結びつく上記エレメント以外の情報。同一著作の他の表現形と判別するために必要な場合はコア・エレメント。

●…………表現形の説明・管理要素

表現形の説明・管理要素

表現形の説明・管理要素として定義されているエレメントは次のとおりである。どのエレメントも，どの情報源に基づいて記録してもよい。

エレメント	説明
表現形の識別子	表現形またはその表現形に代わる情報（典拠レコードなど）と結びつく一意の文字列。コア・エレメント。
表現形の確定状況	データの確定の程度を示す情報。「確立」，「未確立」，「暫定」。
表現形の出典	表現形の識別要素を決定する際に使用した情報源。
表現形のデータ作成者の注記	表現形に対する典拠形アクセス・ポイントを使用または更新するデータ作成者または関連する著作や表現形に対する典拠形アクセス・ポイントを構築する者に役立つ説明。

●…………表現形の内容

表現形の内容

表現形の内容は，資料の知的・芸術的内容と結びつく表現形の属性である。記録の目的は，利用者のニーズに合致する資料の選択に役立つことにある。

次のエレメントがある。尺度は，地図に限りコア・エレメントである。

エレメント	説明
内容の要約	資料の内容の抄録，要旨，あらすじなど。
収録の日付・場所	資料の内容の収録（録音，撮影など）と結びつく日付および場所。
内容の言語	資料の内容を表現する言語に関する情報。
表記法	資料の内容を表現する文字や記号の体系。
アクセシビリティ	視覚または聴覚に障害をもつ利用者などが，資料の内容を理解できるように補助する手段。
図	主要な内容を表したり説明する図，絵，写真など。
付加的内容	資料の主要な内容に付加することを意図した内容。索引，参考文献表，付録など。
色彩	資料に存在する特定の色，色調。
音声	資料における音の有無に関する情報。
画面アスペクト比	動画の幅と高さの比。
楽譜の形式	楽譜の形状やレイアウトを示す情報。
音楽の演奏手段	演奏に使用されているか，または使用が想定されている楽器，声などの種類。
所要時間	資料の再生，実行，実演に要する時間。
尺度	資料の全部または一部を構成する地図，静止画，三次元資料の大きさと，その元である実物の大きさの比。縮尺および倍尺を含む。
地図の投影法	地球や天球の表面を平面の地図上に表現する図法。
地図のその他の詳細	尺度，投影法，座標に関するエレメントとして記録していない，地図の数値などに関係するデータやその他の特徴を示す情報。
賞	授賞団体による公式の顕彰。
表現形に関する注記	表現形のエレメントとして記録した内容に，付加的情報を提供する注記。

UNIT 16

◉個人・団体・家族の記録

個人・団体・家族の記録

FRBRモデルにおける第2グループの実体（知的・芸術的成果になんらかの責任をもつ実体すなわち個人または団体）に関して記録する要素としては,「名称」,「名称以外の識別要素」,「説明・管理要素」がある。名称は統制形データとして記録される。また個人，家族，団体の属性を示すデータは，通常，典拠データとして維持管理されることが多いが，第一の識別要素である優先名称は，書誌データにおける典拠形アクセス・ポイントの基礎としても使用される。

個人
家族
団体
典拠データ

●…………個人の名称【#6.1～#6.2】

個人とは,実際の人を表す実体で,筆名等により識別されるアイデンティティ（同一人が使い分ける各アイデンティティや複数人が共同で設定する場合も含む)，架空の人物，人間以外の実体なども該当する。同一人物の使い分けとしては，赤瀬川原平（画家）と尾辻克彦（作家)，共同で設定された筆名としては藤子不二雄（藤本弘と安孫子素雄の共有筆名）や数学者集団のペンネームであるニコラ・ブルバキ（Nicolas Bourbaki）などがある。

個人の名称には,「個人の優先名称」と「個人の異形名称」という二つのエレメント・サブタイプがある。このうち「個人の優先名称」はコア・エレメントである。

(1)　個人の優先名称

個人の優先名称

個人を識別するために，一般によく知られている名称（個人の本名，筆名，貴族の称号，あだ名，イニシャルなど）を優先名称として記録する。名称の変更があった場合は最新の名称を優先名称として選択するが，旧名称の方がよりよく知られる名称であると判断した場合は，旧名称を優先名称とする。なお，同一の個人が使用範囲を定めて使い分ける名称は，それぞれの名称を優先名称として選択する。そして典拠形アクセス・ポイントを構築し，それぞれを相互に関連づける。〈例題18〉

本名
筆名
貴族の称号
あだ名
イニシャル

典拠形アクセス・ポイント

情報源は，①個人と結びつく資料の優先情報源，②個人と結びつく資料に表示された，形式の整ったその他の情報，③その他の情報源（参考資料を含む）の優先順位で採用する。

記録の方法の説明として，以下にいくつかの場合を取り上げる。

日本人名
表示形
読み

a）日本人名

・日本人の場合，漢字や仮名による表示形を優先名称として選択し，姓と名をコンマ＋スペースで区切り，読みも記録する。読みは個人と結びつく資料の優先情報源における表示を優先して選択する。

【個人の優先名称】時枝, 誠記 || トキエダ, モトキ　〈例題 1〉

【個人の優先名称】フジモト, マサル　〈例題 10〉

・姓と名のように慣用されている名称は，姓と名の場合と同様の形で記録する。

【個人の優先名称】十返舎, 一九 || ジッペンシャ, イック　　（全体が筆名である）

・姓と名から構成されていない名称は，表示されている形で記録する。

【個人の優先名称】清少納言 || セイ ショウナゴン　〈例題 14〉

・名，姓の順になっている筆名，芸名などは，そのまま（区切らずに）記録する。

・漢字および仮名による表示形が不明な日本人の名称，その他の表示形で一般に知られている場合は，最もよく見られるその他の表示形を優先名称として選択する。

【個人の優先名称】MAYA MAXX || マヤ マックス　〈例題 19〉

世系

・世襲する世系は，よく見られる形を優先名称の最後に記録する。

【個人の優先名称】松本, 幸四郎 9 代目 || マツモト, コウシロウ 9 ダイメ　〈例題 20〉

・天皇，皇后，皇太子，皇太子妃は，敬称とあわせて「天皇陛下」,「皇后陛下」,「皇太子殿下」,「皇太子妃殿下」と記録する。追号された天皇，皇后は，その追号を記録する。

【個人の優先名称】昭和天皇 || ショウワ テンノウ

外国人名

b）外国人名

・個人の名称に複数の言語による形がある場合は，最もよく見られる言語による形を優先名称として選択し，表示形または翻字形で記録する。中国人，韓国・朝鮮人以外の外国人名については，読みは原則として記録しない。〈例題 3〉

【個人の優先名称】Orwell, George　〈例題 4〉

イニシャル表示

イニシャル表示となっている場合はイニシャルの後にピリオドを付し，またイニシャルの字間にはスペースを置いて記録する。

【個人の優先名称】Lawrence D. H.

なお，中国人の名称は，漢字による表示形を優先名称として選択し，必要に応じて読みを記録する。韓国・朝鮮人の名称は，漢字による表示形またはハングルによる表記の形を優先名称として選択し，必要に応じて読みを記録する。〈例題 21〉

【個人の優先名称】毛, 沢東 || モウ, タクトウ

【個人の優先名称】李, 御寧 || イー, オリョン

漢字による表示形が不明な中国人の名称，漢字による表示形およびハングルによる表記の形が不明な韓国・朝鮮人の名称は，片仮名による表示形，その他の表示形を，この優先順位で選択する。

(2)　個人の異形名称

個人の異形名称

個人の優先名称として選択しなかった名称，または優先名称の異なる形は，異形名称として記録することができる。例えば，本名，旧名称または新名称，俗名，聖職名，文字種が異なる形，その他がある。情報源には，個人と結びつく資料や参考資料を採用する。

俗名
聖職名

【個人の異形名称】オーウェル，ジョージ　【個人の優先名称】Orwell, George
【個人の異形名称】森，鷗外 || モリ，オウガイ　【個人の優先名称】森，鴎外
【個人の異形名称】金子，みすず || カネコ，ミスズ　【個人の優先名称】金子，みすゞ
【個人の異形名称】卜部，兼好 || ウラベ，カネヨシ　【個人の優先名称】吉田，兼好

●…………個人の名称以外の識別要素【#6.3〜#6.8】

名称以外の識別要素として，「個人と結びつく日付」，「称号」，「活動分野」，「職業」，「展開形」，「その他の識別要素」というエレメントがある。いずれもその個人に対する統制形アクセス・ポイントの一部として，または独立したエレメントとして，あるいはその双方として記録する。これらは，どの情報源に基づいて記録してもよい。

(1)　個人と結びつく日付

個人と結びつく日付
生年
没年

個人と結びつく日付には，「生年」，「没年」，「個人の活動期間」という三つのエレメント・サブタイプがある。このうち個人の生年および没年はコア・エレメントである。西暦年をアラビア数字で記録する。推定年の場合は「?」を付加する。

推定年

【個人の優先名称】小林，良彰 || コバヤシ，ヨシアキ，1932-
【個人の優先名称】小林，良彰 || コバヤシ，ヨシアキ，1954-

生年と没年がともに不明で，同一名称の他の個人と判別するために必要なときは，「個人の活動期間」がコア・エレメントである。個人がその主な活動分野で活動した期間または職業に従事した期間を，開始年と終了年をハイフンで結んで記録する。

個人の活動期間

(2)　称号，活動分野，職業，展開形，その他の識別要素

「称号」のうち，個人が王族，貴族，聖職者であることを示す称号は，コア・エレメントである。また，「活動分野」，「職業」は，同一名称の他の個人と判別するために必要な場合は，コア・エレメントである。

称号
活動分野
職業

【称号】Baron　　　【個人の優先名称】Lloyd Webber, Andrew

展開形　また，「展開形」は優先名称またはその一部が，イニシャル，略語，短縮形などである場合の完全な形である（異形名称として記録することもできる）。「その他の識別要素」には，聖人であることを示す語句，伝説上または架空の個人を示す語句，人間以外の実体の種類を示す語句などがある。

聖人
伝説上・架空の個人

●…………個人の説明・管理要素【#6.9〜#6.24】

性別
出生地
死没地
居住地等
アドレス
所属
略歴
個人の識別子

説明・管理要素としては，「性別」，「出生地」，「死没地」，「居住地等」，「アドレス」，「所属」，「略歴」，「個人の識別子」等がある。コア・エレメントである「個人の識別子」は，個人または個人に代わる情報（典拠レコードなど）と結びつく一意の文字列である。データ作成機関独自に個人を示す識別子のほか，以下例示のように識別子付与に責任を有する機関等の名称または識別可能な語句に続けて記録する。

【個人の識別子】VIAF ID: 76323989　（UNIT 19 記録例参照）

【個人の識別子】国立国会図書館典拠ID: 00459687　（UNIT 19 記録例参照）

なお，「出生地」，「死没地」，「居住地等」には市町村名，上位の地方自治体名等および（または）国名を記録する。これに対し，「アドレス」は住所および（または）電子メールまたはインターネットのアドレスの，表示されているもの全体を記録する。また，説明・管理要素のうち「確定状況」，「出典」，「データ作成者の注記」については，著作の説明・管理要素における同名のエレメントに関する留意点（UNIT 15）とほぼ同様である。

●…………団体の名称【#8.1〜#8.2】

会議
大会
集会

NCR2018における団体の定義は，「一体として活動し特定の名称によって識別される組織，あるいは個人および（または）組織の集合を表す実体。会議，大会，集会等を含む。」となっている【#D 用語解説】。知的・芸術的成果になんらかの責任をもつ実体である団体は，UNIT 8等で既出であるように，出版表示や責任表示に現れ記録されるほか，他の実体との関連において記録することができる。

団体の名称には，「団体の優先名称」と「団体の異形名称」という二つのエレメント・サブタイプがある。このうち「団体の優先名称」はコア・エレメントである。

団体の優先名称

(1)　団体の優先名称

団体を識別するために，一般によく知られている名称を優先名称として記録する。

慣用形
簡略形

「オーテピア高知図書館」のような愛称等の慣用形，頭字語等の簡略形の場合もある。また，団体の名称の正式な形が容易に判明する場合は，それを優先名称として選択することもできる。

なお，団体の名称に複数の異なる形がある場合は最もよく見られる形を選択し，また団体の名称に複数の言語による形がある場合にはその団体が公式に使用する言語の名称を選択する。「国際連合」のように公式使用言語が複数ある場合は，データ作成機関で定める言語の名称を選択する。つまり，データ作成機関で定める言語が英語の場合，United Nationsを選択することとなる。〈例題26〉

情報源は，①団体と結びつく資料の優先情報源，②団体と結びつく資料に表示された，形式の整ったその他の情報，③その他の情報源（参考資料を含む）の優先順位で採用する。

記録の方法の説明として，以下にいくつかの場合を取り上げる。

・日本語の名称は表示形とその読みを記録する。その他言語の名称は，原則として表示形，言語によっては翻字形で記録する。また中国語，韓国・朝鮮語の場合は必要に応じて読みを記録する。

・団体が名称を変更した場合は，それぞれの名称を優先名称として選択する。また典拠形アクセス・ポイントを構築し，それぞれを関連づける。〈例題24〉

・団体の名称のうち，法人組織の種類を示す語句（公益財団法人，株式会社など）は省略するが，法人組織の種類を示す語句が名称の末尾にある場合は省略しない。また，被記念者等を示す語句も省略するが，その語句が名称全体の分かちがたい一部である，または識別に必要な場合は，省略しない。 法人組織の種類を示す語句

【団体の優先名称】日本図書館協会 || ニホン トショカン キョウカイ

【団体の優先名称】アカデミック・リソース・ガイド株式会社 || アカデミック リソース ガイド カブシキ ガイシャ 〈例題25〉

【団体の優先名称】西宮市大谷記念美術館 || ニシノミヤシ オオタニ キネン ビジュツカン

・日本の国の立法機関，司法機関および行政機関は，その名称を記録する。外国の国の機関は，国名の後に，ピリオド，スペースで区切って，その名称を続けて記録する。 立法機関 司法機関 行政機関

【団体の優先名称】外務省 || ガイムショウ

【団体の優先名称】アメリカ合衆国. 国務省 || アメリカ ガッシュウコク. コクムショウ

（【団体の異形名称】United States. Department of State（原名称））

・日本の地方自治体（地方自治体に属する機関を含む）は，その名称を記録する。東京都の特別区および政令指定都市の行政区は，「東京都」または都市名を記録し，続けて区名を記録する。市役所（役場）等は，市等の名称を記録する。 地方自治体

【団体の優先名称】札幌市白石区 || サッポロシ シロイシク （～区役所とはしない）

【本タイトル】白石区お元気マップ

・会議，大会，集会等の名称も団体として記録するが，回次，開催地，開催年は名称に含めず，回次，団体と結びつく場所，団体と結びつく日付として記録す 会議 大会 集会

る。

【団体の優先名称】全国図書館大会||ゼンコク トショカン タイカイ 〈例題28〉

・会議，大会，集会等を団体の下部組織として扱う場合を含め，団体の下部組織，付属機関は，原則としてその名称のみを優先名称として記録する。ただし，以下の a）～e）に該当する場合には，上部組織名と下部組織名の間をピリオド，スペースで区切って記録する。この区切り記号についてはNCR2018において指定されており，省略や他の記号への置き換えはできない必須のものとされる。

a）「局」，「部」，「課」，「係」など組織下の区分を意味する語句を含むもの

【団体の優先名称】福岡県. 県民情報広報課||フクオカケン. ケンミン ジョウホウ コウホウカ

b）一般的な名称で他の組織の下部組織，付属機関とまぎらわしいもの

c）専門分野を表す語句と，団体の種類を表す語句のみから成るもの

【団体の優先名称】日本図書館協会. 障害者サービス委員会||ニホン トショカン キョウカイ. ショウガイシャ サービス イインカイ

d）単独では団体の名称であることが不明確なもの

e）上部組織名の全体を含むもの（上部組織名を除いた部分を下部組織名として記録する）

関係団体

もっとも，設立・設置主体を表す上部組織名が「...立」の形で含まれている場合，ピリオド，スペースで区切らない。また，ある組織の下部組織や付属機関ではなく，関係団体としてその組織名の全体または一部を含む場合は，ピリオド，スペースで区切らない。

【団体の優先名称】東京都立中央図書館||トウキョウ トリツ チュウオウ トショカン

【団体の優先名称】鹿児島国際大学経済学部学会||カゴシマ コクサイ ダイガク ケイザイ ガクブ ガッカイ 〈例題24〉

【団体の優先名称】ポーラ文化研究所||ポーラ ブンカ ケンキュウジョ

（a～eに該当しないため，ポーラ・オルビスホールディングス. ポーラ文化研究所とはしない）

団体の異形名称

(2) 団体の異形名称

優先名称として選択しなかった名称や，優先名称として選択した名称の異なる形は，異形名称として記録することができる。同一実体として扱う場合における，言語の異なる名称と，文字種や綴りなどの違いによる同一名称の異なる形を含む。情報源には，団体と結びつく資料や参考資料を採用する。

【団体の異形名称】United Nations Educational, Scientific and Cultural Organization

【団体の異形名称】ユネスコ　　【団体の異形名称】UNESCO

【団体の優先名称】国際連合教育科学文化機関 〈例題 26〉

●…………団体の名称以外の識別要素【#8.3～#8.7】

名称以外の識別要素として,「団体と結びつく場所」,「関係団体」,「団体と結びつく日付」,「会議,大会,集会等の回次」,「その他の識別要素」というエレメントがある。これらはその団体に対する統制形アクセス・ポイントの一部として,または独立したエレメントとして,あるいはその双方として記録する。また,どの情報源に基づいて記録してもよい。

(1) 団体と結びつく場所,関係団体

団体と結びつく場所とは,団体の本部所在地や会議等の開催地など,団体にとって重要な場所である。「会議,大会,集会等の開催地」と「団体と結びつくその他の場所」という二つのエレメント・サブタイプがある。 団体と結びつく場所 本部所在地 開催地

「会議,大会,集会等の開催地」はコア・エレメントであり,開催された地名を記録する。オンラインで開催された会議は「オンライン」または「Online」とする。 会議,大会,集会等の開催地 オンライン

【会議,大会,集会等の開催地】東京都 〈例題 28〉 (会場施設名から)

【会議,大会,集会等の開催地】オンライン

ただし,「会議,大会,集会等の開催地」よりも,その団体に密接な関連がある他の団体の名称のほうが識別に役立つ場合や,開催地が不明である場合は,開催地に代えて「関係団体」の名称をコア・エレメントとして記録する。 関係団体

「団体と結びつくその他の場所」は,同一名称の他団体との判別に必要な場合はコア・エレメントとして,団体の本部所在地や団体の活動地等について記録する。

(2) 団体と結びつく日付

団体と結びつく日付

団体と結びつく日付とは,設立年や活動期間など団体の歴史で重要な日付である。「設立年」,「廃止年」,「団体の活動期間」,「会議,大会,集会等の開催年」というエレメント・サブタイプがあり,「会議,大会,集会等の開催年」はコア・エレメントである。他は,同一名称の他団体との判別に必要な場合はコア・エレメントである。いずれも原則として西暦年をアラビア数字で記録するが,同年に同一名称で開催された複数の会議等を判別する必要がある場合は,特定の日付を記録する。 設立年 廃止年 団体の活動期間 会議,大会,集会等の開催年

【会議,大会,集会等の開催年】2018 〈例題 28〉

(3) 会議,大会,集会等の回次

会議,大会,集会等の回次

一連の会議,大会,集会等の番号付を,データ作成機関で定める言語における標準的な序数を示す形式で記録する。日本語で記録する場合は「第」を省略せず,数

はアラビア数字で記録する。

【会議，大会，集会等の開催年】第 104 回 〈例題 29〉

(4) その他の識別要素

団体の種類
行政区分を表す語

上記以外に団体の名称と結びつく情報として，「団体の種類」，「行政区分を表す語」，「その他の識別語句」がある。団体の名称であることが不明確な優先名称である場合は，これらはコア・エレメントである。

●…………団体の説明・管理要素【#8.8〜#8.16】

団体の言語
アドレス
団体の識別子

説明·管理要素としては，「団体の言語」，「アドレス」，「団体の識別子」等がある。コア・エレメントである「団体の識別子」は，団体または団体に代わる情報（典拠レコードなど）と結びつく一意の文字列であり，これを容易に確認できる場合は，個人の識別子と同様に記録する。

●…………家族の名称【#7.1〜#7.2】

配偶者や親子といった，婚姻や血縁での関係により構成される家族であるが，文書類またはコレクションの創作者や収集者等として，家族という実体が著作や表現形等と関わっていることがある。NCR2018 における定義では，「出生，婚姻，養子縁組もしくは同様の法的地位によって関連づけられた，またはそれ以外の手段によって自分たちが家族であることを示す複数の個人を表す実体」となっており，王家，王朝，日本の皇室などを含む。

家族の名称には，「家族の優先名称」と「家族の異形名称」という二つのエレメント・サブタイプがある。このうち「家族の優先名称」はコア・エレメントである。

家族の優先名称

(1) 家族の優先名称

姓

王家名
王朝名
氏族名

家族を識別するための優先名称には，家族の構成員によって使用される姓（またはそれに相当するもの），王家名または王朝名，氏族名などがある。優先名称として一般によく知られている名称と，あわせて必要な場合の読みを，NCR2018 第 6 章【#6】の該当する規定に従って記録する。情報源は，①家族と結びつく資料の優先情報源，②家族と結びつく資料に表示された，形式の整ったその他の情報，③その他の情報源（参考資料を含む）の優先順位で採用する。なお，日本の天皇および各個人としての皇族の総称は優先名称を「皇室」と記録する。宮家の場合は，優先名称を「○○宮」と記録する。

皇室
宮家

(2)　家族の異形名称

家族の異形名称

家族の優先名称として選択しなかった名称，優先名称として選択した名称の異なる形を，異形名称として記録することができる。情報源には，家族と結びつく資料や参考資料を採用する。

●…………家族の名称以外の識別要素【#7.3～#7.6】

名称以外の識別要素として，「家族のタイプ」，「家族と結びつく日付」，「家族と結びつく場所」，「家族の著名な構成員」というエレメントがある。いずれも，その家族に対する統制形アクセス・ポイントの一部として，または独立したエレメントとして，あるいはその双方として記録する。また，どの情報源に基づいて記録してもよい。「家族のタイプ」，「家族と結びつく日付」はコア・エレメントである。ほかは，同一名称の別の家族と判別するために必要な場合にコア・エレメントとして記録される。

(1)　家族のタイプ

家族のタイプ

家族のタイプは，家，氏，王家，王朝など家族の一般的な種類を示す語である。なお，日本の天皇および各個人としての皇族の総称である優先名称「皇室」に対して，家族のタイプは記録しない。宮家の場合は，家族のタイプは「家」と記録する。

伏見宮家

【家族の優先名称】伏見宮||フシミノミヤ　【家族のタイプ】家

著作「三条家文書」の創作者である家族

【家族の優先名称】三条||サンジョウ　【家族のタイプ】家

(2)　家族と結びつく日付

家族と結びつく日付とは，家族の歴史における重要な日付である。

●…………家族の説明・管理要素【#7.7～#7.14】

世襲の称号
家族の言語
家族の歴史
家族の識別子

説明・管理要素としては，「世襲の称号」，「家族の言語」，「家族の歴史」，「家族の識別子」等がある。コア・エレメントである「家族の識別子」は，家族または家族に代わる情報（典拠レコードなど）と結びつく一意の文字列である。

また，「世襲の称号」は，家族と結びつく貴族の称号など，家族で継承される称号である。外国人の家族が世襲の称号を持っている場合，異形名称として，または独立した（説明・管理要素の）エレメントとして，あるいはその双方として記録する。

UNIT 17

◉アクセス・ポイントの構築

アクセス・ポイントと典拠コントロール

●…………アクセス・ポイントの構築総則【#21】

アクセス・ポイント

アクセス・ポイントは，書誌データおよび典拠データを検索し，識別するために使用される名称，用語，コード等である。アクセス・ポイントには，統制形アクセス・ポイントと非統制形アクセス・ポイントとがある。

統制形アクセス・ポイント

(1)　統制形アクセス・ポイント

統制形アクセス・ポイントは，一群の資料に関するデータを集中するために必要な一貫性をもたらすアクセス・ポイントである。典拠コントロールの対象であり，典拠ファイルなどの手段で統制される。統制形アクセス・ポイントには，「典拠形アクセス・ポイント」と「異形アクセス・ポイント」とがある。

典拠形アクセス・ポイント

異形アクセス・ポイント

非統制形アクセス・ポイント

(2)　非統制形アクセス・ポイント

非統制形アクセス・ポイントは，典拠コントロールの対象とならないアクセス・ポイントの総称である。書誌データおよび典拠データにおいて現れる名称，タイトル，コード，キーワード等のすべてが，検索システムにおいて，このアクセス・ポイントとなり得るデータである。その機能は，特定の実体を発見する手がかりとなり，また，実体の識別に役立つことにある。

●…………典拠コントロール

典拠コントロール

典拠コントロールとは，「典拠データを通して，統制形アクセス・ポイントの一貫性を保つように管理する作業」を言う。

優先名称

優先タイトル

統制形アクセス・ポイントのうち，典拠形アクセス・ポイントは，著作，表現形，個人，団体という実体の優先名称（または優先タイトル）を基礎として構築される。これまで，「統一標目」と呼ばれていた概念に相当する。

異形名称

異形タイトル

一方，異形アクセス・ポイントは，当該実体について，典拠形アクセス・ポイントとは異なる形の優先名称（著作と表現形については優先タイトル）または異形名称（著作と表現形については異形タイトル）を基礎として構築される。これまで「参照」と呼ばれていた概念に相当する。

典拠形アクセス・ポイントは，次の機能をもつ。

a）特定の実体を発見，識別する手がかりとなる。

b）特定の実体と関連する資料を発見する手がかりとなる。

c）特定の実体を主題とする資料を発見する手がかりとなる。

d）特定の実体と関連する他の実体を発見する手がかりとなる。

●…………Web NDL AuthoritiesとVIAF

国立国会図書館の典拠コントロールによって作成された典拠データは，Web NDL Authorities（国立国会図書館典拠データ検索・提供サービス）と呼ばれるシステムによって一般に提供されている（https://id.ndl.go.jp/auth/ndla）。

Web NDL Authorities

このシステムには，3種類の典拠データ，①名称典拠：著者名やタイトルなどを表す典拠（個人名，家族名，団体名，地名，著作，統一タイトル），②普通件名典拠：資料のテーマとなっている物ごとを表す典拠（細目，すなわち普通件名に結びつけてテーマの地域や時代などを特定する語や言語名，動植物名等，一部の固有名件名を含む）（UNIT 42参照），③ジャンル・形式用語典拠：資料の内容や様式を表す典拠（「漫画」，「児童図書」等）が収録されている。これらの典拠データは，自由にダウンロードが可能で，わが国の標準的な典拠データとして利用することができる。

また，国際的に利用可能な標準的な典拠データを提供するシステムとして「バーチャル国際典拠ファイル」（Virtual International Authority File：通称VIAF）がある（http://viaf.org/）。

VIAFは，複数の国立図書館と地域的，国際的図書館関係機関による共同プロジェクトで，OCLCが維持管理している。各国で幅広く使用されている典拠ファイルをマッチングおよびリンクをし，ウェブ上で利用可能な情報を作成することによって，コストの削減と図書館典拠ファイルの有用性を向上させることをその目的としている。（これらの標準的な典拠データは，演習の際に参照することが望ましい。）

VIAF

●…………統制形アクセス・ポイント構築方法

統制形アクセス・ポイントの構築において，各識別要素の間は，データ作成機関で定める区切り記号法によって連結する。

(1)　著作に対する典拠形アクセス・ポイント

著作に対する典拠形アクセス・ポイント

優先タイトルをその基礎とし，必要な場合は創作者に対する典拠形アクセス・ポイントを結合し，さらに必要に応じて著作のタイトル以外の識別要素を付加して構築する。

吾妻鏡 || アズマカガミ

岡倉, 天心 || オカクラ, テンシン, 1863-1913. The book of tea
紫式部 || ムラサキ シキブ. 源氏物語 || ゲンジ モノガタリ
森, 鴎外 || モリ, オウガイ, 1862-1922. 全集 || ゼンシュウ

著作に対する異形アクセス・ポイント

(2) 著作に対する異形アクセス・ポイント

優先タイトルまたは異形タイトルをその基礎とし，典拠形アクセス・ポイントと同様にして構築する。ほかに，優先タイトルと，著作に対する典拠形アクセス・ポイントを構築する際に用いなかった識別要素を結合した形で構築することもある。さらに，アクセスに重要な場合は，その他の形でも構築することができる。

東鏡 || アズマカガミ
岡倉, 天心 || オカクラ, テンシン, 1863-1913. 茶の本
岡倉, 覚三 || オカクラ, カクゾウ, 1863-1913. 茶の本

表現形に対する典拠形アクセス・ポイント

(3) 表現形に対する典拠形アクセス・ポイント

著作に対する典拠形アクセス・ポイントに，表現形の識別要素を付加して構築する。

森, 鴎外 || モリ, オウガイ, 1862-1922. 全集 || ゼンシュウ. 1923

表現形に対する異形アクセス・ポイント

(4) 表現形に対する異形アクセス・ポイント

著作に対する典拠形アクセス・ポイントに，表現形に対する典拠形アクセス・ポイントを構築する際に用いた識別要素以外の識別要素を付加して構築する。著作の異形タイトルと創作者の典拠形アクセス・ポイントを結合した形で構築することもある。

森, 鴎外 || モリ, オウガイ, 1862-1922. 全集 || ゼンシュウ. 岩波書店

個人・家族・団体に対する典拠形アクセス・ポイント

(5) 個人・家族・団体に対する典拠形アクセス・ポイント

優先名称をその基礎とし，必要に応じて名称以外の識別要素を付加して構築する。

金子, みすゞ || カネコ, ミスズ, 1903-1930

個人・家族・団体に対する異形アクセス・ポイント

(6) 個人・家族・団体に対する異形アクセス・ポイント

優先名称または異形名称をその基礎とし，典拠形アクセス・ポイントと同様にして構築する。

金子, テル || カネコ, テル, 1903-1930

UNIT 18 関連の記録

資料や実体の発見・識別に必要な，実体間のさまざまな関係性を表現するのが「関連」であり，UNIT 4の「FRBRの概要図」では，実体間に引かれた矢印によって示されている。関連は次のように6つに大別され，各エレメントが定義されている。 関連

・資料に関する基本的関連【第42章】
・資料に関するその他の関連【第43章】
・資料と個人・家族・団体との関連【第44章】
・資料と主題との関連【第45章　保留】
・個人・家族・団体の間の関連【第46章】
・主題間の関連【第47章　保留】

NCR2018で保留となっている主題関連の第45章と第47章はここでは扱わない。

●…………資料に関する基本的関連【第42章】

資料に関する基本的関連

著作，表現形，体現形，個別資料間相互の関連を記録する目的は次の2点にある。

a）特定の著作・表現形を具体化したすべての体現形を発見する。

b）特定の体現形を例示したすべての個別資料を発見する。

「関連元→関連先」の形で，8つの関連（①著作→表現形，②表現形→著作，③著作→体現形，④体現形→著作，⑤表現形→体現形，⑥体現形→表現形，⑦体現形→個別資料，⑧個別資料→体現形）がエレメントとして定義されている。 関連元→関連先

NCR2018では，体現形の属性の記録は書誌データの根幹と位置づけ，体現形とそれが属する著作は必ず関連づけることとしているので，本書では体現形を関連元とするエレメント（④，⑥，⑦）のみを取り上げる。

関連先となる著作を識別できる情報を，「著作の識別子」，「著作に対する典拠形アクセス・ポイント」，「複合記述」のうちの一つ以上の方法によって記録する。

(1)　体現形から著作への関連【#42.4】

体現形から著作への関連

体現形は一つ以上の著作を具体化する。その体現形が具体化した著作を関連先の情報として記録する。体現形の構成部分として具体化された著作（著作の集合における個々の著作）も関連先として記録することができる。体現形から著作への関連

は，体現形で具体化された表現形を特定せずに，体現形と著作を直接に関連づける場合に記録する。この場合には，その体現形から表現形への関連は記録しない。

複数の著作を一つの体現形として具体化した「著作の集合」の場合は，顕著なものまたは最初に表示される著作への関連のみをコア・エレメントとする。〈例題 16〉

関連元の体現形: 星の王子さま / サン＝テグジュペリ著 ; 倉橋由美子訳. ― 東京 : 文藝春秋, 2019.5.

①【著作の識別子】国立国会図書館典拠ID：00627459（著作Le petit princeの典拠ID）

②【著作に対する典拠形アクセス・ポイント】Saint-Exupéry, Antoine de, 1900-1944. Le petit prince

③著作の原タイトルを体現形の記述と組み合わせた複合記述による記録

星の王子さま / サン＝テグジュペリ著 ; 倉橋由美子訳. ― 東京 : 文藝春秋 , 2019.5. ― 原タイトル: Le petit prince.

体現形から表現形への関連

(2) 体現形から表現形への関連

体現形は一つ以上の表現形を具体化する。その具体化された表現形を関連先の情報として記録する。体現形の構成部分として具体化された表現形も記録することができる。

関連元の体現形: 十五少年漂流記 / ベルヌ作 ; 大久保昭男訳. ― 東京 : ポプラ社, 2005.10. ― ISBN 4591088499

①【表現形の識別子】VIAF ID: 316281405 （大久保昭男による日本語訳の識別子）

②【表現形に対する典拠形アクセス・ポイント】Verne, Jules. Deux ans de vacances. 日本語（大久保昭男）（著作に対する典拠形アクセス・ポイントに表現形の言語と翻訳者を付加して構築した，表現形に対する典拠形アクセス・ポイント）

③著作の原タイトルを体現形の記述と組み合わせた複合記述による記録

組曲「惑星」/ ホルスト [作曲] ; 大友直人指揮 ; 東京交響楽団, 東響コーラス [演奏]. ― Tokyo : King Record, 2013. ― 収録: 2013 年 9 月 サントリーホール (東京). ― キング: KICC-1120

（表現形の収録の日付・場所を，体現形の記述と組み合わせたもの）

体現形から個別資料への関連

(3) 体現形から個別資料への関連

体現形は一つ以上の個別資料によって例示される。その体現形を例示した個別資料を関連先の情報として記録する。

①【個別資料の識別子】国立国会図書館資料貼付ID : 1200700731590

（中島敦「山月記・名人伝・牛人」の朗読を録音したCDについて，国立国会図書館所蔵資料に付与されたID）

②〈複合記述による記録〉〈例題 7〉

風の箱 / 芳野太一銅版画・摺り. ― 東京 : 77 ギャラリー, 1997. ― 限定 30 部のうちの

4番（個別資料の情報を，体現形の記述と組み合わせたもの）

●…………資料に関するその他の関連【第43章】

資料に関するその他の関連とは，複数の著作間，表現形間，体現形間，個別資料間における「派生」，「参照」，「全体・部分」，「付属・付加」，「連続」，「等価」などの関係を表現する関連である。その記録の目的は，次のとおりである。

a）関連する実体を示すことにより，資料の識別・選択に寄与する。

b）関連する実体を示すことにより，他の資料に誘導する。

この関連の詳細を表すために必要な場合は，「関連先の著作・表現形・体現形・個別資料の識別子」，「典拠形アクセス・ポイント」，「構造記述」については「関連指示子」を付加する。ただし，関連先情報の記録に注記のような非構造記述を用いた場合は，「関連指示子」を付加しない。

「関連指示子」とは，NCR2018の【付録#C.1】に列挙する用語であり，データ作成機関が必要とする詳細度のものを記録する。以下に示した「関連指示子【#C.1.1】抜粋」におけるインデンションは詳細度を示しており，データ作成機関が必要とする詳細度のものを記録することとしている。例えば，映画化の著作の記録に，その原作について記録する場合は，「映画化の原作（著作）」か，より包括的な「翻案の原作（著作）」か，最も包括的な「原作（著作）」のいずれかを使用することができる。

本書の演習は，この抜粋の範囲内で実施するが，その用語の意味が不明な場合には，NCR2018の【付録#C.1】を参照されたい。

(1)　著作間の関連　　著作間の関連

a）著作の派生の関連　　著作の派生の関連

原作と原作をなんらかの形で改変した著作との関連

<u>自由訳の対象（著作）</u>: 論語（著作の典拠形アクセス・ポイント）

（関連元著作: 安冨, 歩, 1963-. 超訳論語）

<u>漫画化の原作（著作）</u>: 00633493（紫式部「源氏物語」に対する国立国会図書館の著作典拠ID）（関連元著作: 大和, 和紀. あさきゆめみし）

▼関連指示子【#C.1.1.1】抜粋

原作（著作）	派生（著作）
自由訳の対象（著作）	自由訳（著作）
縮約の対象（著作）	縮約（著作）
増補の対象（著作）	増補（著作）
翻案の原作（著作）	翻案（著作）
映画化の原作（著作）	映画化（著作）

脚本化の原作（著作）	脚本化（著作）
小説化の原作（著作）	小説化（著作）
漫画化の原作（著作）	漫画化（著作）

著作の参照の関連

b）著作の参照の関連

その著作を記念した著作: 宮崎県. 古事記編さん1300年（著作の典拠形アクセス・ポイント）（関連元著作: 古事記）

▼関連指示子【#C.1.1.2】抜粋

その著作を記念した著作	記念の対象とされた著作

著作の全体・部分の関連

c）著作の全体・部分の関連

上位のシリーズ: 講談社現代新書（著作の典拠形アクセス・ポイント）

（関連元著作: 新書東洋史）

上位（著作）: 中央公論（著作の典拠形アクセス・ポイント）

（関連元著作: 特集 大学の耐えられない軽さ）

▼関連指示子【#C.1.1.3】抜粋

上位（著作）	下位（著作）
上位のシリーズ	サブシリーズ

付属・付加の関連

d）付属・付加の関連

「新選組史料集」（新人物往来社 1993年刊）と「新選組史料集 続」（新人物往来社 2006年刊）の改題・合本・加筆・再編集（非構造記述）（関連元: 新選組史料大全）

▼関連指示子【#C.1.1.4】抜粋

相互補完（著作）	相互補完（著作）
本体（著作）	付属（著作）

連続の関連

e）連続の関連

継続後（著作）: Toyama medical journal / 富山大学医学会編（構造記述）

（関連元: 富山大学医学会誌）

改訂の対象: 映画ジャンル論 / 加藤幹郎著. — 東京 : 平凡社, 1996（構造記述）

（関連元: 加藤, 幹郎. 映画ジャンル論 (2016)）

改訂: 新潮世界文学辞典. — 東京 : 新潮社, 1990.4（構造記述）

（関連元: 新潮世界文学小辞典. — 東京 : 新潮社, 1966.5）

▼関連指示子【#C.1.1.5】抜粋

先行（著作）	後続（著作）
継続前（著作）	継続後（著作）
前編	続編

表現形間の関連

(2) 表現形間の関連

表現形の派生の関連

a）表現形の派生の関連

翻訳

翻訳: Library of Congress control number: no 45029807 （イタリア語訳「源氏物語」の表現形に対する米国議会図書館の識別子）（関連元: 源氏物語）

翻訳の対象: Carroll, Lewis, 1832-1898. Alice's adventures in Wonderland. 英語 （表現形の典拠形アクセス・ポイント）

（関連元: Carroll, Lewis, 1832-1898. Alice's adventures in Wonderland. 日本語）

改訂: 新潮世界文学辞典. — 東京 : 新潮社, 1990.4 （構造記述）

（関連元: 新潮世界文学小辞典. — 東京 : 新潮社, 1966.5）

平凡社 1996 年刊の増補改訂版（非構造記述）（関連元: 加藤, 幹郎. 映画ジャンル論 (2016)）

▼関連指示子【#C.1.2】抜粋

原作（表現形）	派生（表現形）
改訂の対象	改訂
増補の対象（表現形）	増補（表現形）
翻訳の対象	翻訳

(3) 体現形間の関連

体現形間の関連

a) 体現形の等価の関連

体現形の等価の関連

複製（体現形）

複製（体現形）: ISBN 978-4-09-138400-3 （関連先の識別子）

（関連元: ポーの一族. 1 / 萩尾望都著. — [東京] : 小学館, 1974）

▼関連指示子【#C.1.3.1】抜粋

等価（体現形）	等価（体現形）
異版	異版
複製の対象（体現形）	複製（体現形）

b) 全体・部分の関連

全体・部分の関連

書誌階層構造における上位書誌レベル，下位書誌レベルの情報は，全体・部分の関連として記録する。〈例題 16〉

上位（体現形）: ISBN 978-4-535-06502-4（関連先の識別子）

（「夫婦 / 川井健 [ほか] 編集. — 東京 : 日本評論社, 1991」の ISBN）

（関連元: 夫婦の法の課題 / 利谷信義. — p 3-14）

下位（体現形）: 伊豆の踊子. 温泉宿. 抒情歌. 禽獣（構造記述）

（関連元: 伊豆の踊子 / 川端康成. — 東京 : 新潮社, 2003.5. — (新潮文庫 ; 115 か-1-2)）

内容: 時代区分論 / 岸本美緒 (ほか 10 編)（非構造記述）（関連元: 世界史へのアプローチ. — 東京 : 岩波書店, 1998.4. — (岩波講座世界歴史 ; 1)）

●…………資料と個人・家族・団体との関連【第 44 章】

資料と個人・家族・団体との関連

資料と個人・家族・団体との関連とは，ある著作・表現形・体現形・個別資料が，ある個人・家族・団体に対して有する関連である。この関連の記録の目的は，次のとおりである。

a）特定の個人・家族・団体と関連を有する，目録中のすべての資料を発見する。

b）個人・家族・団体を介した関連する実体への誘導により，目録内外における各種実体を発見する。

(1)　著作との関連

著作と個人･家族･団体の関連

著作と個人･家族･団体の関連には，「創作者」と「著作と関連を有する非創作者」という二つのエレメントがある。旧来，著者標目の選択として捉えられてきた事項である。資料に複数の著作が含まれ，各著作が異なる個人・家族・団体と関連している場合は，各著作において関連する個人・家族・団体を記録する。

関連指示子として使用する用語は，NCR2018の「付録C.2　関連指示子：資料と個人・家族・団体との関連」を参照。

創作者

A. 創作者

創作者は，コア･エレメントである。創作者が複数存在する場合は，すべてコア･エレメントである。

創作者とは，著作の創作に責任を有する個人・家族・団体である。「著者」，「作詞者」，「編纂者」，「作曲者」，「写真撮影者」，「制定法域団体」，「美術制作者」などの関連指示子を使用する。

創作者には，一つの著作の創作に共同で責任を有する複数の個人・家族・団体が含まれる。これには，同一の役割を果たす創作者と，異なる役割を果たす創作者とがある。

著作の集合について，内容の選択，配置，編集によって新しい著作が生じたと考えられる場合は，その編集等に責任を有する個人・家族・団体を，新しい著作の創作者として扱う。

既存の著作の改変について，その性質や内容が実質的に変化し，新しい著作が生じたと考えられる場合は，その改変に責任を有する個人・家族・団体を，新しい著作の創作者として扱う。

単一の創作者（個人）

a）単一の創作者（個人）

<u>著者</u>: 高木, 貞治, 1875-1960　（関連元: 著作「解析概論」（優先タイトル））
<u>編纂者</u>: 新村, 出, 1876-1967　（関連元: 著作「広辞苑」（優先タイトル））
<u>写真撮影者</u>: 土門, 拳, 1909-1990　（関連元: 著作「土門拳自選作品集」（優先タイトル））

単一の創作者（団体）

b）単一の創作者（団体）

団体を創作者とみなすのは，団体に由来するか，団体が責任刊行したか，または責任刊行させた著作で，次のいずれかに該当するものである。

①　団体の管理的な性格の著作

内部方針，手続き，財政，運用を記したもの，会員名簿，財産目録，社史等。

<u>著者</u>: 岩手県　（関連元: 著作「岩手県」（優先タイトル）（岩手県ホームページ））

著者: 日本癌学会（関連元: 著作「日本癌学会会員名簿」（優先タイトル））

著者: 天理図書館（関連元: 著作「善本圖録」（優先タイトル））

著者: 秋田銀行（関連元: 著作「秋田銀行130年のあゆみ」（優先タイトル））

② 団体の集団的意思を記録した著作

委員会や審議会などの報告，対外政策に関する公式見解，白書，規格等。

著者: 大阪府（関連元: 著作「地球社会に貢献する大阪を目指して」（優先タイトル））

③ 団体の集団的活動を報告した著作

議事録，予稿集，調査団の報告，公聴会の記録等。

著者: 熊本地名シンポジウム（関連元: 著作「熊本の地理と地名」（優先タイトル））

著者: 野尻湖発掘調査団（関連元: 著作「野尻湖の発掘写真集」（優先タイトル））

著者: 憲法調査会（関連元: 著作「憲法調査会中央公聴会記録」（優先タイトル））

④ 法令等

制定法域団体: 東京都台東区（関連元: 著作「台東区例規集」（優先タイトル））

c）著作の創作に責任を有する複数の個人・家族・団体

著作と，その複数の創作者（個人・家族・団体）とを関連づける。

著者: 大河内, 一男, 1905-1984　著者: 松尾, 洋, 1911-
（関連元: 著作「日本労働組合物語」（優先タイトル））

作詞者: 高野, 喜久雄, 1927-2006　作曲者: 高田, 三郎, 1913-2000
（関連元: 音楽作品「水のいのち」（優先タイトル））

d）改作，改訂等による新しい著作の創作に責任を有する個人・家族・団体

著者: 村山, 知義, 1901-1977（関連元: 著作「戯曲夜明け前」（優先タイトル））

e）注釈，解説等を追加した新しい著作の創作に責任を有する個人・家族・団体

著者: 片桐, 洋一, 1931-（関連元: 著作「古今和歌集全評釈」（優先タイトル））

B. 著作と関連を有する非創作者

著作と関連を有する非創作者

創作者以外で著作と関連を有する個人・家族・団体（書簡の名宛人，記念論文集の被記念者，ディレクター等）である。

(2) 表現形との関連

表現形と個人・家族・団体との関連
寄与者

表現形と個人・家族・団体との関連のエレメントには，寄与者がある。寄与者とは，表現形の成立に寄与する個人・家族・団体である。関連指示子には，「編者」，「訳者」，「注釈者」，「指揮者」，「器楽奏者」，「編曲者」などがある（「付録C.2　関連指示子：資料と個人・家族・団体との関連」を参照。

著作の主要部分は変わらず，それに注釈，挿絵，伴奏等が付加される場合は，注釈者，挿画者，伴奏の作曲者等を寄与者とみなす。

訳者: 呉, 茂一, 1897-1977（関連元: 著作「Ιλιάς」（優先タイトル）の表現形）

編者, 訳者: 上田, 敏, 1874-1916（関連元: 著作「海潮音」（優先タイトル）の表現形）

指揮者: 小澤, 征爾, 1935-　器楽奏者: Toronto Symphony Orchestra
（関連元: 著作「Symphonie fantastique」（優先タイトル）の表現形）

編曲者: 青島, 広志, 1955-（関連元: 著作「日本のうた」（優先タイトル）の表現形）

編者: 山本, 健吉, 1907-1988（関連元: 著作「日本詩歌集」（優先タイトル）の表現形）

体現形と個人・家族・団体との関連
出版者
頒布者
製作者
非刊行物の制作者

(3)　体現形との関連

体現形と個人・家族・団体との関連には,「出版者」,「頒布者」,「製作者」,「非刊行物の制作者」などのエレメントがある。

(4)　個別資料との関連

個別資料と個人・家族・団体との関連
所有者
管理者

個別資料と個人・家族・団体との関連には,「所有者」,「管理者」などのエレメントがある。

●…………個人・家族・団体の間の関連【第46章】

個人・家族・団体の間の関連

個人・家族・団体の間の関連の記録の目的は，次のとおりである。

a）特定の個人・家族・団体と関連を有する，個人・家族・団体を発見する。

b）個人・家族・団体を介した関連する実体を示すことにより，個人・家族・団体の識別に寄与する。

(1)　個人と個人との関連

別名: 国立国会図書館典拠 ID: 00103020（栗本薫に対する国立国会図書館の典拠 ID）（関連元: 中島, 梓, 1953-2009）

別名: 国立国会図書館典拠 ID: 00015619（藤子不二雄に対する国立国会図書館の典拠 ID）（関連元: 藤子, 不二雄 A, 1934-; 藤子, 不二雄 F, 1933-1996）

(2)　団体と個人との関連

構成員: 忌野, 清志郎, 1951-2009（関連元: RC サクセション）

(3)　団体と団体との関連

下位団体: 国立国会図書館典拠 ID: 00996830（京都大学東南アジア研究所に対する国立国会図書館の典拠 ID）（関連元: 京都大学）

UNIT 19

◉目録法の例題と総合演習問題

エレメントの記録例と例題

本UNITには，UNIT 4〜UNIT 18で例題としてあげた例題1〜例題30の情報源を掲載している。

問題1　下記の「エレメントの記録例」等を参照しながら，各例題について次の記録を作成しなさい。

(1)　体現形の記録を作成しなさい。

(2)　著作・表現形・個人・団体の記録（典拠レコード）を作成しなさい。

(3)　(1)と(2)に基づいて，典拠形アクセス・ポイントの記録を作成しなさい。

(4)　重要と思われる関連の記録を作成しなさい。

●…………本演習でのエレメントの記録例

二年間の休暇 / J.ベルヌ作 ; 朝倉剛訳 ; 太田大八画. — 東京 : 福音館書店 , 2002.6. — 2冊 ; 17cm. — (福音館文庫 ; C-1, 2). — ISBN 4834018059 ; 4834018067

〈体現形〉

	エレメント	エレメント・サブタイプ／サブエレメント	値
属性	タイトル	本タイトル	二年間の休暇
	責任表示	本タイトルに関係する責任表示	J.ベルヌ作

		本タイトルに関係する責任表示	朝倉剛訳
		本タイトルに関係する責任表示	太田大八画
	版表示		
	出版表示	出版地	東京
		出版者	福音館書店
		出版日付	2002.6
	シリーズ表示	シリーズの本タイトル	福音館文庫
	刊行方式		複数巻単行資料
	機器種別		機器不用
	キャリア種別		冊子
	数量		2 冊（311p, 226p）
	大きさ		17cm
	体現形の識別子		ISBN 4-8340-1805-9（上）
	体現形の識別子		ISBN 4-8340-1806-7（下）
関連	体現形から表現形への関連		Verne, Jules, 1828-1905. Deux ans de vacances 日本語（朝倉剛）
	体現形間の関連		上位（体現形）：福音館文庫. ―東京 : 福音館書店

〈著作〉

	エレメント	値
属性	著作の優先タイトル	Deux ans de vacances
	著作の異形タイトル	十五少年 || ジュウゴ ショウネン
	著作の異形タイトル	十五少年絶島探検 || ジュウゴ ショウネン ゼツトウ タンケン
	著作の異形タイトル	十五少年漂流記 || ジュウゴ ショウネン ヒョウリュウキ
	著作の異形タイトル	二年間の休暇 || ニネンカン ノ キュウカ
	著作の形式	小説
	著作の日付	1888
	著作の識別子	VIAF ID: 184891846
関連	創作者	著者：Verne, Jules, 1828-1905
典拠形アクセス・ポイント		Verne, Jules, 1828-1905. Deux ans de vacances

〈個人 1〉

	エレメント	値
属性	個人の優先名称	Verne, Jules
	個人の異形名称	ヴェルヌ, ジュール
	個人の異形名称	ベルヌ, ジュール
	個人の異形名称	ベルヌ, J.
	個人と結びつく日付：生年	1828
	個人と結びつく日付：没年	1905
	個人の識別子	VIAF ID: 76323989
	個人の識別子	国立国会図書館典拠ID: 00459687
典拠形アクセス・ポイント		Verne, Jules, 1828-1905

〈個人 2〉

	エレメント	値
属性	個人の優先名称	朝倉, 剛 || アサクラ, カタシ
	個人と結びつく日付：生年	1926
	個人と結びつく日付：没年	2000
	個人の識別子	VIAF ID: 33435229
	個人の識別子	国立国会図書館典拠ID: 00003613
典拠形アクセス・ポイント		朝倉, 剛 || アサクラ, カタシ, 1926-2000

〈個人 3〉

	エレメント	値
属性	個人の優先名称	太田, 大八 || オオタ, ダイハチ
	個人と結びつく日付：生年	1918
	個人と結びつく日付：没年	2016
	個人の識別子	VIAF ID: 109007497
	個人の識別子	国立国会図書館典拠ID: 00062794
典拠形アクセス・ポイント		太田, 大八 || オオタ, ダイハチ, 1918-2016

例題 1

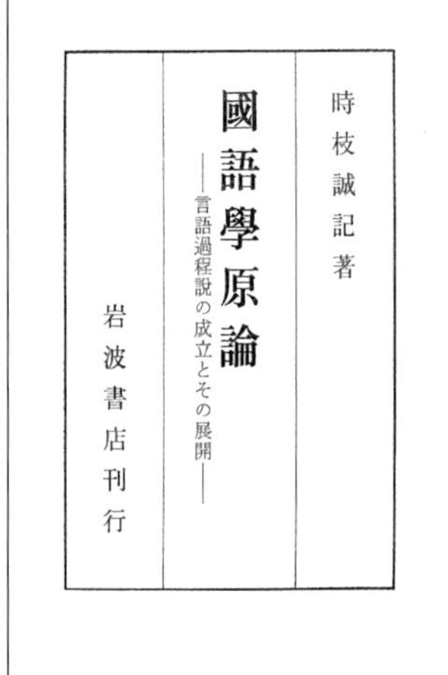

時枝誠記著

國語學原論

──言語過程說の成立とその展開──

岩波書店刊行

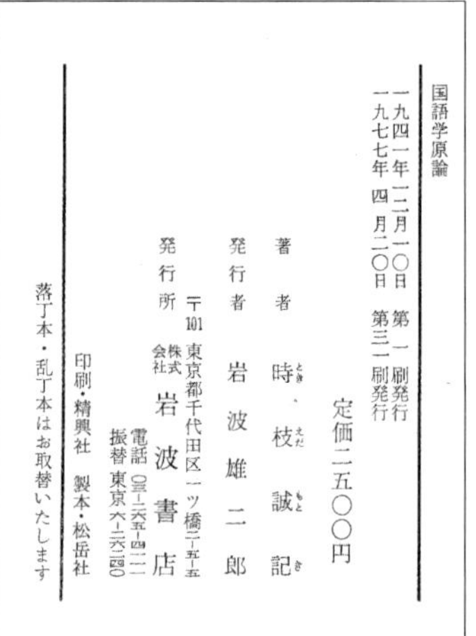

国語学原論

一九四一年一二月一〇日 第一刷発行
一九七七年 四 月二〇日 第三一刷発行

定価二五〇〇円

著 者 時枝誠記

発行者 岩波雄二郎

発行所 〒101 東京都千代田区一ツ橋二―五―五
株式会社 岩波書店
電話 〇三―二六五―四一一一
振替 東京 六―二六二四〇

印刷・精興社 製本・松岳社

落丁本・乱丁本はお取替いたします

21.0×14.5cm
550, 4, 8p

ときえだ もとき
(1900-1967)

例題 2

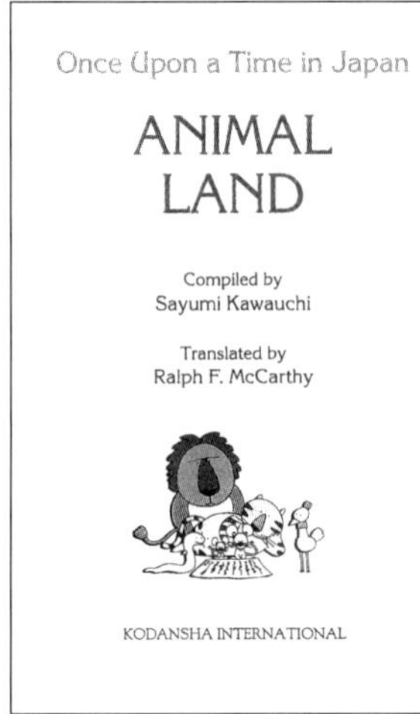

Once Upon a Time in Japan

ANIMAL LAND

Compiled by
Sayumi Kawauchi

Translated by
Ralph F. McCarthy

KODANSHA INTERNATIONAL

15.0×10.6cm 94p

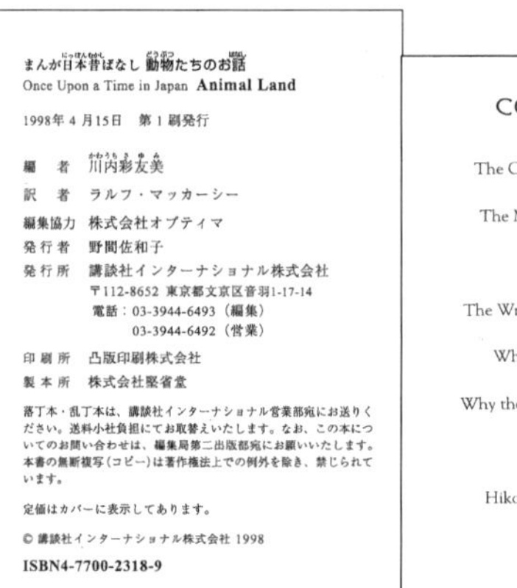

まんが日本昔ばなし 動物たちのお話
Once Upon a Time in Japan **Animal Land**

1998年 4 月15日 第 1 刷発行

編 者 川内彩友美
訳 者 ラルフ・マッカーシー
編集協力 株式会社オプティマ
発 行 者 野間佐和子
発 行 所 講談社インターナショナル株式会社
〒112-8652 東京都文京区音羽1-17-14
電話：03-3944-6493（編集）
03-3944-6492（営業）

印 刷 所 凸版印刷株式会社
製 本 所 株式会社堅省堂

落丁本・乱丁本は、講談社インターナショナル営業部宛にお送りください。送料小社負担にてお取替えいたします。なお、この本についてのお問い合わせは、編集局第二出版部宛にお願いいたします。本書の無断複写（コピー）は著作権法上での例外を除き、禁じられています。

定価はカバーに表示してあります。

© 講談社インターナショナル株式会社 1998

ISBN4-7700-2318-9

CONTENTS

The Cap of Eight Changes 7
The Mouse Takes a Bride 21
Tail Fishing 29
The Wren Is the King of Birds 37
Why Cats Chase Rats 45
Why the Lobster's Back Is Bent 55
Monkey Jizo 69
Hikoichi and the Tanuki 79
Notes 88

例題 3

1984

ジョージ・オーウェル
田内志文＝訳

角川文庫
22562

1984

ジョージ・オーウェル 田内志文＝訳

令和3年 3月25日 初版発行
令和4年 4月30日 9版発行

発行者●青柳昌行

発行●株式会社KADOKAWA
〒102-8177 東京都千代田区富士見2-13-3
電話 0570-002-301（ナビダイヤル）

角川文庫 22562

印刷所●株式会社暁印刷
製本所●本間製本株式会社

表紙画●和田三造

Nineteen Eight-Four

by George Orwell

1949

14.9×10.5cm
494p
George Orwell (1903-1950)
たうち しもん (1974-)

例題 4

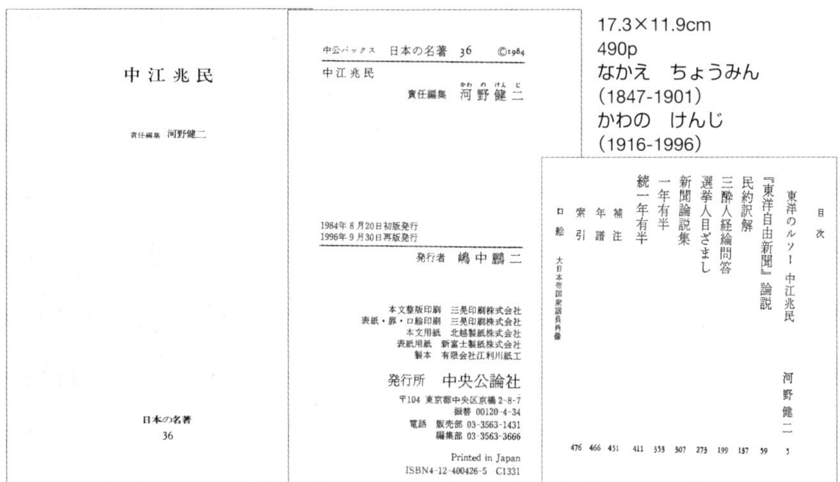

中江兆民

責任編集 河野健二

日本の名著
36

中公バックス 日本の名著 36 ©1984
中江兆民
責任編集 河野健二

1984年8月20日初版発行
1996年9月30日再版発行
発行者 嶋中鵬二

本文整版印刷 三晃印刷株式会社
表紙・扉・口絵印刷 三晃印刷株式会社
本文用紙 北越製紙株式会社
表紙用紙 新富士製紙株式会社
製本 有限会社江利川紙工

発行所 中央公論社
〒104 東京都中央区京橋2-8-7
振替 00120-4-34
電話 販売部 03-3563-1431
編集部 03-3563-3666

Printed in Japan
ISBN4-12-400426-5 C1331

17.3×11.9cm
490p
なかえ　ちょうみん
(1847-1901)
かわの　けんじ
(1916-1996)

目次

例題 5

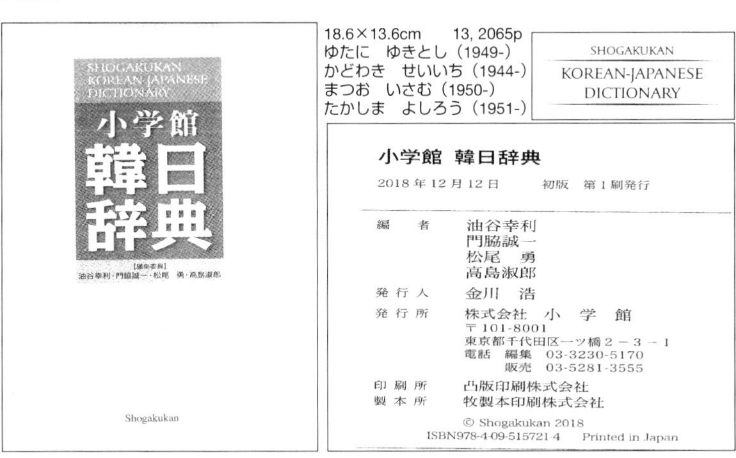

SHOGAKUKAN
KOREAN-JAPANESE
DICTIONARY
小学館
韓日
辞典
【編集委員】
油谷幸利・門脇誠一・松尾　勇・高島淑郎

Shogakukan

18.6×13.6cm　　13, 2065p
ゆたに　ゆきとし（1949-）
かどわき　せいいち（1944-）
まつお　いさむ（1950-）
たかしま　よしろう（1951-）

SHOGAKUKAN
KOREAN-JAPANESE
DICTIONARY

小学館 韓日辞典
2018年12月12日　初版　第1刷発行

編　者　油谷幸利
門脇誠一
松尾　勇
高島淑郎
発行人　金川　浩
発行所　株式会社 小学館
〒101-8001
東京都千代田区一ツ橋2－3－1
電話　編集 03-3230-5170
販売 03-5281-3555
印刷所　凸版印刷株式会社
製本所　牧製本印刷株式会社

© Shogakukan 2018
ISBN978-4-09-515721-4　Printed in Japan

例題 6

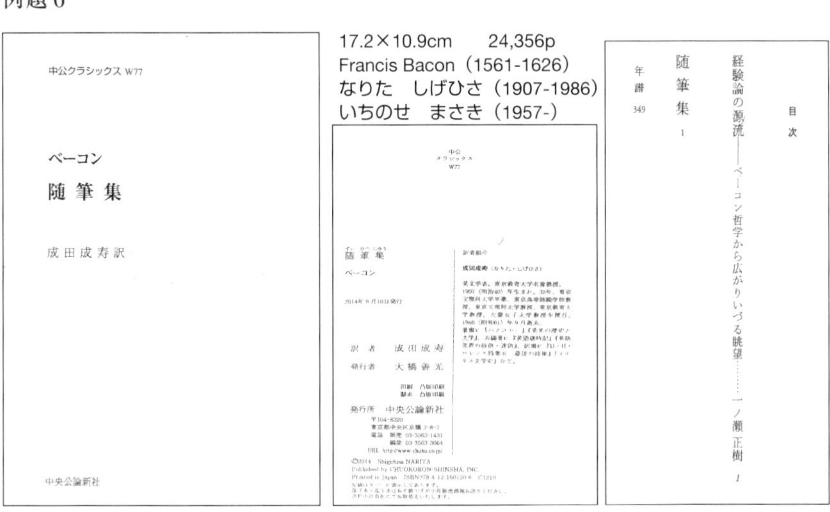

中公クラシックス W77

ベーコン
随筆集

成田成寿訳

中央公論新社

17.2×10.9cm　　24,356p
Francis Bacon（1561-1626）
なりた　しげひさ（1907-1986）
いちのせ　まさき（1957-）

中公クラシックス W77

随筆集
ベーコン

2014年9月10日発行

訳者　成田成寿
発行者　大橋善光

発行所　中央公論新社

訳者紹介
成田成寿（なりた・しげひさ）

©2014 Shigehisa NARITA
Published by CHUOKORON-SHINSHA, INC.
Printed in Japan

目次

例題 7

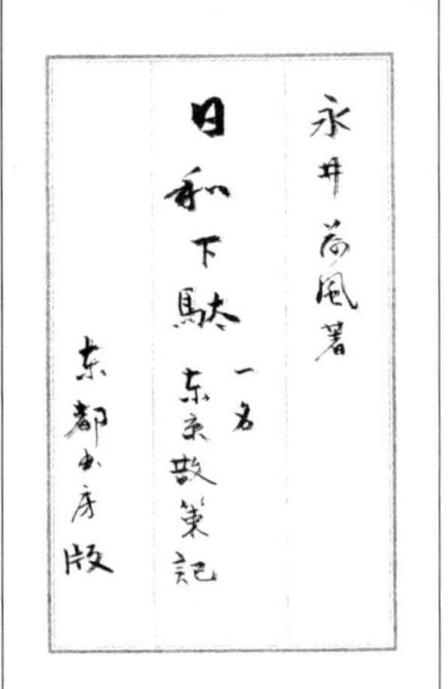
永井荷風著
日和下駄
一名 東京散策記
東都書房版

119p　図版28枚 ; 20cm
ながい　かふう（1879-1959）

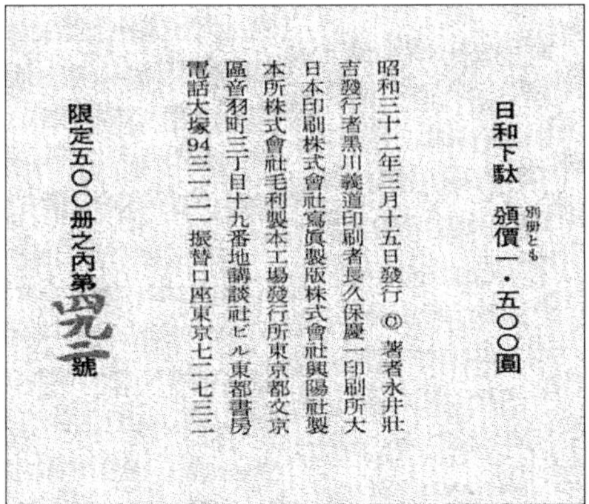
日和下駄　別冊とも　頒價一・五〇〇圓
昭和三十二年三月十五日發行 ◎ 著者永井壯
吉發行者黒川義道印刷者長久保慶一印刷所大
日本印刷株式會社寫眞製版株式會社興陽社製
本所株式會社毛利製本工場發行所東京都文京
區音羽町三丁目十九番地講談社ビル東都書房
電話大塚94三一二一振替口座東京七二七三二
限定五〇〇册之内第[illegible]號

例題 8

記憶の居場所
エコノミストがみた日常
矢嶋康次
慶應義塾大学出版会

19.4×13.5cm　233p
やじま　やすひで（1968-）

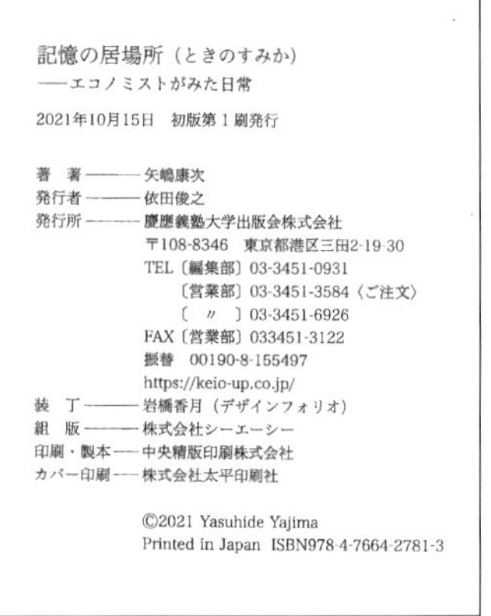
記憶の居場所（ときのすみか）
──エコノミストがみた日常

2021年10月15日　初版第1刷発行

著　者────矢嶋康次
発行者────依田俊之
発行所────慶應義塾大学出版会株式会社
〒108-8346　東京都港区三田2-19-30
TEL〔編集部〕03-3451-0931
〔営業部〕03-3451-3584〈ご注文〉
〔　〃　〕03-3451-6926
FAX〔営業部〕033451-3122
振替　00190-8-155497
https://keio-up.co.jp/
装　丁────岩橋香月（デザインフォリオ）
組　版────株式会社シーエーシー
印刷・製本──中央精版印刷株式会社
カバー印刷──株式会社太平印刷社

©2021 Yasuhide Yajima
Printed in Japan ISBN978-4-7664-2781-3

例題 9

中公新書 1655
黒川祐次著
物語 ウクライナの歴史
ヨーロッパ最後の大国
中央公論新社刊

くろかわ　ゆうじ（1944-）
17.4×11.2cm　　viii, 268p

物語 ウクライナの歴史
中公新書 1655

2002年8月25日初版
2022年3月20日10版

著　者　黒川祐次
発行者　松田陽三

定価はカバーに表示してあります。
落丁本・乱丁本はお手数ですが小社販売部宛にお送りください。送料小社負担にてお取り替えいたします。
本書の無断複製（コピー）は著作権法上での例外を除き禁じられています。また、代行業者等に依頼してスキャンやデジタル化することは、たとえ個人や家庭内の利用を目的とする場合でも著作権法違反です。

本文印刷　三晃印刷
カバー印刷　大熊整美堂
製　　本　小泉製本
発行所　中央公論新社
〒100-8152
東京都千代田区大手町1-7-1
電話　販売 03-5299-1730
編集 03-5299-1830
URL https://www.chuko.co.jp/

©2002 Yuji KUROKAWA
Published by CHUOKORON-SHINSHA, INC.
Printed in Japan ISBN978-4-12-101655-3 C1222

例題 10

18.8×13.8cm　190p
フジモト　マサル（1968-2015）
「スコットくん」（中公文庫 2006年刊）と「こぐまのガドガド」（中公文庫 2008年刊）の合本漫画

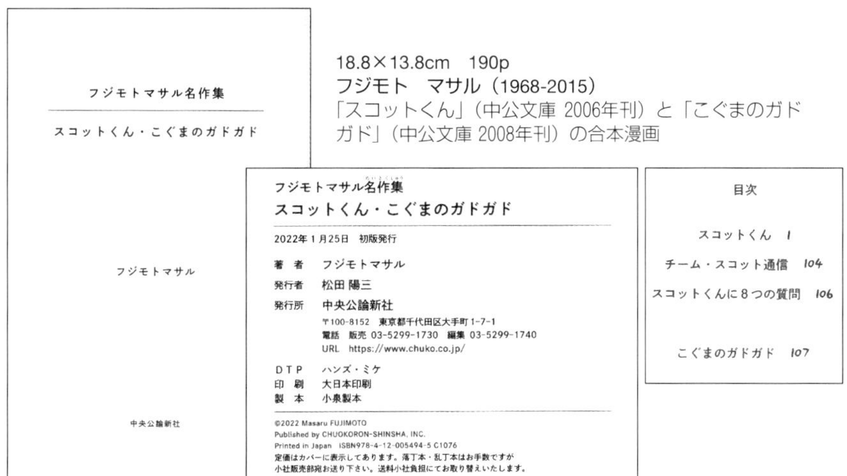

フジモトマサル名作集

スコットくん・こぐまのガドガド

フジモトマサル

中央公論新社

フジモトマサル名作集
スコットくん・こぐまのガドガド

2022年1月25日　初版発行

著　者　フジモトマサル
発行者　松田 陽三
発行所　中央公論新社
〒100-8152　東京都千代田区大手町1-7-1
電話　販売 03-5299-1730　編集 03-5299-1740
URL　https://www.chuko.co.jp/

DTP　ハンズ・ミケ
印　刷　大日本印刷
製　本　小泉製本

©2022 Masaru FUJIMOTO
Published by CHUOKORON-SHINSHA, INC.
Printed in Japan　ISBN978-4-12-005494-5 C1076
定価はカバーに表示してあります。落丁本・乱丁本はお手数ですが小社販売部宛お送り下さい。送料小社負担にてお取り替えいたします。

目次

スコットくん　1
チーム・スコット通信　104
スコットくんに8つの質問　106
こぐまのガドガド　107

例題 11

17.5×12.5cm　　373p
Ursula K. Le Guin（1929-2018）
しみず　まさこ（1941-）
原タイトル：The other wind

ソフトカバー版　ゲド戦記 V
アースシーの風　ル＝グウィン

2006年 5月10日　第1刷発行

訳　者　清水真砂子
発行者　山口昭男
発行所　株式会社 岩波書店
〒101-8002 東京都千代田区一ツ橋 2-5-5
電話案内 03-5210-4000
http://www.iwanami.co.jp/

印刷・法令印刷　カバー印刷・NPC　製本・松岳社

ISBN 4-00-028075-9　　Printed in Japan

例題 12

14.8×10.5cm　xxii, 403p　　　14.8×10.5cm　viii, 259, 47p

John Maynard Keynes（1883-1946）
まみや　ようすけ（1948-）
原タイトル：The general theory of employment,interest and money

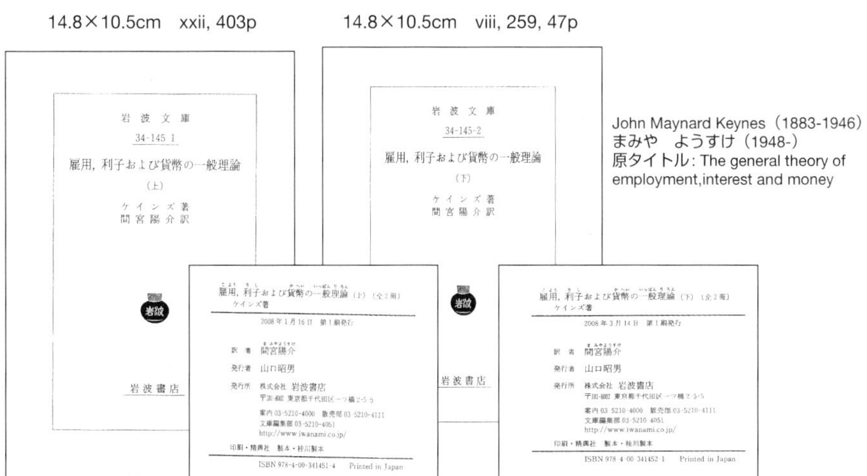

岩波文庫
34-145-1
雇用，利子および貨幣の一般理論
（上）
ケインズ著
間宮陽介訳
岩波書店

雇用，利子および貨幣の一般理論（上）〔全2冊〕
ケインズ著

2008年1月16日　第1刷発行

訳　者　間宮陽介
発行者　山口昭男
発行所　株式会社 岩波書店
〒101-8002 東京都千代田区一ツ橋 2-5-5
案内 03-5210-4000　販売部 03-5210-4111
文庫編集部 03-5210-4051
http://www.iwanami.co.jp/

印刷・精興社　製本・桂川製本

ISBN 978-4-00-341451-4　Printed in Japan

岩波文庫
34-145-2
雇用，利子および貨幣の一般理論
（下）
ケインズ著
間宮陽介訳
岩波書店

雇用，利子および貨幣の一般理論（下）〔全2冊〕
ケインズ著

2008年3月14日　第1刷発行

訳　者　間宮陽介
発行者　山口昭男
発行所　株式会社 岩波書店
〒101-8002 東京都千代田区一ツ橋 2-5-5
案内 03-5210-4000　販売部 03-5210-4111
文庫編集部 03-5210-4051
http://www.iwanami.co.jp/

印刷・精興社　製本・桂川製本

ISBN 978-4-00-341452-1　Printed in Japan

例題 13

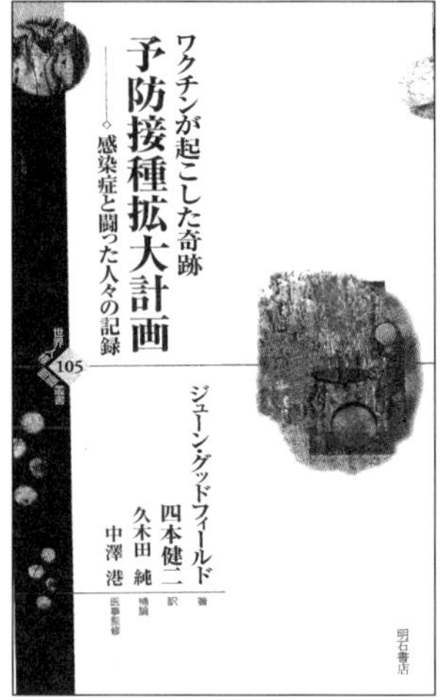
ワクチンが起こした奇跡
予防接種拡大計画
——感染症と闘った人々の記録
105
ジューン・グッドフィールド 著
四本健二 訳
久木田純 補論
中澤港 医事監修
明石書店

19.5×13.6cm　354p
June Goodfield（1927-）　よつもと　けんじ（1961-）
くきた　じゅん（1955-）　なかざわ　みなと（1964-）
原タイトル：The planned miracle

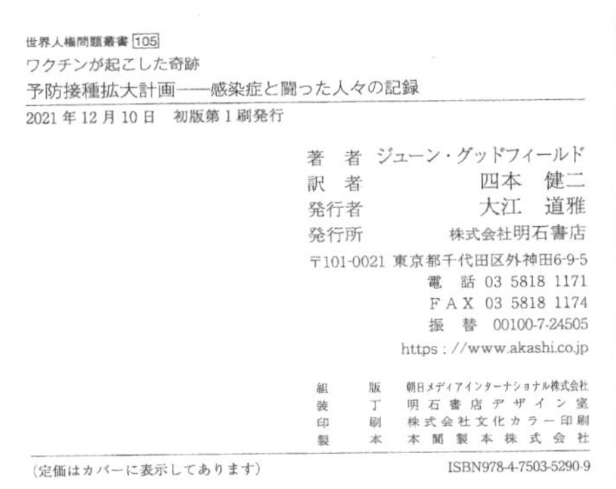
世界人権問題叢書 105
ワクチンが起こした奇跡
予防接種拡大計画——感染症と闘った人々の記録

2021年12月10日　初版第1刷発行

著　者　ジューン・グッドフィールド
訳　者　四本　健二
発行者　大江　道雅
発行所　株式会社明石書店
〒101-0021 東京都千代田区外神田6-9-5
電　話 03 5818 1171
ＦＡＸ 03 5818 1174
振　替 00100-7-24505
https://www.akashi.co.jp

組　版　朝日メディアインターナショナル株式会社
装　丁　明石書店デザイン室
印　刷　株式会社文化カラー印刷
製　本　本間製本株式会社

（定価はカバーに表示してあります）　ISBN978-4-7503-5290-9

例題 14

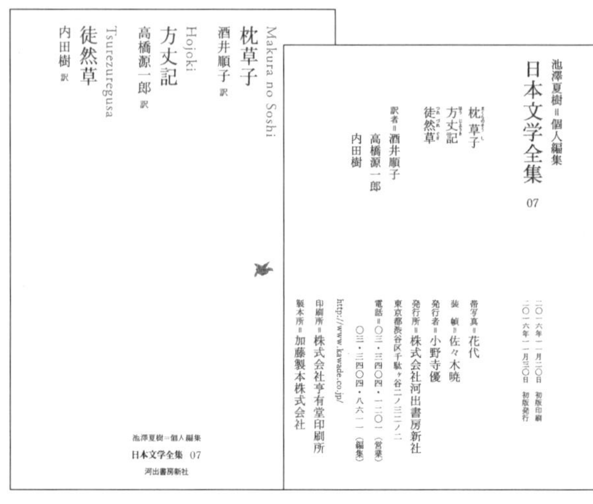
Makura no Soshi
枕草子
酒井順子 訳
Hojoki
方丈記
高橋源一郎 訳
Tsurezuregusa
徒然草
内田樹 訳

池澤夏樹＝個人編集
日本文学全集 07
河出書房新社

池澤夏樹＝個人編集
日本文学全集
07

枕草子
方丈記
徒然草
訳者＝酒井順子
高橋源一郎
内田樹

二〇一六年一一月二〇日　初版印刷
二〇一六年一一月三〇日　初版発行

帯写真＝花代
装　幀＝佐々木暁
発行者＝小野寺優
発行所＝株式会社河出書房新社
東京都渋谷区千駄ヶ谷二ノ三二ノ二
電話＝〇三・三四〇四・一二〇一（営業）
〇三・三四〇四・八六一一（編集）
http://www.kawade.co.jp/
印刷所＝株式会社亨有堂印刷所
製本所＝加藤製本株式会社

19.6×13.6cm　531p
いけざわ　なつき（1945-）

<枕草子>
清少納言（せい　しょうなごん）
さかい　じゅんこ（1966-）

<方丈記>
鴨長明（かも　の　ちょうめい）
（1153-1216）
たかはし　げんいちろう（1951-）

<徒然草>
吉田兼好（よしだ　けんこう）
（1282-1350）
うちだ　たつる（1950-）

例題 15

民法
第七版
我妻榮 著
遠藤浩 補訂
良永和隆
keiso shobo

18.2×12.8cm　256, 9p
わがつま　さかえ（1897-1973）
えんどう　ひろし（1921-2005）
よしなが　かずたか（1957-）

民　法　第七版

1951年 5月10日　第 1 版第1刷発行
1961年12月25日　改 訂 版第1刷発行
1971年 4月25日　三 訂 版第1刷発行
1981年 9月18日　新　　版第1刷発行
1989年 1月30日　新版増補第1刷発行
1995年 5月20日　第 六 版第1刷発行
2004年 7月15日　第 七 版第1刷発行

著　者　我妻　榮
補訂者　遠藤　浩
　　　　良永和隆
発行者　井村寿人

発行所　株式会社　勁草書房
112-0005 東京都文京区水道2-1-1　振替 00150-2-175253
電話（編集）03-3815-5277／FAX 03-3814-6968
電話（営業）03-3814-6861／FAX 03-3814-6854
大日本法令印刷・中永製本

© WAGATSUMA Sakae　1951

ISBN 4-326-45067-3　Printed in Japan

例題 16

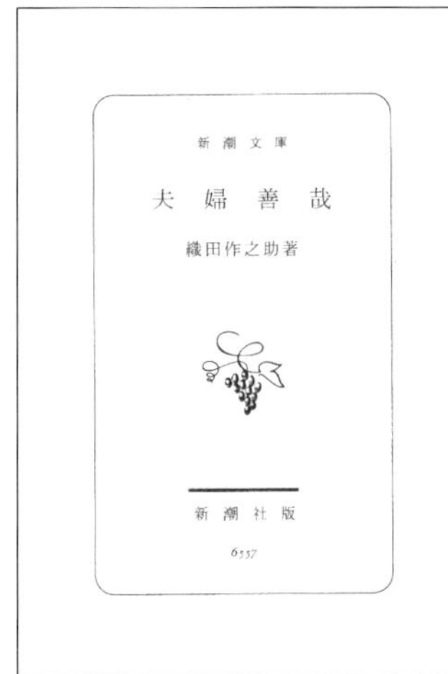

新潮文庫

夫婦善哉

織田作之助著

新潮社版

6557

15.1×10.6cm　243p
おだ　さくのすけ
（1913-1947）

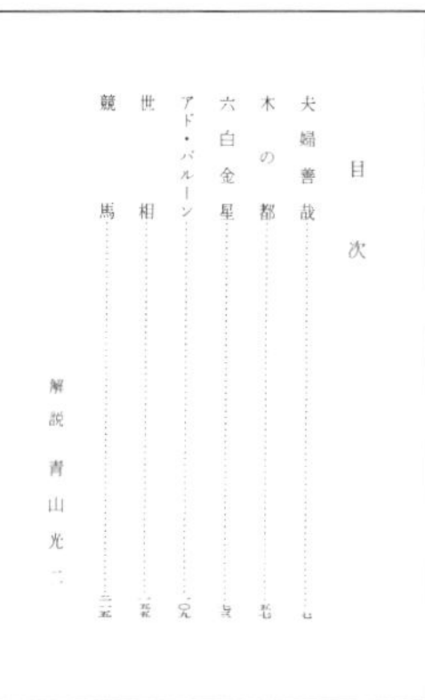

目次

夫婦善哉（めおとぜんざい）

新潮文庫　お-2-1

昭和二十五年一月二十五日　発行
平成十二年九月二十五日　四十一刷改版
平成十七年四月十日　四十二刷

著者　織田作之助（おださくのすけ）
発行者　佐藤隆信
発行所　株式会社　新潮社
郵便番号　一六二－八七一一
東京都新宿区矢来町七一
電話　編集部（〇三）三二六六－五四四〇
読者係（〇三）三二六六－五一一一
http://www.shinchosha.co.jp
価格はカバーに表示してあります。
乱丁・落丁本は、ご面倒ですが小社読者係宛ご送付ください。送料小社負担にてお取替えいたします。

印刷・大日本印刷株式会社　製本・株式会社植木製本所
Printed in Japan

ISBN4-10-103701-9 C0193

例題 17

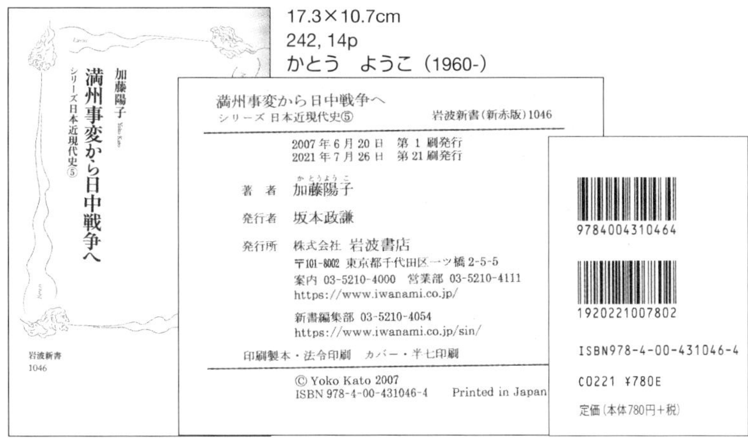

17.3×10.7cm
242, 14p
かとう　ようこ（1960-）

加藤陽子

満州事変から日中戦争へ

シリーズ日本近現代史⑤

岩波新書
1046

満州事変から日中戦争へ
シリーズ 日本近現代史⑤　岩波新書（新赤版）1046

2007年6月20日　第1刷発行
2021年7月26日　第21刷発行

著　者　加藤陽子（かとうようこ）

発行者　坂本政謙

発行所　株式会社 岩波書店
〒101-8002 東京都千代田区一ツ橋 2-5-5
案内 03-5210-4000　営業部 03-5210-4111
https://www.iwanami.co.jp/

新書編集部 03-5210-4054
https://www.iwanami.co.jp/sin/

印刷製本・法令印刷　カバー・半七印刷

© Yoko Kato 2007
ISBN 978-4-00-431046-4　Printed in Japan

9784004310464

1920221007802

ISBN978-4-00-431046-4

C0221 ¥780E

定価（本体780円＋税）

例題 18

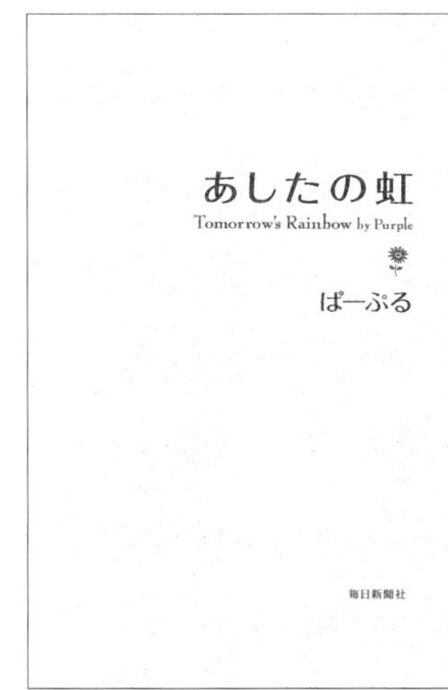

あしたの虹

Tomorrow's Rainbow by Purple

ぱーぷる

毎日新聞社

19.4×13.5cm
244p

ぱーぷる（瀬戸内寂聴（せとうちじゃくちょう））
1922年徳島市生まれ。'57年「女子大生・曲愛玲」で新潮社同人雑誌賞を受賞。'63年「夏の終り」で女流文学賞を受賞。'92年「花に問え」で谷崎潤一郎賞、'96年に「白道」で芸術選奨文部大臣賞を受賞。'97年文化功労者に選ばれる。'01年「場所」で野間文芸賞を受賞。'06年にイタリアの国際ノニーノ賞受賞、文化勲章を受章。'08年坂口安吾賞受賞。その他に、「現代語訳　源氏物語」（全10巻）を始めとして、「源氏物語」に関する著作多数。第3回日本ケータイ小説大賞・源氏物語千年紀名誉実行委員長。本作品が初めてのケータイ小説である。

あしたの虹

印刷　2008年9月10日
発行　2008年9月25日

著　者　ぱーぷる（瀬戸内寂聴）
発行人　大川勇
発行所　毎日新聞社
〒100-8051　東京都千代田区一ツ橋1-1-1
電話　03-3212-3257（出版営業部）
03-3212-3239（図書編集部）
印　刷　中央精版
製　本　大口製本

©Jakucho Setouchi printed in Japan 2008
ISBN978-4-620-10730-1

＊乱丁・落丁本は小社でお取替えします

この作品はフィクションであり、人物名などは実在の人物・団体等には一切関係ありません。本作品の無断複写・転載を禁じます。

例題 19

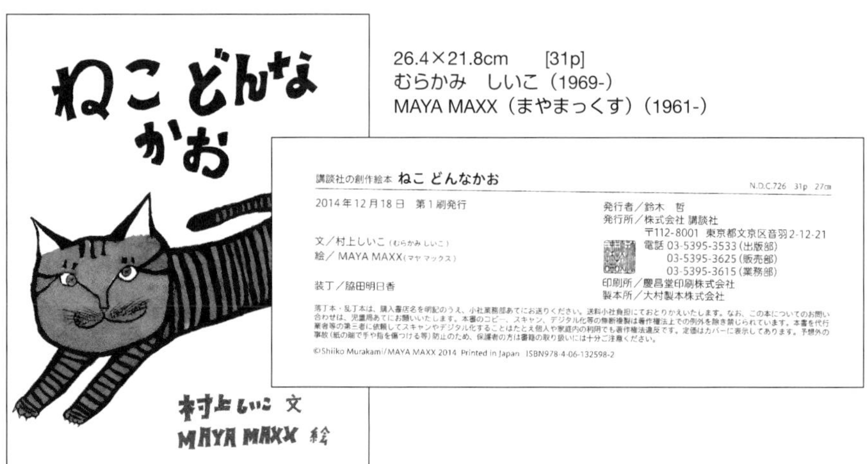

ねこ どんなかお

村上しいこ 文

MAYA MAXX 絵

講談社の創作絵本 ねこ どんなかお　N.D.C.726　31p　27cm

2014年12月18日　第1刷発行

文／村上しいこ（むらかみ しいこ）
絵／MAYA MAXX（マヤ マックス）

装丁／脇田明日香

発行者／鈴木　哲
発行所／株式会社 講談社
〒112-8001　東京都文京区音羽2-12-21
電話 03-5395-3533（出版部）
03-5395-3625（販売部）
03-5395-3615（業務部）
印刷所／慶昌堂印刷株式会社
製本所／大村製本株式会社

落丁本・乱丁本は、購入書店名を明記のうえ、小社業務部あてにお送りください。送料小社負担にておとりかえいたします。なお、この本についてのお問い合わせは、児童局あてにお願いいたします。本書のコピー、スキャン、デジタル化等の無断複製は著作権法上での例外を除き禁じられています。本書を代行業者等の第三者に依頼してスキャンやデジタル化することはたとえ個人や家庭内の利用でも著作権法違反です。定価はカバーに表示してあります。予想外の事故（紙の端で手や指を傷つける等）防止のため、保護者の方は書籍の取り扱いには十分ご注意ください。

©Shiiko Murakami/MAYA MAXX 2014　Printed in Japan　ISBN978-4-06-132598-2

26.4×21.8cm　[31p]
むらかみ　しいこ（1969-）
MAYA MAXX（まやまっくす）（1961-）

例題 20

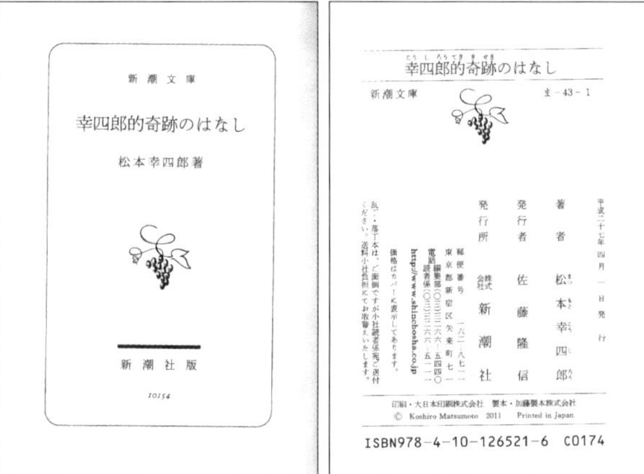

新潮文庫

幸四郎的奇跡のはなし

松本幸四郎著

新潮社版

10154

幸四郎的奇跡のはなし

新潮文庫　ま－43－1

平成二十七年四月一日発行

著者　松本幸四郎

発行者　佐藤隆信

発行所　株式会社 新潮社

郵便番号　一六二－八七一一
東京都新宿区矢来町七一
電話 編集部（〇三）三二六六－五四四〇
読者係（〇三）三二六六－五一一一
http://www.shinchosha.co.jp

価格はカバーに表示してあります。

乱丁・落丁本は、ご面倒ですが小社読者係宛ご送付ください。送料小社負担にてお取替えいたします。

印刷・大日本印刷株式会社　製本・加藤製本株式会社
© Koshiro Matsumoto 2011　Printed in Japan

ISBN978-4-10-126521-6　C0174

15.0×10.5cm　181p
九代目松本幸四郎（マツモト，コウシロウ）（1942-）
平成23年10月東京新聞刊の単行本の文庫化

例題 21

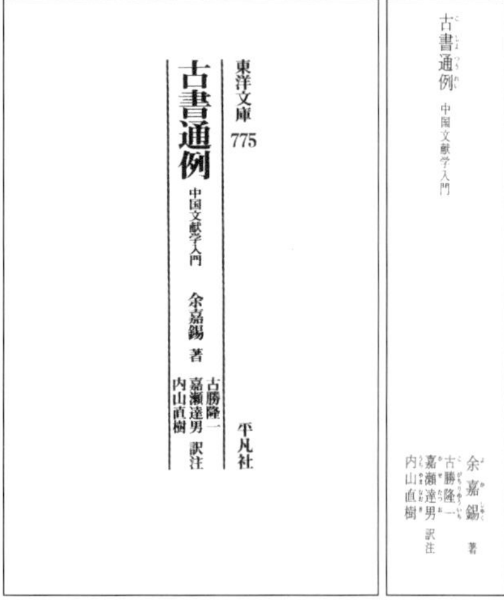

東洋文庫 775

古書通例

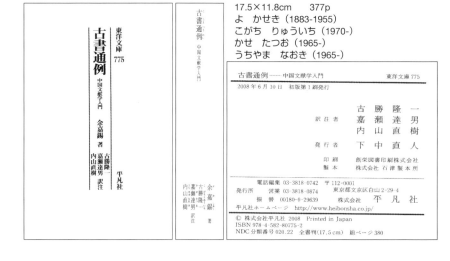

中国文献学入門

余嘉錫 著

古勝隆一
嘉瀬達男
内山直樹　訳注

平凡社

17.5×11.8cm　377p
よ　かせき（1883-1955）
こがち　りゅういち（1970-）
かせ　たつお（1965-）
うちやま　なおき（1965-）

古書通例――中国文献学入門　東洋文庫 775

2008年6月10日　初版第1刷発行

訳注者　古勝隆一　嘉瀬達男　内山直樹

発行者　下中直人

印刷　創栄図書印刷株式会社
製本　株式会社 石津製本所

発行所　電話編集 03-3818-0742　〒112-0001
営業 03-3818-0874　東京都文京区白山2-29-4
振替 00180-0-29639　株式会社 平凡社
平凡社ホームページ　http://www.heibonsha.co.jp/

© 株式会社平凡社 2008　Printed in Japan
ISBN 978-4-582-80775-2
NDC分類番号 020.22　全書判（17.5cm）　総ページ 380

例題 22

季刊 考古学　第 1 号　　1982 年 11 月 1 日発行
QUARTERLY THE ARCHAEOLOGY　定価 1,500 円
編集人　芳賀章内
発行人　長坂一雄
印刷所　新日本印刷株式会社
発行所　雄山閣出版株式会社
〒 102　東京都千代田区富士見 2-6-9
電話　03-262-3231　振替　東京 3-1685
◆本誌記事の無断転載は固くおことわりします
ISBN 4-639-00196-7　printed in Japan

刊行中
25.9×19.0cm　108p
ISSN0288-5956

季刊 考古学　第 2 号　　1983 年 2 月 1 日発行
ARCHAEOLOGY QUARTERLY　定価 1,500 円
編集人　芳賀章内
発行人　長坂一雄
印刷所　新日本印刷株式会社
発行所　雄山閣出版株式会社
〒 102　東京都千代田区富士見 2-6-9
電話　03-262-3231　振替　東京 3-1685
◆本誌記事の無断転載は固くおことわりします
ISBN 4-639-00221-1　printed in Japan

例題 23

奥付

グラフふくおか
2022 SUMMER（通巻607号）
令和4年6月20日発行（季刊）

発行／福岡県 県民情報広報課
〒812-8577
福岡市博多区東公園7番7号
☎092-643-3102（直通）
ファクス092-632-5331

県ホームページ
https://www.pref.fukuoka.lg.jp/
※グラフふくおかのバックナンバー
も掲載しています

製作／株式会社 利助オフィス

電子書籍の
ダウンロード
はこちらから

刊行中
冊子の大きさ 29.8×21.0cm　32p
123号から175号までの本タイトル：ふくおか

福岡県ホームページでの内容掲載（https://www.pref.fukuoka.lg.jp/contents/kouhou-gurafu.html）とは別に，令和元年度より電子書籍（EPUB）としても刊行。

例題 24

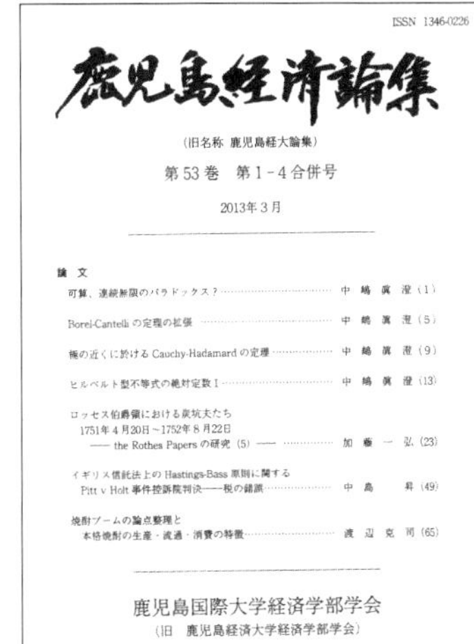

ISSN 1346-0226

鹿児島経済論集

（旧名称 鹿児島経大論集）

第 53 巻　第 1 - 4 合併号

2013年 3 月

論 文

可算、連続無限のパラドックス？……中 嶋 眞 澄（1）

Borel-Cantelli の定理の拡張……中 嶋 眞 澄（5）

極の近くに於ける Cauchy-Hadamard の定理……中 嶋 眞 澄（9）

ヒルベルト型不等式の絶対定数 I……中 嶋 眞 澄（13）

ロッセス伯爵領における炭坑夫たち
1751年 4 月20日～1752年 8 月22日
—— the Rothes Papers の研究（5）——……加 藤 一 弘（23）

イギリス信託法上の Hastings-Bass 原則に関する
Pitt v Holt 事件控訴院判決——税の錯誤……中 島 昇（49）

焼酎ブームの論点整理と
本格焼酎の生産・流通・消費の特徴……渡 辺 克 司（65）

鹿児島国際大学経済学部学会
（旧　鹿児島経済大学経済学部学会）

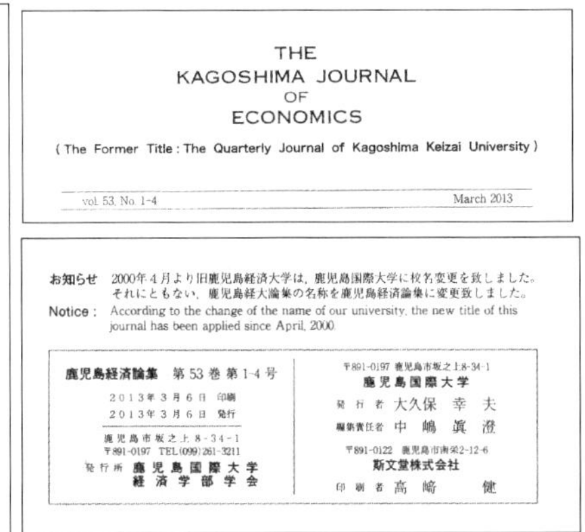

THE
KAGOSHIMA JOURNAL
OF
ECONOMICS

（The Former Title：The Quarterly Journal of Kagoshima Keizai University）

vol. 53, No. 1-4　　March 2013

お知らせ　2000年 4 月より旧鹿児島経済大学は，鹿児島国際大学に校名変更を致しました。それにともない，鹿児島経大論集の名称を鹿児島経済論集に変更致しました。
Notice：According to the change of the name of our university, the new title of this journal has been applied since April, 2000.

鹿児島経済論集　第 53 巻 第 1-4 号
2013年 3 月 6 日　印刷
2013年 3 月 6 日　発行
鹿児島市坂之上 8-34-1
〒891-0197　TEL（099）261-3211
発行所　鹿児島国際大学
経済学部学会

〒891-0197 鹿児島市坂之上8-34-1
鹿児島国際大学
発行者　大久保　幸　夫
編集責任者　中　嶋　眞　澄
〒891-0122　鹿児島市南栄2-12-6
斯文堂株式会社
印刷者　高　﨑　　健

刊行中
21.0×14.9cm　98p

例題 25

タイトル・ページ

裏表紙

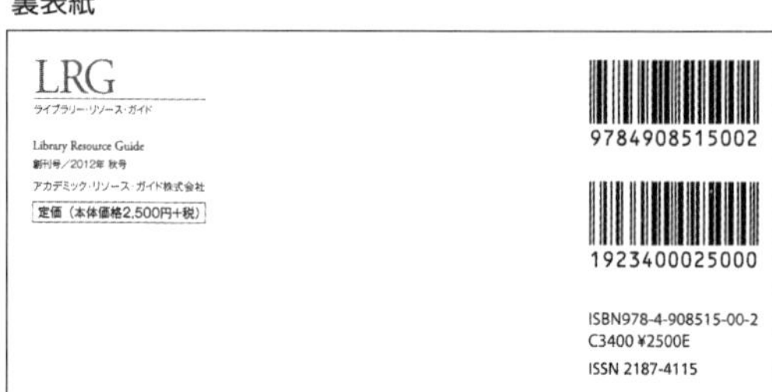

季刊（刊行中） 21.0×15.0cm 158p
現物はオンデマンド版として復刊したものより

例題 26

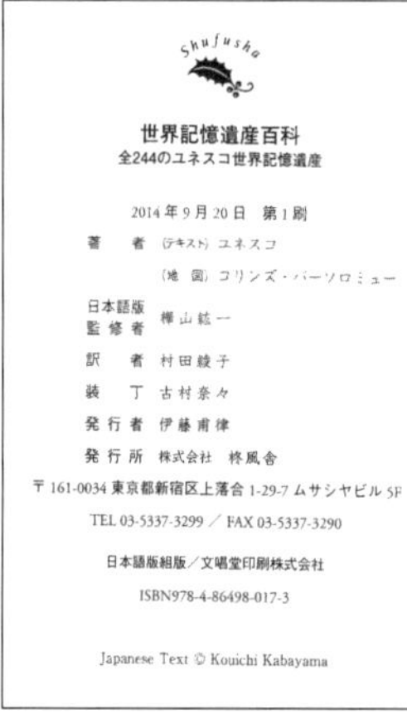

21.0×16.0cm
607p
かばやま　こういち（1941-）
むらた　あやこ（1971-）
国際連合教育科学文化機関

Originally published in English by HarperCollins Publishers Ltd under the title:

MEMORY OF THE WORLD

Text © UNESCO 2012

Maps © Collins Bartholomew Ltd, 2012

Photographs © as per credit on pages 605-606

Translation © Shufusha Co., Ltd. 2014, translated under licence from HarperCollins Publishers ltd

例題 27

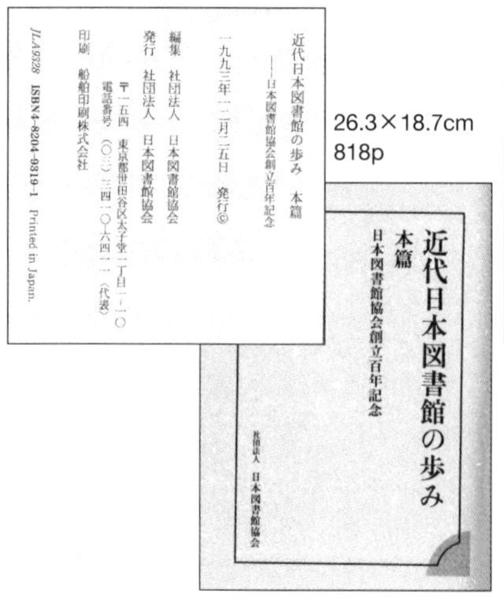

26.3×18.7cm
818p

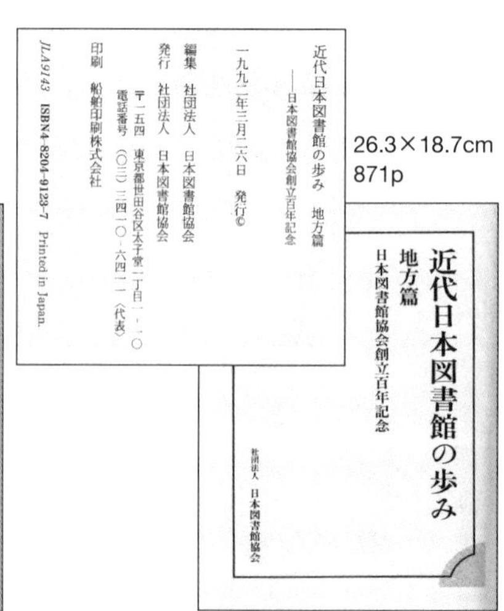

26.3×18.7cm
871p

例題 28

29.8×21.0cm
243p

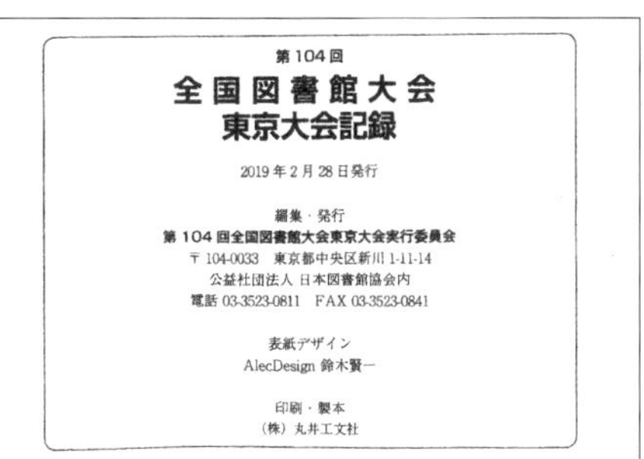

第104回
全国図書館大会
東京大会記録

2019年2月28日発行

編集・発行
第104回全国図書館大会東京大会実行委員会
〒104-0033 東京都中央区新川1-11-14
公益社団法人 日本図書館協会内
電話 03-3523-0811 FAX 03-3523-0841

表紙デザイン
AlecDesign 鈴木賢一

印刷・製本
(株) 丸井工文社

例題 29

ラベル

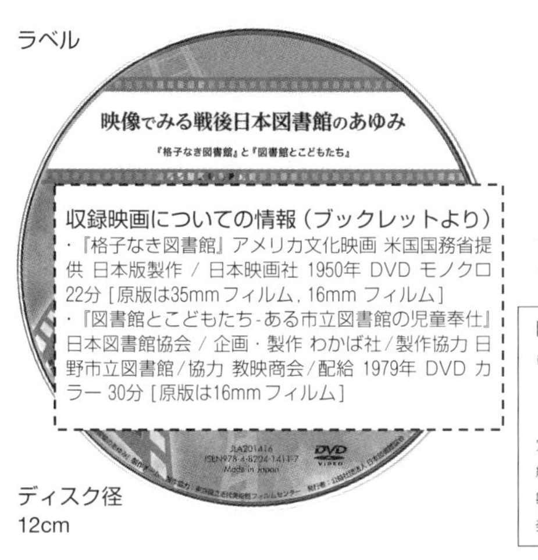

収録映画についての情報（ブックレットより）
・『格子なき図書館』アメリカ文化映画 米国国務省提供 日本版製作 / 日本映画社 1950年 DVD モノクロ 22分［原版は35mm フィルム，16mm フィルム］
・『図書館とこどもたち-ある市立図書館の児童奉仕』日本図書館協会 / 企画・製作 わかば社 / 製作協力 日野市立図書館 / 協力 教映商会 / 配給 1979年 DVD カラー 30分［原版は16mm フィルム］

ディスク径
12cm

再生時のメニュー

ブックレット奥付
（ラベルと同じ編者，製作協力，発行者，ISBN978-4-8204-1411-7の表示あり。58p，7cm）

映像でみる戦後日本図書館のあゆみ
『格子なき図書館』と『図書館とこどもたち』 解説

2014年10月31日 初版第1刷発行©

定　　価：本体5000円（税別）（DVDセット価格，分売不可）
編　　者：『映像でみる戦後日本図書館のあゆみ』製作チーム
製作協力：東京国立近代美術館フィルムセンター
発 行 者：公益社団法人 日本図書館協会

例題 30

ラベル

容器　下部に（左より）レーベル名（KING），発売日，℗2006，STEREO の表示。2006年発売商品と同内容である

ディスク径
12cm
収録時間 1:16:5

UNIT 20

◉目録法の例題と総合演習問題

総合演習問題

問題2

(1) 体現形の記録を作成しなさい。

(2) 著作・表現形・個人・団体の記録（典拠レコード）を作成しなさい。

(3) (1)と(2)に基づいて，典拠形アクセス・ポイントの記録を作成しなさい。

(4) 重要と思われる関連の記録を作成しなさい。

1

J. MORRIS・D. HARTL・A. KNOLL
R. LUE・M. MICHAEL
モリス生物学
生命のしくみ
八杉貞雄
園池公毅
和田洋
監訳
東京化学同人

第1版第1刷 2020年4月30日 発行

モリス生物学：生命のしくみ
（原著第2版）

© 2020

監訳者 八杉貞雄
園池公毅
和田洋
発行者 住田六連
発行 株式会社 東京化学同人
東京都文京区千石3丁目36-7(〒112-0011)
電話(03)3946-5311・FAX(03)3946-5317
URL: http://www.tkd-pbl.com/

印刷 株式会社アイワード
製本 株式会社松岳社

ISBN978-4-8079-0961-2
Printed in Japan

26.0×19.5cm　962p
James R. Morris
Daniel L. Hartl
Andrew H. Knoll
Robert Lue
Melissa Michael
やすぎ　さだお（1943-）
そのいけ　きんたけ（1961-）
わだ　ひろし（1969-）

Biology: How Life Works
Second Edition

James Morris　Daniel Hartl　Andrew Knoll
Robert Lue　Melissa Michael

Andrew Berry, Andrew Biewener,
Brian Farrell, N. Michele Holbrook

irst Published in the United States by W. H. FREEMAN AND COMPANY.
opyright © 2016 by W. H. FREEMAN AND COMPANY. All rights reserved.
本書はアメリカ合衆国において W. H. Freeman 社から出版され，その著作
権は W. H. Freeman 社が所有する。

2

図解
よくわかる
自治体予算
のしくみ
〈改訂版〉
定野 司［著］
学陽書房

21.0×15.0cm　222p
さだの　つかさ

図解 よくわかる**自治体予算**のしくみ〈改訂版〉

初版発行 2010年9月24日
7刷発行 2017年4月7日
改訂版発行 2022年3月25日

著者 —— 定野（さだの）司（つかさ）
発行者 —— 佐久間重嘉
発行所 —— 学陽書房

〒102-0072 東京都千代田区飯田橋1-9-3
営業● TEL 03-3261-1111 FAX 03-5211-3300
編集● TEL 03-3261-1112 FAX 03-5211-3301
http://www.gakuyo.co.jp

DTP制作 —— フェニックス
装丁 —— 佐藤博
印刷所 —— 加藤文明社
製本所 —— 東京美術紙工

★乱丁・落丁本は、送料小社負担にてお取り替えいたします。
© Tsukasa SADANO 2022, Printed in Japan
ISBN978-4-313-16581-6 C2033

3

15.3×9.0cm　409p
しぶさわ　えいいち（1840-1931）
しぶさわ　えいいち　きねん　ざいだん
とうきょう　しょうこう　かいぎしょ

付録：解題

論語と算盤

復刻版の奥付

東京商工会議所創立百三十周年記念
論語と算盤　澁澤榮一　述　復刻版
平成二十年十一月十一日
監修・発行　財団法人　渋沢栄一記念財団
東京都北区西ヶ原二―十六―一
東京商工会議所新宿支部
「論語と算盤」初版（大正五年）復刻版刊行委員会
東京都新宿区西新宿六―八―二
原本所蔵　早稲田大学図書館
限定千部
© 財団法人　渋沢栄一記念財団
© 東京商工会議所新宿支部
製作協力　雄松堂書店

原書の奥付

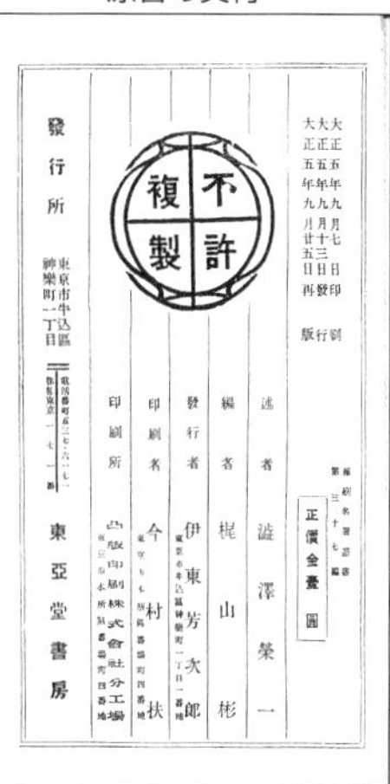

不許複製
大正五年九月七日印刷
大正五年九月十三日發行
大正五年九月廿五日再版
述者　澁澤榮一
編者　梶山彬
發行者　伊東芳次郎
印刷者　今村扶
印刷所　凸版印刷株式會社分工場
正價金壹圓
發行所　東京市牛込區神樂町一丁目　東亞堂書房

4

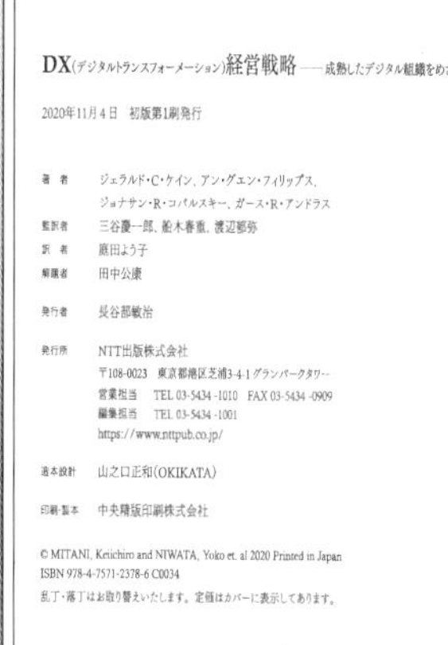

DX（デジタルトランスフォーメーション）経営戦略――成熟したデジタル組織をめざして

2020年11月4日　初版第1刷発行

著　者　ジェラルド・C・ケイン、アン・グエン・フィリップス、ジョナサン・R・コパルスキー、ガース・R・アンドラス
監訳者　三谷慶一郎、船木春重、渡辺郁弥
訳　者　庭田よう子
解題者　田中公康
発行者　長谷部敏治
発行所　NTT出版株式会社
〒108-0023　東京都港区芝浦3-4-1 グランパークタワー
営業担当　TEL 03-5434-1010　FAX 03-5434-0909
編集担当　TEL 03-5434-1001
https://www.nttpub.co.jp/
造本設計　山之口正和（OKIKATA）
印刷・製本　中央精版印刷株式会社

© MITANI, Keiichiro and NIWATA, Yoko et. al 2020 Printed in Japan
ISBN 978-4-7571-2378-6 C0034
乱丁・落丁はお取り替えいたします。定価はカバーに表示してあります。

18.8×13.4cm
391,12p

Gerald C. Kane
Anh Nguyen Phillips
Jonathan R. Copulsky
Garth R. Andrus
みたに　けいいちろう
ふなき　はるしげ
わたなべ　ふみや
にわた　ようこ

5

14.8×10.5cm　　151p
鴨長明（かも　の　ちょうめい）（1153-1216）
いちこ　ていじ（1911-2004）
本書は大福光寺所蔵の『方丈記』巻子本一軸を底本として翻刻し脚注を施したもの。

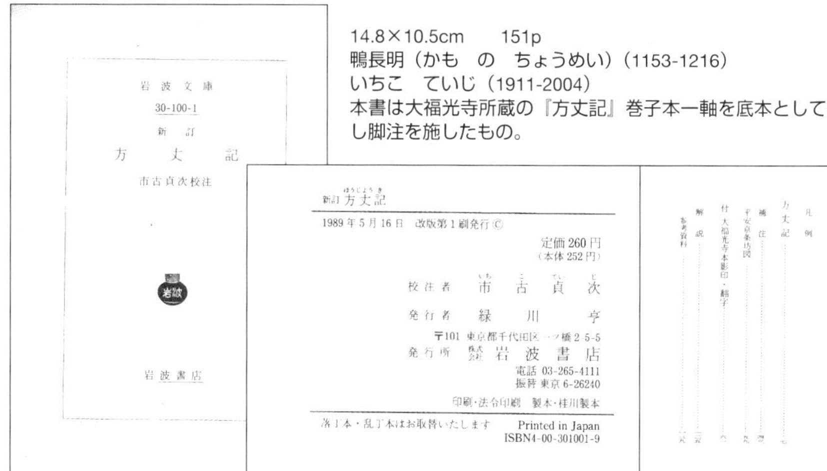

岩波文庫
30-100-1
新訂
方丈記
市古貞次校注
岩波書店

新訂 方丈記
1989年5月16日　改版第1刷発行 ©
定価260円
（本体252円）
校注者　市古貞次
発行者　緑川亨
〒101 東京都千代田区一ツ橋2-5-5
発行所　株式会社　岩波書店
電話 03-265-4111
振替 東京 6-26240
印刷・法令印刷　製本・桂川製本
落丁本・乱丁本はお取替いたします　Printed in Japan
ISBN4-00-301001-9

目次
凡例
方丈記
補注
平安京条坊図
付 大福光寺本影印・翻字
解説
参考資料

6

ちくま文庫

色川武大·阿佐田哲也
ベスト·エッセイ

色川武大·阿佐田哲也
大庭萱朗 編

筑摩書房

14.2×10.5cm　　369p
いろかわ　たけひろ（1929-1989）（小説家）
あさだ　てつや（1929-1989）（麻雀小説で使用する筆名）
おおば　かやあき（1962-）

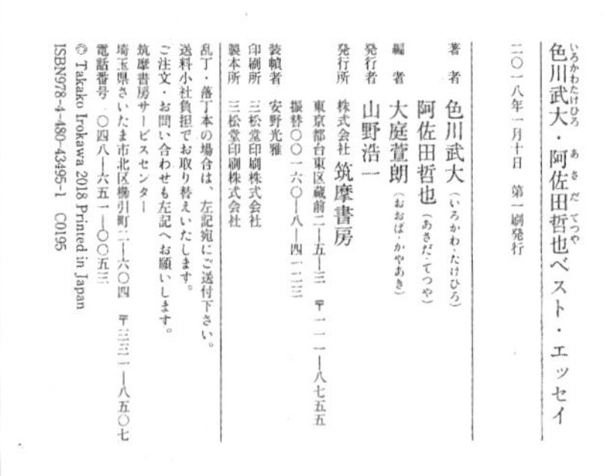
色川武大・阿佐田哲也ベスト・エッセイ

二〇一八年一月十日　第一刷発行

著　者　色川武大（いろかわ・たけひろ）
　　　　阿佐田哲也（あさだ・てつや）
編　者　大庭萱朗（おおば・かやあき）
発行者　山野浩一
発行所　株式会社 筑摩書房
　　　　東京都台東区蔵前二―五―三　〒一一一―八七五五
　　　　振替〇〇一六〇―八―四一二三
装幀者　安野光雅
印刷所　三松堂印刷株式会社
製本所　三松堂印刷株式会社

乱丁・落丁本の場合は、左記宛にご送付下さい。
送料小社負担でお取り替えいたします。
ご注文・お問い合わせも左記へお願いします。
筑摩書房サービスセンター
埼玉県さいたま市北区櫛引町二―六〇四　〒三三一―八五〇七
電話番号　〇四八―六五一―〇〇五三
© Takako Irokawa 2018 Printed in Japan
ISBN978-4-480-43495-1　C0195

7

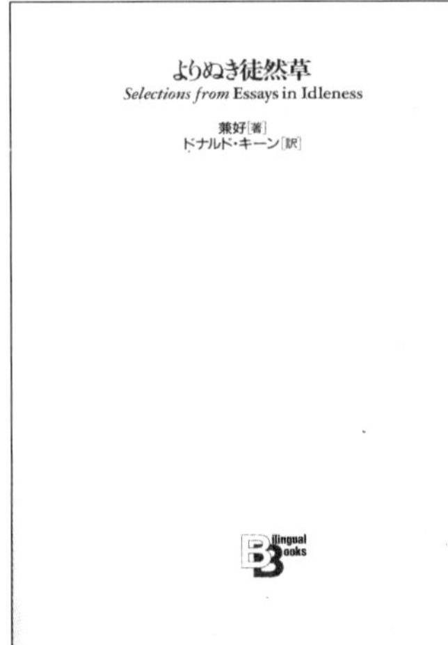
よりぬき徒然草
Selections from Essays in Idleness

兼好［著］
ドナルド・キーン［訳］

Bilingual Books

18.8×11.5cm　　260p
吉田兼好（よしだ　けんこう　1282-1350）
Donald Keene（1922-2019）
「徒然草」全243段の中から精選された132段の英訳と現代語訳

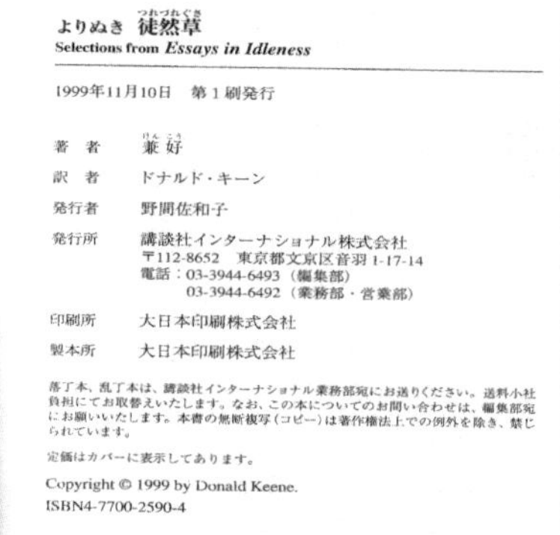
よりぬき　徒然草（つれづれぐさ）
Selections from *Essays in Idleness*

1999年11月10日　第1刷発行

著　者　兼好（けんこう）
訳　者　ドナルド・キーン
発行者　野間佐和子
発行所　講談社インターナショナル株式会社
　　　　〒112-8652　東京都文京区音羽1-17-14
　　　　電話：03-3944-6493（編集部）
　　　　　　　03-3944-6492（業務部・営業部）
印刷所　大日本印刷株式会社
製本所　大日本印刷株式会社

落丁本、乱丁本は、講談社インターナショナル業務部宛にお送りください。送料小社負担にてお取替えいたします。なお、この本についてのお問い合わせは、編集部宛にお願いいたします。本書の無断複写（コピー）は著作権法上での例外を除き、禁じられています。

定価はカバーに表示してあります。

Copyright © 1999 by Donald Keene.
ISBN4-7700-2590-4

8

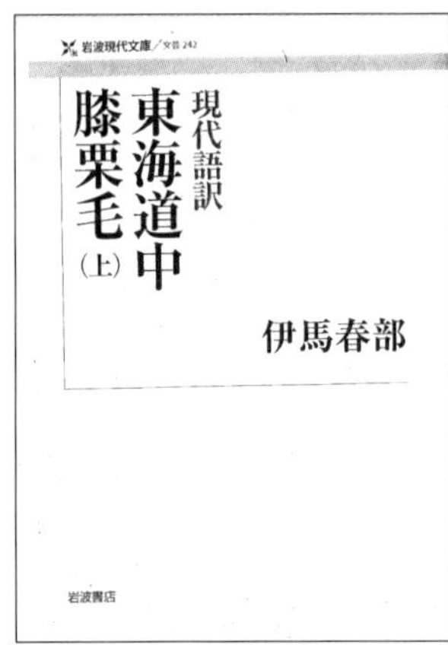
岩波現代文庫／文芸 242

現代語訳
東海道中
膝栗毛
（上）

伊馬春部

岩波書店

14.8×10.5cm　　284p
十返舎一九（じっぺんしゃ　いっく）1世（1765-1831）の著作
いま　はるべ（1908-1984）による現代語訳
1974年10月，日本の古典25『江戸小説集Ⅱ』（河出書房新社）刊に収録されたものの再刊

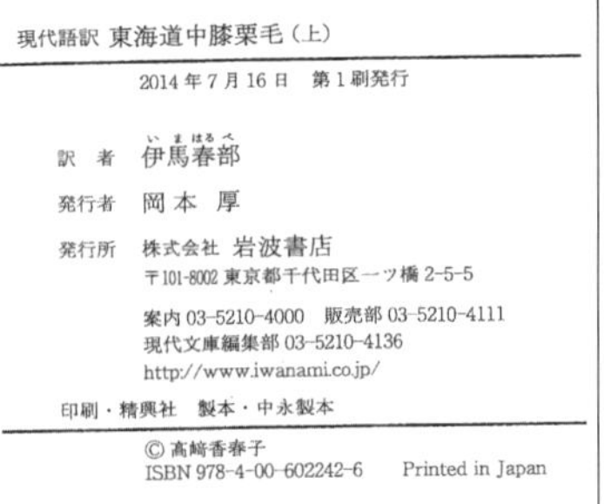
現代語訳　東海道中膝栗毛（上）

2014年7月16日　第1刷発行

訳　者　伊馬春部（いまはるべ）
発行者　岡本　厚
発行所　株式会社 岩波書店
　　　　〒101-8002 東京都千代田区一ツ橋 2-5-5
　　　　案内 03-5210-4000　販売部 03-5210-4111
　　　　現代文庫編集部 03-5210-4136
　　　　http://www.iwanami.co.jp/
印刷・精興社　製本・中永製本

© 高崎香春子
ISBN 978-4-00-602242-6　Printed in Japan

9

22.5×14.0cm　33, 35p
上皇后陛下（じょうこうごう　へいか）(1934-)
※第125代天皇の皇后として在位した後，令和元年5月より上皇后となった。旧名は正田美智子。

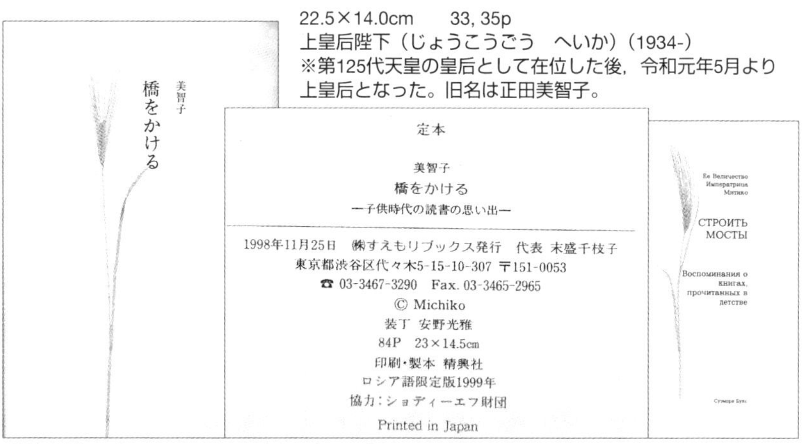
美智子
橋をかける

定本
美智子
橋をかける
―子供時代の読書の思い出―

1998年11月25日　㈱すえもりブックス発行　代表 末盛千枝子
東京都渋谷区代々木5-15-10-307 〒151-0053
☎ 03-3467-3290　Fax. 03-3465-2965
© Michiko
装丁 安野光雅
84P　23×14.5cm
印刷・製本 精興社
ロシア語限定版1999年
協力：ショディーエフ財団
Printed in Japan

Ее Величество Императрица Митико
СТРОИТЬ МОСТЫ
Воспоминания о книгах, прочитанных в детстве

1998年9月20日～24日，ニューデリー（インド）で開催されたInternational Board on Books for Young People (IBBY) 第26回世界大会での当時皇后陛下による基調講演の記録（露文併記）

10

14.8×10.5cm　232p
Lafcadio Hearn（1850-1904）
ひらい　ていいち（1902-1976）
原タイトル：Kwaidan（VIAF ID: 186521602）

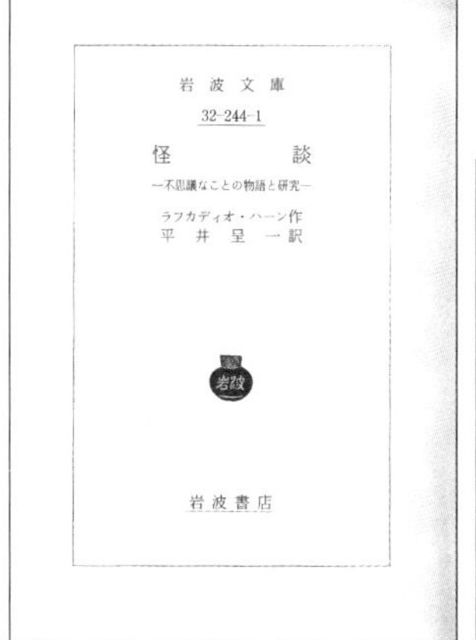
岩波文庫
32-244-1
怪談
―不思議なことの物語と研究―
ラフカディオ・ハーン作
平井呈一訳
岩波書店

怪談―不思議なことの物語と研究
ラフカディオ・ハーン作

1940年10月10日　第1刷発行
1965年9月16日　第27刷改版発行
2010年12月9日　第83刷改版発行
2021年7月26日　第91刷発行

訳者　平井呈一
発行者　坂本政謙
発行所　株式会社 岩波書店
〒101-8002 東京都千代田区一ツ橋2-5-5
案内 03-5210-4000　営業部 03-5210-4111
文庫編集部 03-5210-4051
https://www.iwanami.co.jp/

印刷・理想社　カバー・精興社　製本・中永製本

ISBN 4-00-322441-8　Printed in Japan

11

18.6×13.5cm　xvii, 494p
カジョリ（1859-1930）
おぐら　きんのすけ（1885-1962）
「本書は，Florian Cajori, A History of Elementary Mathematics, with hints on methods of teaching, Revised and enlarged edition. New York, 1917を，原著者の承認を得て，訳注増補したもの」（訳者の序）

復刻版
カジョリ初等数学史
小倉金之助 補訳
共立出版

復刻版
カジョリ 初等数学史

検印廃止

© 1997

1997年6月12日　復刻版1刷発行
補訳者　小倉金之助
発行者　南條光章
東京都文京区小日向4丁目6番19号
印刷者　片岡義郎
東京都中央区新川2丁目22番4号
NDC 410.2

発行所　東京都文京区小日向4丁目6番19号
電話　東京3947局2511番（代表）
郵便番号112振替口座00110-2-57035番
共立出版株式会社

印刷・共立印刷　製本・中條製本　Printed in Japan

社団法人
自然科学書協会
会員

ISBN 4-320-01538-x

12

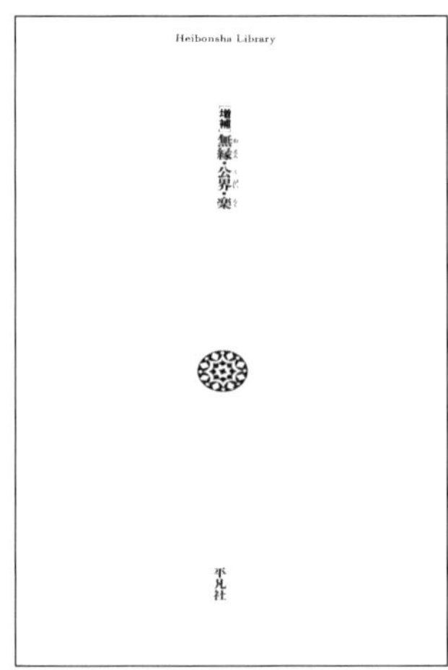

Heibonsha Library

増補 無縁・公界・楽

平凡社

16.0×11.0cm　380p
あみの　よしひこ（1928-2004）
1978年6月に初版，1987年5月に増補版が平凡社より刊行された著作の平凡社ライブラリー化。

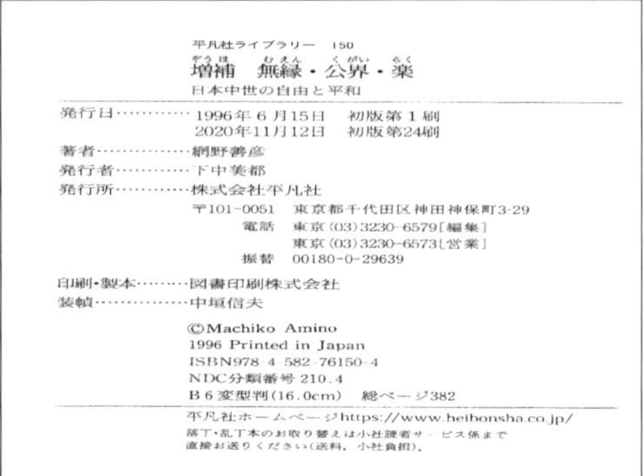

平凡社ライブラリー　150
増補　無縁・公界・楽
日本中世の自由と平和

発行日…………1996年6月15日　初版第1刷
　　　　　　　2020年11月12日　初版第24刷
著者……………網野善彦
発行者…………下中美都
発行所…………株式会社平凡社
〒101-0051　東京都千代田区神田神保町3-29
電話　東京（03）3230-6579［編集］
　　　東京（03）3230-6573［営業］
振替　00180-0-29639
印刷・製本………図書印刷株式会社
装幀……………中垣信夫

©Machiko Amino
1996 Printed in Japan
ISBN978-4-582-76150-4
NDC分類番号 210.4
B6変型判（16.0cm）　総ページ382

平凡社ホームページhttps://www.heibonsha.co.jp/
落丁・乱丁本のお取り替えは小社読者サービス係まで直接お送りください（送料，小社負担）。

13

初学者のための
群論
永田雅宜 著
Group Theory
現代数学社

21.0×14.8cm　iv,127p
ながた　まさよし（1927-2008）
「群論への招待」（2007年刊）の改題

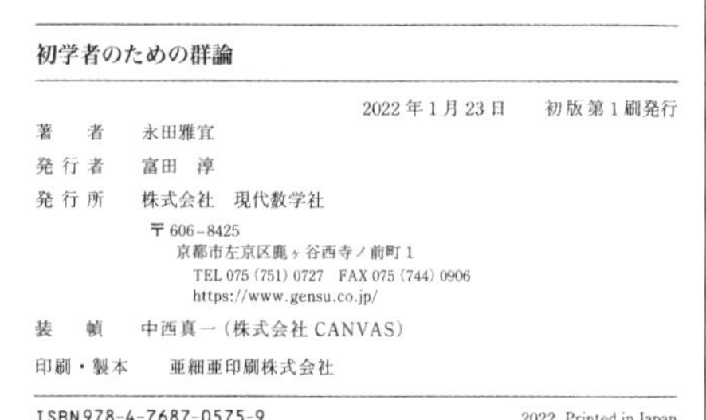

初学者のための群論

2022年1月23日　初版第1刷発行
著　者　永田雅宜
発行者　富田　淳
発行所　株式会社　現代数学社
〒606-8425
京都市左京区鹿ヶ谷西寺ノ前町1
TEL 075 (751) 0727　FAX 075 (744) 0906
https://www.gensu.co.jp/
装　幀　中西真一（株式会社 CANVAS）
印刷・製本　亜細亜印刷株式会社

ISBN978-4-7687-0575-9　2022 Printed in Japan

14

◎改訂版◎
基礎からよく分かる
「近思録」
―朱子学の入門書―

編集　朱熹＆呂祖謙
訳解　福田晃市

明窓出版

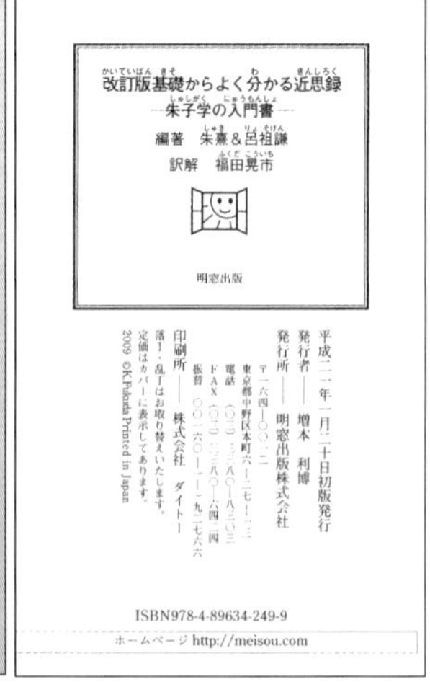

改訂版基礎からよく分かる近思録
―朱子学の入門書―
編著　朱熹＆呂祖謙
訳解　福田晃市
明窓出版

平成二十一年一月二十日初版発行
発行者――増本　利博
発行所――明窓出版株式会社
〒一六四―〇〇一二
東京都中野区本町六―二七―一三
電話　（〇三）三三八〇―八三〇三
FAX（〇三）三三八〇―六四二四
振替　〇〇一六〇―一―一九二七六六
印刷所――株式会社　ダイトー
落丁・乱丁はお取り替えいたします。
定価はカバーに表示してあります。
2009 ©K.Fukuda Printed in Japan

ISBN978-4-89634-249-9
ホームページ http://meisou.com

18.8×12.2cm
396p
しゅ　き（1130-1200）
りょ　そけん（1137-1181）
ふくだ　こういち（1972-）
1176年に刊行された朱子学の入門書「近思録」の全訳

15

我が国の経済外交 2020

2020年3月31日　第1刷発行

定価(本体2700円＋税)

編者　外務省経済局

〒100-8919 東京都千代田区霞が関2-2-1
電話 03-3580-3311(代表)
外務省 HP：http://www.mofa.go.jp/mofaj/

発行者　柿﨑　均

発行所　株式会社 日本経済評論社

〒101-0062 東京都千代田区神田駿河台1-7-7
電話 03-5577-7286　FAX 03-5577-2803
E-mail：info8188@nikkeihyo.co.jp
振替 00130-3-157198

装丁＊渡辺美知子　印刷・製本／シナノ印刷

落丁本・乱丁本はお取替えいたします　Printed in Japan

©外務省経済局

ISBN978-4-8188-2558-1　C0031

・本書の複製権・翻訳権・上映権・譲渡権・公衆送信権（送信可能化権を含む）は，㈱日本経済評論社が保有します。
・JCOPY〈(一社)出版者著作権管理機構 委託出版物〉
本書の無断複製は著作権法上での例外を除き禁じられています．複製される場合は，そのつど事前に，(一社)出版者著作権管理機構（電話 03-5244-5088，FAX 03-5244-5089，e-mail：info@jcopy.or.jp）の許諾を得てください．

25.8×18.0cm
233p

16

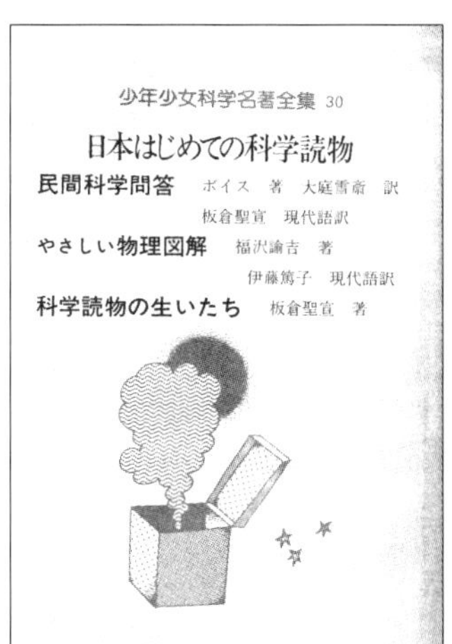

22.5×12.5cm　337p
ヨハネス・ボイス（Johannes Boijs）：オランダ・Heyの領主
おおば　せっさい（名は忞、字は景徳）（1805-1873）
ふくざわ　ゆきち（1834-1901）
いたくら　きよのぶ（1930-2018）
いとう　あつこ
「民間格致問答」（Volks-Natuurkunde）と「訓蒙窮理図解」の現代語訳

少年少女科学名著全集 30
民間科学問答
やさしい物理図解
科学読物の生いたち

著訳者　板倉聖宣
伊藤篤子
発行者　長宗泰造
印刷所　株式会社 厚徳社
発行所　株式会社 国土社
東京都文京区目白台1－17－6
THE.943-3721／振替東京6-90631

1982年4月25日　初版1刷発行　検印廃止

ISBN4-337-04130-3 C8340

17

15.0×10.7cm　306p
右の文献の底本に使用されている。
せとうち　はるみ（1922-2021）

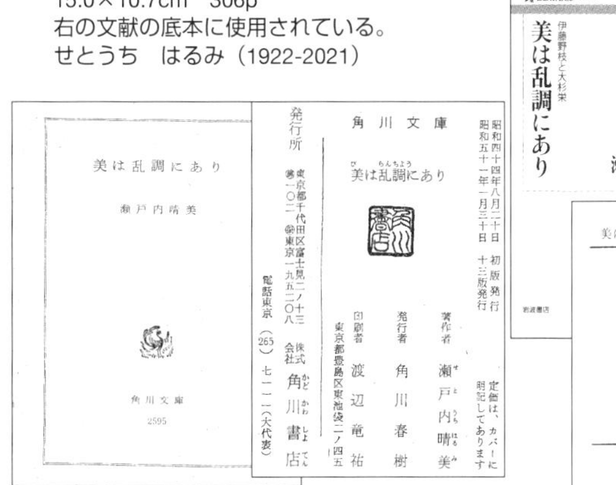

昭和四十四年八月三十日　初版発行
昭和五十一年一月三十日　十三版発行

定価は、カバーに明記してあります

角川文庫

美は乱調にあり

著作者　瀬戸内晴美
発行者　角川春樹
印刷者　渡辺竜祐
東京都豊島区東池袋二ノ四五

発行所　東京都千代田区富士見二ノ十三
〒一〇二　振東京一九五二〇八
株式会社 角川書店
電話東京（265）七一一一（大代表）

岩波現代文庫
美は乱調にあり
伊藤野枝と大杉栄
瀬戸内寂聴
岩波書店

美は乱調にあり ― 伊藤野枝と大杉栄

2017年1月17日　第1刷発行

著者　瀬戸内寂聴
発行者　岡本厚
発行所　株式会社 岩波書店
〒101-8002 東京都千代田区一ツ橋2-5-5
案内 03-5210-4000　営業部 03-5210-4111
現代文庫編集部 03-5210-4136
http://www.iwanami.co.jp/

印刷・精興社　製本・中永製本

© Jakucho Setouchi 2017
ISBN 978-4-00-602284-6　Printed in Japan

14.8×10.5cm
iv, 344p
せとうち　じゃくちょう（1922-2021）
左の文献を底本にしている。

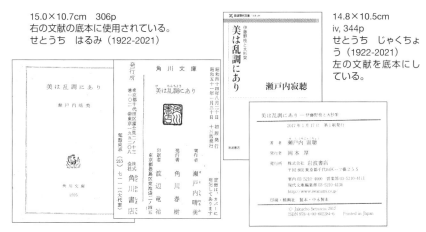

18

岩波講座 コミュニケーションの認知科学 1

The Cognitive Science of Human Communication

言語と身体性

今井むつみ
佐治伸郎
山崎由美子
浅野倫子
渡邊淳司
大槻美佳
松井智子
喜多壮太郎
安西祐一郎
岡田浩之
橋本敬
増田貴彦

岩波書店

21.6×15.2cm
xii, 329p（講座全5巻）

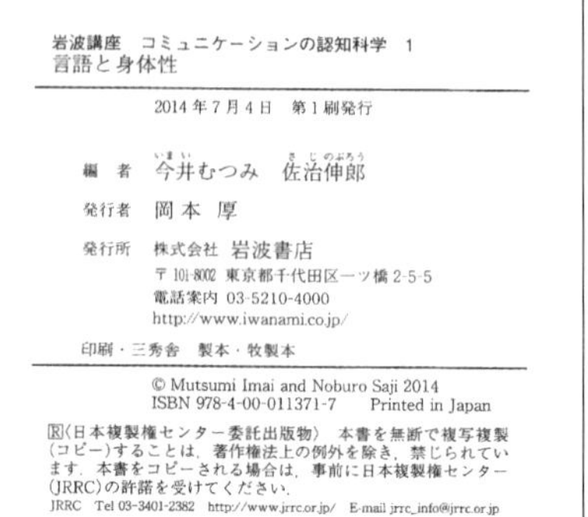
岩波講座 コミュニケーションの認知科学 1
言語と身体性

2014年7月4日 第1刷発行

編 者 今井むつみ 佐治伸郎

発行者 岡本 厚

発行所 株式会社 岩波書店
〒101-8002 東京都千代田区一ツ橋2-5-5
電話案内 03-5210-4000
http://www.iwanami.co.jp/

印刷・三秀舎 製本・牧製本

© Mutsumi Imai and Noburo Saji 2014
ISBN 978-4-00-011371-7 Printed in Japan

Ⓡ〈日本複製権センター委託出版物〉 本書を無断で複写複製（コピー）することは，著作権法上の例外を除き，禁じられています．本書をコピーされる場合は，事前に日本複製権センター（JRRC）の許諾を受けてください．
JRRC Tel 03-3401-2382 http://www.jrrc.or.jp/ E-mail jrrc_info@jrrc.or.jp

19

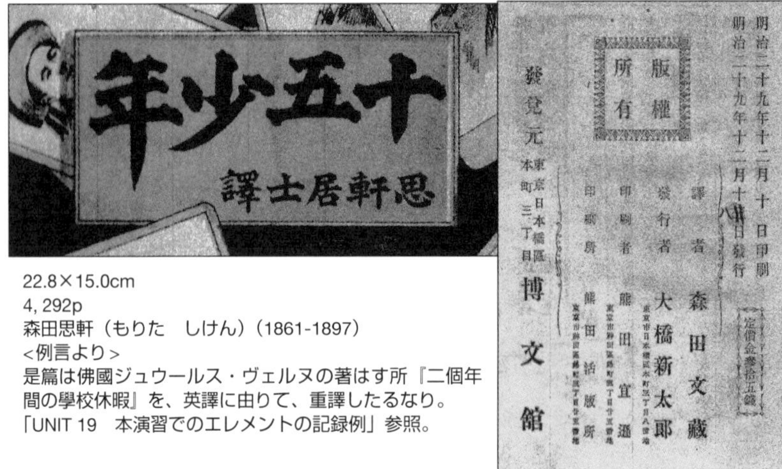
十五少年

思軒居士譯

明治二十九年十二月十日印刷
明治二十九年十二月十八日發行

定價金參拾五錢

版權所有

譯者 森田文藏

發行者 大橋新太郎

印刷者 熊田宜遜

印刷所 熊田活版所

發兌元 東京日本橋區本町三丁目 博文館

22.8×15.0cm
4, 292p
森田思軒（もりた しけん）(1861-1897)
<例言より>
是篇は佛國ジュウールス・ヴェルヌの著はす所『二個年間の學校休暇』を、英譯に由りて、重譯したるなり。
「UNIT 19 本演習でのエレメントの記録例」参照。

20

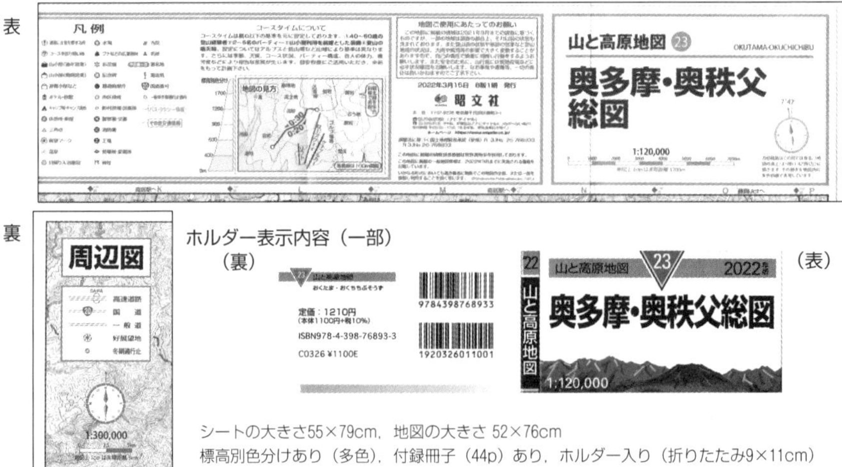

表

裏

ホルダー表示内容（一部）
（裏）（表）

シートの大きさ55×79cm，地図の大きさ 52×76cm
標高別色分けあり（多色），付録冊子（44p）あり，ホルダー入り（折りたたみ9×11cm）

UNIT 21

◉主題組織法

主題組織法とはなにか

●…………主題とは

主題組織法や主題検索といったことに言及される場合，利用者の関心対象となるのは，「それについての情報」が含まれている著作である。この「それについての情報」は，図書館情報学の分野では，「著作」（work）と「主題」（subject）の関連としてaboutnessと呼ばれている。絵画における描画対象や写真の被写体などはofnessと呼ばれることがあるが，主題組織法は，このofnessも含めて，著作と主題の関連（「has as subject」の関連）を扱うことになる。

主題組織法

著作
主題

aboutness
ofness

一方，文学作品の図書館分類を考えた場合，「著作の言語」や「著作のジャンル」が重要な区分原理となっている。言語やジャンルはaboutnessでもofnessでもなく，isnessと呼ばれる（小説「海辺のカフカ」は日本語で書かれた著作，すなわち日本文学であり，小説である）。このような著作の言語や著作の形式，さらに児童書などの場合の想定読者などは，それ自体を主題とは言えないが，図書館分類においては重要な区分原理の一つである。このような主題内容よりも表現形式で区分されるのは，音楽作品（楽譜や録音資料）や美術作品も同様である。

文学作品

isness

音楽作品
美術作品

「それについての情報」が含まれている著作を見つけ出す仕組み，すなわち主題検索を効果的なものにするための工夫である主題組織法が，このUNIT以降の課題である。

利用者が求める「それについての情報」にかかわる著作は，「個別の知的・芸術的創造」と定義される抽象的な実体であり，これが一定の表現形式に基づいて表現され，一定の物理的媒体に記録されて具体的な情報資源となる。主題内容は直接には著作にかかわるものであるが，図書館の主題組織法においては，表現形式や編集・出版形式も含めた物理的な媒体も問題となる。このような物理的な媒体も含めた情報資源（資料ないし図書館資料）が主題組織化の対象である。

●…………要約主題と網羅的主題

資料に含まれる主題は，分析の粒度（細かさ）の観点から要約主題と網羅的主題に区分される。

要約主題とは資料の包括的なまとめ（要約化）によって表現された主題をいう。

要約主題

要約化は主題を簡潔に述べることであり，分類をはじめとする図書館における主題組織法での基礎となっている主題表示法である。一方，資料の主題をもっと幅広く分析する深層索引法という方法があり，これは部分的に深く分析したり，副次的あるいは周辺主題まで網羅したりする方法である。網羅的に表現した主題を網羅的主題という。

周辺主題
網羅的主題

堀内剛二著『木星：宇宙空間 30 億キロ』

目次

1. まえがき
2. 太陽系小史と木星
2.1 古代太陽系
2.2 コペルニクスとガリレオ
2.3 ニュートンとその後
3. 巨大惑星である木星
4. 木星空間探測飛翔体
5. 巨大惑星木星
6. 木星の諸問題
7. 宇宙空間の過去と将来
7.1 太陽系の生成
7.2 宇宙空間探査の将来
7.3 スペースシャトル計画

この図書では部分的には，太陽系の歴史や太陽系の探査計画についても述べられているが，全体としては木星について書かれている。このようにその資料全体としての主題を要約主題という。すなわちこの図書の要約主題は「木星」ということになる。

一方，目次を見てみると，第 3 章から第 6 章までは確かに木星を中心に述べられているが，第 2 章と第 7 章は，一般的な太陽系の歴史，コペルニクスやガリレオによる太陽系に関する認識の歴史，太陽系の探査計画といった周辺主題が扱われている。このような周辺主題も含めて網羅的に主題を表現する方法を深層索引法といい，そうして表現された主題を網羅的主題という。この方法では，「太陽系」，「コペルニクス」，「ガリレオ」，「太陽系探査」といったことも主題として取り上げられることになる。

深層索引法

●…………分類法と件名法

「それについての情報」が含まれている資料を見つけ出す仕組み，すなわち主題検索の方法は二つに大別される。例えば，「ワインの醸造」に関心をもつ利用者は，

OPACや検索エンジンにおいて「ワイン」という語を検索語として使用する。その結果，OPACにおいては書誌レコード中のいずれかの箇所に，検索エンジンにおいてはネットワーク情報資源のいずれかの箇所に「ワイン」という語が含まれている情報資源のリストが検索結果として提示される。このような検索方法は「キーワード検索」と呼ばれている。主題を表現する語は「件名」と呼ばれるが，この件名をキーワード検索にそのまま使用するので「件名法」とも呼ばれる。

キーワード検索

件名法

件名法は，「ワイン（の醸造）についての情報」が含まれている資料を簡便に見つけ出すことができるきわめて直截なアプローチである。しかし逆に，ワイン以外の関連情報，例えば，酒の醸造学や醗酵や果実酒やシャンパンやリンゴ酒や日本酒やビールといった類書は検索対象とはならない。このような類書とともに求める資料を見つけ出そうとする方法が「分類法」と呼ばれるものである。

「分類法」の基本は，似たものに分け，似たものを集め，似たものの集合（クラス）の中から利用者が求める資料を見つけ出す方法である。その結果，ワインに関する資料を探していた利用者は，隣接する場所で醸造学や果実酒を論じた資料の中に，求めていたワインに関する情報を偶然見出すことも可能となる。

分類法
クラス

図書館は古今東西，森羅万象の知識を具現した資料を扱っている。そのため，似たものに分け，似たものを集める枠組みとして，学問界と教育界とのコンセンサスで得られた時代時代の学問体系（知識体系）が利用されてきた。このような学問体系（知識体系）の中のいずれかの場所にあらゆる資料が位置づけられる。日本の大半の図書館で使用されている『日本十進分類法』（NDC）によると，ワインの醸造にかかわる資料は次のような知識の階層構造の中に位置づけられる。これは専門書でも実用書でも変わらない。

500 技術．工学
580 製造工業
588　食品工業
588.4　清涼飲料
588.5　醗酵工業．酒類
588.51　醸造学．発酵．工業微生物学
〈.52/.55　各種の醸造酒〉
588.52　清酒．濁酒
588.53　黄酒：老酒，紹興酒
588.54　ビール［麦酒］
588.55　果実酒：ワイン，シャンパン，リンゴ酒
588.56　アルコール［酒精］

これらの主題をもつ資料は，図書館の書架上に記号順に並べられている。このような主題の連鎖，関連資料の並置により，類書も含めた総合的な探索が可能となっている。書店における資料の配置も同様の工夫が凝らされている。

●…………統制語による索引語構築

分類法は，類書も含めた総合的・系統的な探索を可能としているが，使用されている分類体系をある程度知らないと探索が困難である。それに対して「件名法」はわれわれが日常使用している言語を基礎としている点でこのような困難は少ない。この「件名法」の利点を生かし，同時に分類法と同様の系統的な探索を可能とする仕組みを図書館は構築してきた。それが統制語による索引語構築である。

統制語

「ワイン」というキーワードで検索した場合，同じ意味をもつ「葡萄酒」や「ぶどう酒」という語で表現された資料は漏れてしまうことになる。こうした場合を想定し，「葡萄酒」や「ぶどう酒」と表現された資料に対しても「ワイン」という統制語（統一標目）を索引語として付与することによって検索の漏れをなくす方法である。また，果実酒醸造全般について書かれた資料の中に，ワイン醸造の貴重な情報が含まれている場合も多い。こうした資料を有効に見つけ出すために，同義語だけではなく，語と語の間の概念関係を明示する辞書を作成し，それに基づいて主題を表す索引語を書誌データの一つとして付与する方法が編み出されてきた。このような辞書（統制語彙表）は，図書館の分野では「件名標目表」と呼ばれ，抄録・索引サービスの分野では「シソーラス」と呼ばれている。

統制語彙表
件名標目表
シソーラス

統制語：ワイン
　同義語：葡萄酒；ぶどう酒
　上位語：洋酒；果実酒
　下位語：スパークリングワイン
　関連語：葡萄
　分類記号：588.55（果実酒）；596.7（食品－飲料）

BSH
NDLSH

わが国の代表的な件名標目表には，『基本件名標目表』（BSH）と『国立国会図書館件名標目表』（NDLSH）がある。図書館は主題分析で得られた要約主題をこのような件名標目表を用いて主題索引語を付与するが，最近では，件名標目表自体を利用者が使用して，辞書を通して検索することが可能なシステムが登場してきている。その代表例がNDLSHをウェブ上で利用できるWeb NDL Authoritiesである。このシステムを利用すると，「ワイン」で検索した場合にも，「葡萄酒」や「ぶどう酒」のような同義語の情報資源も検索されるだけではなく，「洋酒」や「果実酒」という，より上位の概念での検索に導かれることが容易になる。

Web NDL Authorities

●…………事後結合索引と事前結合索引

「航空機のコンピュータの設計」と要約された主題を考える。この要約主題には,「航空機」,「コンピュータ」,「設計」という三つのキーワードが含まれている。これら三つのことばを相互の関係性や順序関係を明らかにすることなしに,索引語として付与し,検索段階で「これら三つのことばをすべて含むもの」,「二つを含むもの」,「一つを含むもの」というように適宜組み合わせて探すという索引方式を事後結合索引という。この場合,例えば「コンピュータによる航空機の設計」と「航空機のコンピュータの設計」との区別ができず,それだけ検索時にノイズが多くなるという欠点が生じる。 事後結合索引

事後結合索引は,検索時のノイズが増えるという欠点があるにせよ,検索エンジンやOPACにおけるキーワード検索の場合に欠くことができない方法である。今日コンピュータによる検索では,ロールやリンクといった特殊な手法をまれに用いることはあるが,ほとんど事後結合方式を使用しているといってよい。その最大の特徴は,索引語間の順序や結びつきを考えることなく,ことばの組み合わせから直接検索できるという点にある。

一方,図書館で用いられている分類法や件名法は,類書も含めた総合的・系統的な探索を可能とするための工夫を行っている。

「航空機のコンピュータの設計」という要約主題は,「「航空機のコンピュータ」－「設計」」と分析される。航空機のコンピュータが設計という動作の対象となっており,航空機のコンピュータが最終生成物であり,この資料の主題において最も重要な要素である。したがって「航空機のコンピュータ」は,設計より先に位置づけられるべきである。さらに「航空機のコンピュータ」は,全体と部分という関係になっていて,両者の順序関係は,「航空機－コンピュータ」であって,この逆ではない。結果として,「航空機－コンピューター設計」という順序でこの主題が表現されることになる。

このように要約主題を構成要素に分解し,それらの重要さや論理的関係を考慮して,あらかじめ順序を定めて表示する方法を事前結合索引という。この方法によれば主題を精密に表現できるが,構成要素間の組み合わせに関する規則(構文規則)をあらかじめ定めておく必要がある。また個々の主題の構成要素を,その規則に基づいて組み合わせる作業が必要となる。前述した統制語彙表(分類表や件名標目表)はこのような構文規則を定めている。分類表においては項目列挙順序による類似資料の連鎖,件名標目表における索引語間の連結参照は,この構文規則に相当する。 事前結合索引

UNIT 22

◉主題組織法

主題分析とその表示

ファセット分析

●…………ファセット分析

分類法にしろ件名法にしろ，要約主題を，分類表や件名標目表という統制語彙表に基づいて主題索引語に翻訳する必要があるが，得られた要約主題は単一の主題ではなく，複数の主題から成る場合が多い。その場合，要約主題はどのような構成要素で構成されているか，それらの構成要素をどのような順序で組み合わせれば，類書も含めた総合的・系統的な探索が可能となるかを論理的に分析する必要がある。そのための手法としてファセット分析と呼ばれる手法がある。

「万葉集における柿本人麻呂の和歌の研究」という主題を例に説明する。これは文学研究という学問分野に位置づけられるが，中国文学（中国語で表現された文学作品）ではなく，日本文学（日本語で表現された文学作品）のクラス（類）に位置づけられるのが一般的である。一方，文学の一ジャンルとして柿本人麻呂の文学作品を考えた場合には，日本の物語や戯曲ではなく，詩歌というジャンルに位置づけられる。また，いつ頃の時代の文学かを基準とした場合，近代文学や江戸文学ではなく，古代文学に位置づけられる。この場合には，唐代中国の詩人杜甫や李白と同じクラス（古代文学）に位置づけることも可能である。万葉集における柿本人麻呂の和歌の研究という主題を，「古代日本文学の詩歌」と要約すると，ここには，日本文学，詩歌，古代文学という三つのクラスの構成要素が複合していることがわかる。

ファセット分析とは，「主題を基本的構成部分に分割し，次いでそれを結合して複合主題を表現する方法」である。宝石のカット部分の面をファセットと呼ぶことから，なんらかの区分原理（切り口）で主題を構成部分に区分（カット）して現れた区分肢の集合(カット部分の面)がファセットと呼ばれることになった。ファセット内の個々の区分肢をフォーカスと呼ぶ。

ファセット

フォーカス

区分原理

文学作品を「原作の言語」という区分原理で区分する場合に現れる日本文学，中国文学，英文学，フランス文学等々のフォーカスの集合が言語ファセットであり，文学を表現形式という区分原理で区分する場合に現れる詩，小説，戯曲，評論等のフォーカスの集合が表現形式ファセットであり，古代文学，中世文学，近代文学等々のフォーカスの集合が年代ファセットである。万葉集の詩人柿本人麻呂の研究を要約した「古代日本文学の詩」は，文学分野における三つのファセットから得られた三つのフォーカス（日本文学，詩，古代文学）が結合した複合主題である。

メインクラス（主類）ないし学問分野という被区分体の把握が，ファセット分析の出発点となる。この被区分体（メインクラスないし学問分野）によって適用される一つないし複数のファセットから得られる一つないし複数フォーカスの結合として主題を把握するというのがファセット分析である。 メインクラス 学問分野

●…………主題と形式の種類

ファセット分析によって得られる主題の構造には次のようなタイプがある。

(1)　基礎的な主題　基礎的な主題

学問分野自体が主題となるもの。時代時代の学問体系とそれを反映した分類表等で規定される。

例）『経済学入門』

(2)　単一主題　単一主題

一つの学問分野のもとに位置づけられ，単一の主題概念のみで構成される主題。

例）『民法について』：法律学分野の下での単一主題。

(3)　複合主題　複合主題

一つの学問分野の下で二つ以上の主題概念が緊密に結びついて構成される主題。

例）『フランスの民法について』：法律学分野においてフランスという国家の法体系である「フランス法」という主題と「民法」という主題の二つの主題概念が緊密に結びついている。このような主題のタイプは，フランス憲法などとともにフランス法の集合の中に位置づけるか，日本民法などとともに民法の集合の中にフランス民法を位置づけるかによって，すなわち，分類表が採用している区分原理の適用順序によって，分類体系上の位置づけが変わる。

(4)　複数主題　複数主題

複数の主題概念が，いずれにも重点を置かずに並列に並べられているもの。

例）『ナシ・ビワ・イチジク・マンゴーの栽培』：果樹園芸学が対象とする複数の果樹栽培が，いずれにも重点を置かずに扱われている。

(5)　混合主題　混合主題

(1)や(2)や(3)の主題概念がそれぞれの性質をもったままで相互に結びついているもの。異なるクラスや学問分野の主題同士の結びつきの場合もあるし，同一分野あるいは同一ファセットの中での結びつきの場合もある。結びついたそれぞれの主題概念（構成要素）を「相」（phase）と呼び，主題概念（構成要素）相互間の関係を「相関係」（phase relation）と呼ぶ。 相 相関係

例）科学と宗教（学問分野ないしメインクラスを越えた結びつき）
浮世絵とフランス絵画（絵画研究内での結びつき）
日本文学と中国文学（文学の言語ファセットのフォーカス間の結びつき）

(6) 形式

表現形式
物理的形式

前述したように，「個別の知的・芸術的創造」として主題内容を含む抽象的な実体である著作は，一定の表現形式に基づいて表現され，一定の編集・出版形式に基づいて物理的媒体に記録されて具体的な資料となる。ここには，表現形式と編集・出版形式を含む物理的形式の2種類の形式が認められる。また，主題の構成要素とも言える形式として，主題の取り上げ方を形式とする場合がある。例えば，NDCにおいては，理論的な論述，学説史，方法論，数学的・統計学的研究，歴史的・地域的論述，伝記的論述，地理学的論述，主題にかかわる団体についての論述，主題に関する研究法などが，形式として取り上げられている（UNIT 24参照）。

列挙順序

●…………列挙順序

標準列挙順序

事前結合索引では，主題を構成する各要素間の組み合わせ順序が問題となる。これを列挙順序（citation order）という。この列挙順序をカテゴリー化したものとして，ランガナタン（S.R. Ranganathan）のPMEST，カイザー（Julius O. Kaiser）の具象－過程，またそれらを発展させたイギリスのCRG（Classification Research Group）による標準列挙順序などがある。ここでは，標準列挙順序をベースとした「事物－種類－部分－性質－過程－操作－動作主体－場所－時間－提示形式」という10個のカテゴリーと列挙順序を用いて主題分析の事例を示すことにする。

「ボランティアによる老人の介護」というような「主語－他動詞－目的語」という構文は，主題のパターンとして典型的なケースであるが，この場合，「老人－介護－ボランティア」（すなわち「事物－操作－動作主体」）という受動構文が主題表現の順序関係をうまく表すことができる。

先に述べた10個のカテゴリーの順序は単純な一次元的排列とは限らない。「事物－部分－性質」に関しては，「エンジンのノズルの形状の設計」を例にとると，「エンジン－ノズル」は，まず事物（エンジン）を部分（ノズル）が修飾・限定する形で現われ，次に一体となった「エンジン－ノズル」に対する性質として「形状」が現われ，さらに「エンジン－ノズル－形状」に対して，設計が操作として付加される。つまり「（エンジン－ノズル－形状）－設計」のように分析されることになる。

複雑なケースもある。例えば「火山の噴火の撮影」のように，主たる動作（噴火）に続いて従属的な動作（撮影）が出現することもある。また場所に関しては，順序が常に後ろとは限らず前の方に位置づけられることもある。このように各要素の順序関係はそれほど単純なものではなく，種々の事前結合索引によって若干の相違があり，またあらゆる組み合わせのケースを想定すると複雑な規則となる場合が考えられるが，ここでは「事物－種類－部分－性質－過程－操作－動作主体－場所－時間－提示形式」という単純な列挙順序のみを用いる。

●…………主題分析の例示

以下に標準列挙順序を用いた主題分析のいくつかの実例を示す。

・事物－性質

例題 1

中小企業庁編『中小企業の経営指標』

中小企業－経営指標

「中小企業」が事物,「経営指標」が性質にあたる。事物と性質の関係は,「事物－性質」の順序となる。

・全体－部分

例題 2

増田芳雄著『植物の細胞壁』(UP biology；60)

植物－細胞壁

全体部分関係のときは,「全体－部分」の順序となる。

・事物－過程（自動詞）

例題 3

『栽培植物の伝播』

栽培植物－伝播

「栽培植物が伝播する」という主語（事物）と自動詞（過程）の関係になる。列挙順序は,「事物－過程」の順となる。

・事物（目的語）－操作（他動詞）

例題 4

伊東正編著『野菜の栽培技術』

野菜－栽培

「野菜が栽培される」と分析されるから，野菜が目的語（事物）で栽培は他動詞（操作）である。このケースは，典型的な主題表現のパターンである。栽培の目的となる事物が最も重要な要素である。したがって目的語と他動詞の組み合わせのときは，受動構文になおすと列挙順序がうまく表現できる。

・事物（目的語）－性質（他動詞）－動作主体（主語）

例題 5

『図解歯槽膿漏は歯ブラシで治そう』

歯槽膿漏－治療－歯ブラシ

基本的に，例題 4 と同じパターンであるが，この場合は，他動詞の主語が現われる。「歯槽膿漏が歯ブラシによって治療される」と分析され，歯槽膿漏が目的語（事物），治療が他動詞（操作），歯ブラシがその主語（動作主体）となる。受動構文に変換して，O－V－S（目的語－他動詞－主語）という列挙順序となる。

演習問題

問題3　次の資料について，a〜dの主題の構成要素の性質を分析して，例題と同様に，標準列挙順序の形式で主題を表現しなさい。

1　坂本雄三著『建築熱環境』
　a　建築　　b　熱環境
2　『細菌毒素ハンドブック』
　a　細菌　　b　毒素　　c　ハンドブック
3　『食品分析』（分析化学実技シリーズ；応用分析編）
　a　食品分析　　b　分析化学
4　『自動車用バイオ燃料技術の最前線』
　a　自動車　　b　バイオ　　c　燃料
5　東京都教職員人事問題研究会編著『東京都の教職員人事管理』
　a　東京都　　b　教職員　　c　人事管理
6　『巨大技術の安全性：事故・災害は不可避か』
　a　巨大技術　　b　安全性　　c　事故・災害
7　小田淳著『魚の地震予知』
　a　魚　　b　地震　　c　予知
8　田代暢哉著『果樹の病害虫防除』
　a　果樹　　b　病害虫　　c　防除
9　日本植物画倶楽部著『日本の帰化植物図譜』
　a　日本　　b　帰化　　c　植物　　d　図譜
10　『日本植物種子図鑑』
　a　日本　　b　植物　　c　種子　　d　図鑑
11　松井進著『盲導犬の訓練ってどうするの?：視覚障害当事者の歩行訓練体験記』
　a　盲導犬　　b　視覚障害者　　c　歩行訓練
12　渋谷栄一編集『源氏物語の注釈史』
　a　源氏物語　　b　注釈　　c　歴史
13　渡邊明義編『地域と文化財：ボランティア活動と文化財保護』
　a　地域（東京都文京区）　　b　ボランティア活動　　c　文化財保護
14　濱野吉秀著『ワインの力：ポリフェノール・延命力の秘密』
　a　ワイン　　b　ポリフェノール　　c　延命力（健康法）
15　室山義正著『アメリカ経済財政史 1929-2009』
　a　アメリカ　　b　経済財政　　c　歴史　　d　1929-2009

UNIT 23

◉日本十進分類法（NDC）の概要

NDCの構成

主表，補助表，相関索引

●…………概要

NDCの一般的な特徴は，列挙型分類表であること，アラビア数字のみを使用した純粋記号法を採り，その展開に十進分類法を採用していることである。

列挙型分類法は，すべての分類項目を分類表上に列挙しているものである。NDCを含めた今日の主要な図書分類法は，細目表と補助表を用いて分類記号の合成を行っているので，純粋な意味での列挙型分類表ではない。しかし，主題概念の表現は，細目表に列挙されている分類項目の範囲内に限定され，分析合成型分類法のように自由な記号合成はできない。

列挙型分類法

分析合成型分類法

十進記号法は，単純・明快で階層構造を形式的に理解しやすく，記号の伸縮が自由で記号の展開性に富んでいる。

十進記号法

3 社会科学
33　経済
339　　保険
339.5　　　損害保険

ところが分類表としては，常に9区分という枠組みをもつため，記号法を優先した体系となっている。結果として分類体系の階層性を崩してしまうことになるので，NDCでは，このような場合，分類項目名の表示位置（indention）をずらすことによって判別できるように工夫している。

339.5　損害保険　［通常項目］
339.6　　火災保険　［縮約項目］

火災保険は，上位項目である損害保険より分類項目の桁数が多くなければならないが，十進記号法による体系の制約から分類記号の短縮が行われている。

724.6　　壁画．フレスコ画
724.68　泥絵．ディステンパ画

泥絵は分類記号上，壁画の下位区分のように示されているが，この両者は同格の主題である。十進記号法の記号配当上，分類記号と分類項目の間に不均衡を生じさせている。

なお同一区分内に異なる区分原理による区分肢を同居（並置）させるときには，山括弧で囲われた中間見出しを設けるなどして階層関係の明文化に努めている。

中間見出し

720 絵画
＜721/723 様式別の絵画＞
721 日本画
722 東洋画
723 洋画
＜724/725 絵画材料・技法＞
724 絵画材料・技法
725 素描．描画

これらは，十進法のもつ枠組みである 9 区分に分類体系の階層性が収まるとは限らないための工夫であり，十進記号法のもつ宿命的な欠陥ではあるが，実用的な簡便性が高く評価されて採用されている。

●…………分類表

細目表
総体系表
要約表

NDCの本体は細目表である。細目表は，分類表が扱う分類項目を網羅した全体の姿を示していることから総体系表とも呼ばれる。通常，分類表を使うとは，細目表を使用することを指す。NDCでは細目表のほかに，分類体系を概観する目的の要約表として第 1 次区分表（類目表），第 2 次区分表（綱目表），第 3 次区分表（要目表）を用意している。

類目表
総記

分類表は人類の全知識から，まず主要な学術・研究領域を列挙して第 1 次区分表を編成する。第 1 次区分によって設けられた項目を類（class）と呼ぶことから類目表とも呼ばれる。この第 1 次区分は，厳密に全知識を 10 区分しているわけではない。主要な領域を九つの記号に割り振り，各領域にまたがる総合的な図書および九つの記号に割り振られなかった領域を総記として，10 区分を構成する。

0 総　記	（情報学，図書館，図書，百科事典，一般論文集，逐次刊行物，団体，ジャーナリズム，叢書）
1 哲　学	（哲学，心理学，倫理学，宗教）
2 歴　史	（歴史，伝記，地理）
3 社会科学	（政治，法律，経済，統計，社会，教育，風俗習慣，国防）
4 自然科学	（数学，理学，医学）
5 技　術	（工学，工業，家政学）
6 産　業	（農林水産業，商業，運輸，通信）
7 芸　術	（美術，音楽，演劇，スポーツ，諸芸，娯楽）
8 言　語	
9 文　学	

次の段階では，各類をそれぞれの領域にふさわしい区分原理を適用して 10 区分

し，第２次区分表が編成される。この表は類の区分肢である項目を綱（division）と呼ぶことから綱目表とも呼ばれる。NDCでは第２次区分以下の展開は，地域としての日本，言語としての日本語など，日本固有の文化を重視した編成としている。 綱 綱目表

4　自然科学 41　数　学 42　物理学 43　化　学 44　天文学 45　地球科学 46　生物学 47　　植物学 48　　動物学 49　医学・薬学	※４類は「自然科学」の領域として設けられているが，関連領域として「医学・薬学」を同居させている。自然科学自体の区分肢は，数学から生物学までの６項目である。記号構成上，それらに41から46を配当し，自然科学総記を40に設定し，医学・薬学を49に位置づけた。 なお綱目に余裕があるので，出版量の多い生物学の区分肢，植物学，動物学を47，48に配当して10区分を構成する。

第２次区分表の各綱目をさらに10区分して，第３次区分表を編成する。綱の区分肢である項目は目（section）と呼ぶ。NDCの基準とする表であることから要目表とも呼ばれる。第３次区分表は形式的には1000区分表を形成するが，この段階にまで至ると未使用項目（空番）も含まれる。 目 要目表 空番

45　地球科学 451　気象学 452　海洋学 453　地震学 454　地形学 455　地質学 456　地史学 457　古生物学 458　岩石学 459　鉱物学	※自然科学の綱目の一つである「45　地球科学」は九つの区分肢をもっている。 地球科学の第３次区分は，それらの区分肢である目に451から459を配当し，地球科学総記（450）を加えて10区分を構成する。

第４次区分からは，その主題に応じてさらに必要にして十分なまで展開を進める。細区分は文献的根拠に基づいて，必要な主題は展開が続けられ，必要でない場合は展開されない。このように第４次区分以降は第３次区分までのように，一律に記号の展開が行われるわけではない。細目表はその展開が完了した最終の姿である。 文献的根拠 細目表

分類記号は，第３次区分を基準としているので，それ以上に記号が連なるものには，３番目と４番目の記号の間にピリオドを付して表す。この目的は分類記号の視認性を高めるためである。なお，分類記号は小数読みして，451.35は，ヨン・ゴ・イチ・テン・サン・ゴと読む。 小数読み

主題を表す記号

細目表はNDCの体系によって主題を排列しているが，その代用符丁である分類記号は，必ずしも主題を表す記号だけで形成されているとは限らない。第1次区分，第2次区分によって得られた主題は第3次区分の形，すなわち3桁形に整えるため，主題を表す記号の0を付加したり，また主題の表現上必要な補助表の記号を付加して示されているものもある。

<table>
<tr><td>451　気象学
.1　理論気象学
.2　気象観測
.3　大気現象
.32　対流圏
.33　成層圏
.34　日　射
.35　気　温
.36　地中温度
.37　大気環流
.4　風
.5　大気の擾乱
.6　凝結現象
.7　大気中の光・電気・音響現象
.8　気候学
.9　気象図誌</td><td>※「.4 風」,「.5 大気の擾乱」は「.3 大気現象」の区分肢.32から.37の主題と同格である（縮約項目として設定されている）。</td></tr>
</table>

●…………細目表の構成要素

分類記号

分類項目名

分類項目を網羅した表が細目表である。各分類項目には，基本的に「分類記号」とそれに対応する概念を言語で表した名辞である「分類項目名」が示される。さらに，分類記号と分類項目名の対応関係を補足するために，各種の注記，分類項目間の横断的な関係を示す参照などが記載されている。

1）分類項目名

分類記号に対応する概念を言語でもって表した名称である。

115　認識論

一つの分類記号に複数の分類項目名がピリオドで区切って記載されている場合があるが，この場合には，複数の分類項目名が表す総和が一つの分類記号に対応する。

116　論理学．弁証法．方法論

2）分類小項目名

分類項目の外延を明らかにするために，分類項目名の下位概念を表す名辞をコロン（：）を介して併記する場合がある。これを分類小項目名と呼ぶ。ただし，下位概念がすべて網羅されているわけではない。

365.35　集合住宅：公団住宅，公営住宅，団地，アパート，マンション

3）関連分類項目名

直接的下位概念とはいえないが，分類項目名の下に改行して，関連分類項目名を掲げることがある。

366.14　労働法〈一般〉
　　労働権，団結権，不当労働行為，労働協約

4）英文項目名

第3次区分までの大きな分類項目名には，英文項目名が付記されている。

100　哲学　Philosophy

5）注記

注記には，分類項目の細分方法を示す「細分注記」，包含される範囲を示す「範囲注記」，本則とは別に特定の分野を優先させる別法を示す「別法注記」がある。

678　貿　易
　＊移出入も，ここに収める
　＊貿易統計は，678.9 に収める
　＊別法：333.9

6）注参照

関連する事項で他の分類項目に収めることが適切な場合の指示。「を見よ参照」（→）と「をも見よ参照」（→：）がある。

678　貿　易
　＊国際金融→ 338.9；世界経済→ 333.6

429.4 放射能
　＊同位元素→：539.6

●…………一般補助表と固有補助表

NDCは列挙型分類法であると前述した。列挙型分類法は，すべての分類項目を列挙編成した分類表であるため，大部なものとなり，どうしても使いにくくなってしまう。それを改善するため，共通する項目については，細目表の下位区分として使用する補助表（table）にまとめ，これと組み合わせて記号を合成する方法を採っている。補助表の記号自体は単独で分類記号となることはない。なお，補助表の一部がすでに細目表中に組み込まれている場合もある。　補助表

その適用範囲の相違から，一般補助表と固有補助表の2種類が設けられている。

一般補助表は，全分野で適用可能か，部分的であっても二つ以上の類に共通して適用される補助表である。1）形式区分，2）地理区分，3）海洋区分，4）言語区分の4種類の共通区分表が用意されている。その詳細は，UNIT 24～UNIT 25 において解説する。　一般補助表

一方，固有補助表は，一つの類またはその一部分についてのみ，共通に適用され　固有補助表

る補助表である。次の10種類の表が用意されている。1）神道各教派の共通細区分表，2）仏教各宗派の共通細区分表，3）キリスト教各教派の共通細区分表，4）日本の各地域の歴史（沖縄県を除く）における時代区分，5）各国・各地域の地理，地誌，紀行における共通細区分表，6）各種の技術・工学における経済的，経営的観点の細区分表，7）様式別の建築における図集，8）写真・印刷を除く各美術の図集に関する共通細区分表，9）言語共通区分，10）文学共通区分である。1）～3）についてはUNIT 30，4）～5）についてはUNIT 31，6）～7）についてはUNIT 35，8）についてはUNIT 36，9）～10）についてはUNIT 37において解説する。

●…………相関索引

分類項目

分類項目は，細目表において体系的（分類記号順）に排列されている。特定の分類項目の位置（分類記号）を知るためには，分類項目名から当該箇所（分類記号）を探し出せる索引が必要となる。

図書の索引

一般に図書の索引は，本文中に掲載された事項名などの所在箇所を示すもので，基本的には収載用語を列挙して編成されている。これに対して，図書分類表に設けられる索引は，本文にあたる細目表に示されている用語だけでなく，その同義語や類義語および細目表に掲載されていない用語についても必要に応じて採録されている。また，採録された用語は，それが取り扱われている観点や，その関連性などを示す限定語を付記して編成されている。このように，用語における相互の関連関係を扱っているので相関索引（relative index）と呼ばれる。

相関索引

茶	（作物栽培）	617.4
	（茶道）	791.3
	（食品）	596.7
	（植物学）	479.85
	（農産加工）	619.8

NDCの相関索引は，用語を五十音順に排列し，それに分類記号を対応させた一覧表である。収録用語は，細目表中の用語のほかに『基本件名標目表』，『国立国会図書館件名標目表』などの件名標目表や各種参考図書類から適宜採録している。なお，採録された用語のうち合成語については，検索の便宜を考えて，必要度の高いものは，基本単語（語基）からも検索できるように組み込んだ編成としている。

演習問題

問題4　問題3の15冊の図書について，綱目表（第2次区分表）を用いて，2桁の分類記号を付与しなさい。

UNIT 24

◉日本十進分類法（NDC）の概要

一般補助表の使い方（1）
形式区分

図書はその情報内容として主題をもっている。これは逆の視点からみると，主題は，いろいろな表現を採ることによって図書という形に体現しているといえる。いろいろな表現とは，その論述の進め方（叙述形式），編集の方法（編集形式），ある場合には出版物のタイプ（出版形式）等によって特徴づけられる。したがってこれらの表現形式は，同一主題の図書群をさらに細区分する場合に用いることができる。 主題 叙述形式 編集形式 出版形式 表現形式

●…………記号

NDCでは，表現形式によって主題を細区分するために用意した一般補助表を形式区分（Form division）と呼び，用いる記号は一般補助表のⅠ表に示されている。形式区分は，叙述形式等の内形式（-01 理論的・哲学的論述，-02 歴史的・地域的論述）と外形式（-03から-088までの編集・出版形式）に大別されることがある。 形式区分 内形式 外形式

-01　理論．哲学
・主題を根本的・原理的に捉えて論述するものに適用する。

-012　学史．学説史．思想史
・体系的にまとまった学問や思考の歴史的経緯について論述するものに適用する。

-016　方法論
・主題に関する科学的研究の方法について論述するものに適用する。

-019　数学的・統計学的研究
・主題に関する数値的扱いについて論述するものに適用する。ただし，年次統計には-059を使用する。

-02　歴史的・地域的論述
・主題に関する歴史的経緯および特定地域における過去の記録や現状について論述するものに適用する。
・さらに地理区分で細分することによって，地域の特定化ができる。

-028　多数人の伝記
・主題にかかわる3人以上の人物について論述するものに適用する。
・人名辞典や名簿は，それぞれ-033，-035を使用する。

-029　地理学的論述．立地論

・主題に関する地域の特性や地域間の関係として論述するものに適用する。

・特定地域に限定されている場合には，-02を使用する。

-03　参考図書［レファレンス・ブック］

・その主題に関して調べることを目的として求める事項等を容易に探し出せるように工夫して編集されている形式の出版物に適用する。

・以下にあげるように種類があるので，詳細な記号を与える場合には，該当する種類の記号に適用する。

・逐次刊行という出版形式をもっている場合であっても，編集内容が参考図書である場合には-03を使用する。

-031　書誌．文献目録．索引．抄録集

-032　年表

-033　辞典．事典．引用語辞典．用語集．用語索引［コンコーダンス］

小項目主義

・小項目主義の事（辞）典等に限定して適用する。

-034　命名法［命名規則］

-035　名簿［ダイレクトリー］．人名録

・団体名鑑も，この記号を適用するが，団体会員名簿は-06を使用する。

・人名録であっても研究調査機関の構成員の場合には-076，教育・養成機関の構成員の場合には-077を使用する。

-036　便覧．ハンドブック．ポケットブック

大項目主義

・事（辞）典とタイトルに表示されている場合でも，内容が大項目主義または体系的な編集が行われている場合には，この記号を適用する。

-038　諸表．図鑑．地図．物品目録［カタログ］

・物品目録［カタログ］が書誌である場合には-031を使用する。

-04　論文集．評論集．講演集．会議録

・論文，評論および講演会や会議の記録について，非体系的・非網羅的な編集の場合に適用する。

・体系的・網羅的な編集が行われている場合には-08を使用する。

・逐次刊行という形式をあわせもっているものには-05を使用する。

ジェネラル・スペシャル

・その主題を他主題との関連から扱ったり，特定の概念・テーマから扱っている場合は，複合した主題そのものを列挙の形で示すためのジェネラル・スペシャル（general special）の記号として使用する。

-049　随筆．雑記

-05　逐次刊行物：新聞，雑誌，紀要

・巻号数の順を追って継続刊行される形式の出版物に適用する。

・参考図書の編集形式をあわせもっているものは，-03を使用する。

・一般論文集等の編集形式をあわせもっているものには，この記号-05を使用する。

-059　年報．年鑑．年次統計．暦書

・特定の年を記録対象とした内容をもつ逐次刊行物に適用する。

-06　団体：学会，協会，会議

・主題にかかわる団体そのもの（概要，事業報告，構成員の名簿など）について論述するものに適用する。ただし，団体のうち研究調査機関，教育・養成機関は，それぞれ-076，-077を使用する。

・団体の活動によって出版される会議録，研究報告は-04または-05，紀要は-05を使用する。

-067　企業体．会社誌

-07　研究法．指導法．教育

・主題に関する研究法，指導法について論述するものに適用する。

-075　調査法．審査法．実験法

-076　研究調査機関

・主題にかかわる研究調査機関そのものについて論述するものに適用する。本来は，団体（-06）として扱われるべきものと考えられるが，団体の特別な種類として設けられている。

・機関の活動によって出版される会議録等は，-06の場合と同じ扱いとする。

-077　教育・養成機関

・主題にかかわる教育・養成機関そのものについて論述するものに適用する。-076と同様の趣旨で設けられている。

-078　教科書．問題集

-079　入学・検定・資格試験の案内・問題集・受験参考書

-08　叢書．全集．選集

・その主題に関する複数の著作を，体系的・網羅的に編集したものに適用する。

・非体系的，非網羅的なものには-04を使用する。

・物理的な形態を問うていないので1冊ものであっても，この記号を適用する。

-088　資料集

●…………適用法

形式区分は原則として，必要に応じて細目表のすべての分類記号に付加できる。ただし，分類記号の末尾に0が付されている場合には，それらはないものとして形式区分を付加する。

特に適用すべき表現形式が複数認められる場合には，その優先順位に留意して使用することが必要である。一般に，内形式が外形式よりも優先される。

〈内形式〉

言語の理論（言語学）	800 → 8	+	-01	→	801
言語の歴史	800 → 8	+	-02	→	802
統計に関する理論（統計学）	350 → 35	+	-01	→	350.1
統計の歴史	350 → 35	+	-02	→	350.2
刑法の理論（刑法学）	326	+	-01	→	326.01
刑法の歴史	326	+	-02	→	326.02

〈外形式〉

環境問題文献目録	519	+	-031	→	519.031
社会科学辞典	300 → 3	+	-033	→	303.3
数学辞典	410 → 41	+	-033	→	410.33
マーケティング便覧	675	+	-036	→	675.036
半導体工学論文集	549.8	+	-04	→	549.804
説話文学雑誌	913.37	+	-05	→	913.3705
国際陸上競技連盟	782	+	-06	→	782.06
医師国家試験問題集	490 → 49	+	-079	→	490.79
哲学叢書	100 → 1	+	-08	→	108

以上のように，類目，綱目，要目，細目のどの段階にも形式区分を付加することは可能である。しかし，これら細目は必要に応じて行うものであって，必ず付加しなければならないものではない。

なお，適用の原則から外れることになるが，分類項目中に，形式にあたる項目がすでに含まれている場合は，形式区分を使用しないで，その項目に収める。

貿易統計　678.059（678 + 059）ではなく，678.9へ

●…………例外適用法

次の場合には，例外的な適用法となる。

(1)　0を重ねる

地域史および各国史（210/279）の下では，時代による区分と抵触するので，0を重ねて付加する。

日本古代史　21（日本史）+ 03（古代を示す時代区分）→ 210.3
日本史の参考図書　21（日本史）+ 003（参考図書を示す形式区分）→ 210.03

上記以外にも時代による区分が02/07の形で示されている分類記号をもつ分類項目では，同様に時代による区分と抵触するので，0を重ねて付加する。

古代の音楽　762（音楽史）+ 03（古代を示す時代区分）→ 762.03
音楽史辞典　762（音楽史）+ 0033（辞典を示す形式区分）→ 762.0033

また，特定の国（または地域）における外交（319.△）や貿易（678.2△）を形式区分によって細分する場合にも，0を重ねて用いる。これらの主題では二国間関係を扱う場合，0を介して相手国の地理記号を付加する方法を採るので，それと区別するための措置である。

日本EU外交史　319（外交）＋1（日本）＋0＋3（ヨーロッパ）→319.103
日本外交の参考図書　319（外交）＋1（日本）＋0＋03（参考図書）→319.1003
外交問題の参考図書　319（外交）＋03（参考図書）→319.03

(2)　0を除く

「-01 理論．哲学」および「-02 歴史的・地域的論述」など，細目表中に組み込まれている形式区分で，-1および-2について短縮する旨の指示がある場合には，0を省略する。　短縮の指示

貨幣の理論　337.1（337（貨幣．通貨）には［.01→337.1］の指示がある）
郵便の歴史　693.2（693（郵便．郵政事業）には［.02→693.2］の指示がある）

短縮の指示がある代表的な分類項目を以下に示す。

160 宗教	→	161 宗教学．宗教思想	162 宗教史・事情
170 神道	→	171 神道思想．神道説	172 神祇・神道史
180 仏教	→	181 仏教教理．仏教哲学	182 仏教史
190 キリスト教	→	191 教義．キリスト教神学	192 キリスト教史．迫害史
310 政治	→	311 政治学．政治思想	312 政治史・事情
320 法律	→	321 法学	322 法制史
330 経済	→	331 経済学．経済思想	332 経済史・事情．経済体制
340 財政	→	341 財政学．財政思想	342 財政史・事情
360 社会	→	361 社会学	362 社会史．社会体制
370 教育	→	371 教育学．教育思想	372 教育史・事情
760 音楽	→	761 音楽の一般理論．音楽学	762 音楽史．各国の音楽

演習問題

問題5 形式区分を用いて分類記号を付与しなさい。

① 図書館．図書館学（010）

1 図書館に関する用語を集めて簡単な解説を付したもの
2 図書館関係の団体について記したもの
3 図書館に関する会議の記録
4 図書館情報学に関する指導法
5 図書館に関する人物について論じたもの
6 図書館に関する年報・年鑑・年次統計
7 図書館に関する書誌（文献目録）
8 図書館に関する原理的問題を論じたもの
9 図書館について記された著作を体系的に集めたもの
10 図書館の成立とその経緯について論じたもの

② 各類

②－1 内形式（理論・哲学（-01）と歴史的・地域的論述（-02））

1	芸術の歴史	6	放送事業の歴史
2	日本語の歴史	7	金融の歴史
3	統計の歴史	8	鉄道の歴史
4	文学の理論	9	貨幣の理論
5	金融の理論	10	経営の理論

②－2 外形式（編集形式，出版形式，その他（-03～-08））

1	数学辞典	11	レアメタル便覧
2	現代社会学事典	12	照明ハンドブック
3	法律用語辞典	13	動物図鑑
4	現代デザイン事典	14	日本労働年鑑
5	韓国歴史用語辞典	15	薬剤師国家試験問題解答・解説
6	日本古代史辞典	16	世界文学全集
7	西洋建築事典	17	数学論文集
8	ロシア史年表	18	哲学雑誌
9	教育史年表	19	世界映画俳優名鑑
10	消費者問題文献目録	20	日本史研究会会員名簿

◉日本十進分類法（NDC）の概要

一般補助表の使い方（2）
地理区分，海洋区分，言語区分

このUNITでは，形式区分以外の三つの一般補助表を取り上げる。

主題の扱いが特定の地理的空間に限定されている場合には，必要があれば，国，地域，海洋または海域を表す記号で細分することができる。NDCではこの目的に適うものとして地理区分と海洋区分を用意している。

主題を言語によって区分する方法を言語区分という。

「8類　言語」においては，言語自体が研究の対象であり主題となる。資料の内容表現に用いられる言語も主題に次いで重要な区分原理となる。

「9類　文学」においては，文学作品という言語芸術が研究の対象であり，文学作品が表現している主題内容ではなく，著作の言語が第一の区分原理となる。

言語が区分原理となる分野には，言語（8），文学（9）のほかに，百科事典（03），一般論文集（04），逐次刊行物（05），叢書（08），商用語学（670.9）および人類学における地理区分できない人種（469.8）がある。なお，言語区分に関連して適用される区分法として，8類の各言語を細区分するために共通の主題区分として使用する言語共通区分と，9類の各言語の文学の下で，文学形式および作品集の共通区分として使用する文学共通区分がある。これらについては，UNIT 37で取り上げる。

●…………地理区分の記号

地理区分

地理区分の記号は，形式区分-02をさらに展開するものとの位置づけから一般補助表 I-a表に示されている。地理区分の記号は「地理区分記号」と記されているが，便宜上ここでは「地理記号」と呼ぶことにする。地理記号は，各国および各地域の歴史（210/279）に記されている当該項目の分類記号から，先頭の2（歴史）を除いた部分の記号と合致する。

地理記号

234　ドイツの歴史　→　「ドイツ」を示す地理記号　34

相関索引では，地理記号はアステリスク（*）を冠したイタリック体で指示される。

ドイツ　*34*

地理記号（抜粋）		
1 日本	2 アジア	4 アフリカ
11 北海道	22 中国	49 インド洋のアフリカ諸島
12 東北地方	224 台湾	5 北アメリカ
13 関東地方	23 東南アジア	53 アメリカ合衆国
136 東京都	25 インド	532 大西洋岸中部諸州
14 北陸地方	27 西南アジア	5321 ニューヨーク州
15 中部地方	3 ヨーロッパ	55 ラテンアメリカ
16 近畿地方	33 イギリス	6 南アメリカ
17 中国地方	34 ドイツ	7 オセアニア．両極地方
18 四国地方	345 スイス	71 オーストラリア
19 九州地方	38 ロシア	77 両極地方

●…………地理区分の適用法

(1)　02を介して地理記号を付加する

地理区分は，原則として主題を示す分類記号に，形式区分-02を介して地理記号を付加する。

ドイツの図書館事情　010 → 01 ＋ 02 ＋ 34 → 010.234（図書館＋ 02 ＋ドイツ）
中国の労働問題　366 ＋ 02 ＋ 22 → 366.0222（労働問題＋ 02 ＋中国）
アメリカ合衆国の社会保障 364 ＋ 02 ＋ 53 → 364.0253（社会保障＋ 02 ＋アメリカ合衆国）

ただし，細目表において特殊な地理的区分を用意している分類項目および海洋区分を適用する分類項目には，この地理記号は使用できない。

図書および書誌学史　020.2（.21 日本；.22 東洋；.23 西洋．その他）
中国書誌学史　020.22

(2)　分類記号に直接地理記号を付加する

注記「＊地理区分」を伴う分類項目を地理区分する場合には，分類記号に直接地理記号を付加する。これらの分類項目は，地理区分の重要度が高い主題である。形式区分-02についての短縮指示によって導かれる分類項目（例えば［.02 → 693.2］）は，「歴史的・地域的論述」の意味が含まれているので，多くの場合「＊地理区分」の注記が伴う。

ロシアの神話		164	＋ 38	→ 164.38（神話＋ロシア）
インドの地誌	290 →	29	＋ 25	→ 292.5（地誌＋インド）
ドイツの憲法		323	＋ 34	→ 323.34（憲法＋ドイツ）
イギリスの郵便史	693.02 →	693.2	＋ 33	→ 693.233（郵便史＋イギリス）

分類項目が範囲項目となって地理区分指示が行われている場合は，一部の地理記号がすでに表示されているので，共通する記号に該当する地理記号を付加する。

071/077 新聞紙　*発行地による地理区分
　オーストラリアで発行の新聞　07 ＋ 71 → 077.1（共通する記号 07 ＋地理記号）

(3)　日本地方区分

注記「＊日本地方区分」を伴う分類項目は日本固有の項目である。したがって当該項目の地理区分は日本の各地に限定されるので，地理区分する場合には，日本の各地に該当する地理記号から日本を示す先頭の1を省いた残りの部分の記号を分類記号に直接付加する。　日本地方区分

奈良県の神社誌　175.9 +（165 → 65）→ 175.965（神社誌＋奈良県の地方区分記号）

北海道の地方行政 318.2 +（11 → 1）

→ 318.21（地方行政史・事情＋北海道の地方区分記号）

(4)　相関索引の表示

相関索引において分類記号の中に「△」を含んで指示されているものは，適用に際しては，地理記号に置き換えて使用する。

探検記　29△091（相関索引の表示）

南極大陸探検記　297.9091（△→ 79（南極））

●…………海洋区分の記号　海洋区分

海洋区分は,一般補助表Ⅱ表に示されている。海洋区分の記号は「海洋区分記号」と記されているが，ここでは便宜上「海洋記号」と呼ぶことにする。この海洋記号は，分類項目「海洋の地理・地誌・紀行」(299）の細目から，299を除いた部分の記号と合致する。　海洋記号

日本海の地誌　299.23 → 「日本海」を示す海洋記号　23

また相関索引では，海洋記号はアステリスク（*）を二つ冠したイタリック体で指示されている。

日本海　***23*

海洋記号（抜粋）

1 太平洋	5 大西洋
2 北太平洋	51　北大西洋
23　日本海	52　北海
25　南シナ海	57　南大西洋
3 南太平洋	6 地中海
35　アラフラ海	68　カスピ海
4 インド洋	7 北極海
45　ペルシア湾	8 南極海

●…………海洋区分の適用法

海洋区分を適用できる主題は海洋気象誌（451.24），海洋誌（452.2）および海集（557.78）に限られており，これらの主題では地理区分は使用できない。なお，適

用できる分類項目には「＊海洋区分」と注記されているので，海洋記号を直接付加する。海洋（299）はすでに海洋区分が行われている分類項目として扱う。

北大西洋の気象　451.24 ＋ 51 → 451.2451（海洋気象＋北大西洋）
日本海の自然　452.2 ＋ 23 → 452.223（海洋誌＋日本海）
太平洋ひとりぼっち　299.2（北太平洋の紀行）

●…………言語区分の記号法

言語区分
言語記号

言語区分は一般補助表Ⅲ表に示されている。言語区分の記号は「言語区分記号」と記されているが，便宜上ここでは「言語記号」と呼ぶことにする。言語記号は細目表810/899に収載された各言語から，先頭の8（言語）を除いた部分の記号と符合する。

言語記号（抜粋）

1	日本語	6	スペイン語
2	中国語	69	ポルトガル語
29	その他の東洋諸語	7	イタリア語
291	朝鮮語［韓国語］	8	ロシア語
3	英語	9	その他の諸言語
4	ドイツ語	92	ラテン語
49	その他のゲルマン諸語	93	その他のヨーロッパ諸言語
493	オランダ語	931	ケルト諸語
5	フランス語	99	国際語［人工語］

●…………言語区分の適用法

特定の主題の分類記号に直接付加する。

日本語　800 → 8 ＋ 1 → 810（言語＋日本語）
ポルトガル語　800 → 8 ＋ 69 → 869（言語＋ポルトガル語）
日本文学　900 → 9 ＋ 1 → 910（文学＋日本語）
ポルトガル文学　900 → 9 ＋ 69 → 969（文学＋ポルトガル語）
ビジネス中国語　670.9 ＋ 2 → 670.92（商用語学＋中国語）

ただし，百科事典（030），論文集（040），逐次刊行物（050）において，9で始まるその他の諸言語の記号を付加する場合には，-899を前置して付加する。

なお，相関索引において分類記号の中に「□」を含んで指示されているものは，適用に際して，言語記号に置き換えて使用する。

語源　8□2（相関索引）
『日本語の語源』　812（□→日本語：1）

演習問題

問題6　地理区分（日本地方区分を含む）あるいは言語区分を用いて分類記号を付与しなさい。主題記号は相関索引を利用して求め，さらに本表の当該項目の注記を確認すること。

①　地理区分の基礎

1	フランスの博物館	11	イタリアの伝統的な建築
2	マレーシアの労働事情	12	アメリカの国立公園
3	インドの数学	13	インドネシアの農業
4	古代エジプトの秘薬	14	アメリカ合衆国の保険
5	中国の兵器	15	韓国の人口
6	埼玉の製糸業	16	ペルシアの音楽
7	中国の篆刻	17	鹿児島県の神社誌
8	ロシアのスポーツ	18	神戸市の消防
9	イギリスの国立図書館	19	八戸藩の法制史料
10	石川県の化石	20	東シナ海の海図

②　地理区分の応用

1	中国国家図書館の現況	11	日本気象災害史
2	ニューヨークの書店ガイド	12	信州の珍しい植物
3	朝日新聞縮刷版	13	信州の神社めぐり
4	アイルランド紀行	14	北海道昆虫文献リスト
5	イスラム銀行とイスラム金融	15	瀬戸内海水路誌
6	中国人口統計基本資料集	16	日本鉄鋼技術史
7	インド社会とカースト	17	フランス近代絹工業史論
8	カナダにおける義務教育制度の概要	18	タンザニアの農村計画
9	スウェーデン成人教育の歴史と構造	19	ベトナム情報通信白書
10	青森西部地域の地質	20	韓国映画史

③　言語区分

1	はじめての韓国・朝鮮語	6	韓国文学研究
2	ラテン語入門	7	ロシア文学入門
3	スペイン語研究	8	スペイン文学入門
4	ビジネス英語	9	中国文学入門
5	フランス語の語源	10	ドイツ語で書かれた百科事典

UNIT 26

◉分類記号付与の実際（1）：分類作業

分類作業

●…………書架分類と書誌分類

個々の資料に対してその内容を分析・把握し，分類表の中からその内容に適した項目を見出して分類記号を決定し，図書記号を付与する一連の過程を分類作業という。この分類作業で選定される分類記号には，図書分類法のもつ機能に由来する2種類のものがある。

分類作業

第一は，資料を書架に排列するための書架分類記号である。複数の主題をもつ図書（例えば『科学と宗教』）の場合，「科学」の書棚か「宗教」の書棚のいずれかに排架することを決定する必要がある。

書架分類

第二は，目録上の主題検索のために付与する索引語としての書誌分類記号である。ここでは検索上必要な分類記号を桁数で補ったり，書架分類として選ばなかった主題や，資料が扱う部分的な主題も含めて，必要な数の分類記号を確保する。

書誌分類

過去には，これらの機能別に分類表を使い分けていた時代もあったが，近代図書館分類法の多くは同一原理に基づき併用できる分類表としている。

●…………資料の内容理解と主題の把握

UNIT 21とUNIT 22において，主題把握（主題分析）を理論的な観点から解説したが，ここでは，実作業に即して資料から主題を抽出する方法を解説する。

主題把握
主題分析

分類記号を付与するには，その資料は何について記しているのかを要約することがまず必要となる。その際，著者がどのような観点から扱っているかは大切なポイントである。内容を要約して，扱われている主題の構造はどのようなタイプか（単一主題か複数主題か，単純主題か複合主題か），その主題はどのような観点や方法で扱われているのか，さらには著述の目的，対象となっている地域や時代が限定されているのかどうかなどを整理して分類記号を決定することになる。内容の要約は主題の把握につながる行為であり，主題の把握が正確でなければ，適切な分類記号を与えることができない。

主題の構造

内容の要約

分類作業は，できるだけ資料を通読することなく内容を要約し，主題を把握して適切な分類記号を決定する技術である。内容を把握する方法は，専門書，文学書など資料のタイプによって異なるが，一般的には次の順序による。

(1)　タイトル，タイトル関連情報

タイトルは書名，標題などとも呼ばれ，その資料を他と識別するための名称で，通常，資料の内容を簡潔に表現している。また，タイトル関連情報は，タイトルの表現を補完する目的をもち，多くの場合，資料の内容をより具体的に説明し，その範囲，扱い方等を限定している。そのためタイトルやタイトル関連情報には主題を表す語句が含まれていることが多く，キーワード検索でも多く利用されている。このようなタイトルに含まれているキーワードから，学問分野と主題と形式から構成される要約主題を設定して対応する分類記号を与える。しかし，必ずしも資料の内容と直接結びつくタイトルとなっているとは限らないので，この情報だけで主題を判断してはならない。

タイトル

タイトル関連情報

タイトルとタイトル中のキーワード	学問分野－主題語句	分類記号
『リサイクルのすすめ』	衛生工学－リサイクリング	→ 518.523
『戦争と映画：戦時中と占領下の日本映画史』	芸術学－日本映画史	→ 778.21
『生命の本質：筋肉に関する研究』	生理学－筋肉	→ 491.363
『王たちの民主制：ウィーン・フィルハーモニー創立150年史』	芸術学－音楽－オーケストラ	→ 764.3
『ライブラリアン奮闘記：人種のるつぼ，アメリカの学校で』	図書館情報学－学校図書館－アメリカ合衆国	→ 017.0253

(2)　著者

著者の専攻や過去の業績などを知ることによって，タイトルからでは十分に把握できない内容の手がかりをつかむことができたり，著者の観点や立場が明らかになる場合が多い。その資料に記載された著者紹介や著者略歴，または人名事典などによって著者に関する知識を得ることができる。

著者の観点や立場

清水博著『近代文明からの転回』　→　生命論の観点からの文明批評（461.1）

タイトルからは一般的な文明批評という感じを受けるが，著者は生命科学論を専門とする薬学博士であり，生命論の観点からの文明批評であることがわかる。

小林秀雄著『読書について』　→　文学者のエッセイ（914.6）

文芸評論家のエッセイ集として捉え，「読書論」（019）には収めない。

(3)　目次

目次は資料の内容を，その構成に従って順に表示した見出しで，通常本文の前方に配置されている。目次によって内容を概観し，そこから主題の範囲や，その扱われ方，または編集形式が体系的であるかどうかを判断する。

目次

市田幸治著『ニューヨークのガラス』

ガラスをキーワードにニューヨークを描いた本書は，ニューヨークの街歩きガイドとしても楽しめるものとして広告されている。その目次を見ると，第1章：ガラス都市・ニューヨークの街なみ，第2章：アメリカ・ガラス史の始まり，第3章：アメリカのガラス工芸，第4章：アメリカの現代ガラス，第5章：マンハッタンの建築とその室内装飾におけるガラス，第6章：マンハッタンのビルとガラス－摩天楼の建物と美術館のガラス・ガイドとなっている。ガラス工芸（751.5）や建築ガラス（524.96）といった特定目的のガラスも取り扱われているが，ニューヨークにおけるガラス全般の歴史が本書の要約主題であることが目次を見ることによって判断することができる。

序文
あとがき

(4)　序文，あとがき，解説など

資料の成立に至るまでの問題意識や事情および内容の概要などは，序文，あとがきなどに記されていることが多い。この部分で，著者の著作意図，立場，観点なども知ることができる。

山中恒著『ボクラ少国民』

著者は児童文学者で，児童文学作品を多作している。しかし，本書は児童文学作品ではなく，著者が受けた戦時下の義務教育とは何であったのかを，資料を駆使してまとめたと，あとがきに本書執筆の動機や視点を記している。

(5)　参考資料

書評や広告などに記されている要旨は，主題を把握する上で有用な情報となる。資料に付属するブックカバー，帯，ブックケースなどにも，内容が簡潔にまとめられていることがあるので取り扱いに注意すべきである。そこには内容の把握や分類記号を決定する上で重要なキーワードが示されている場合が多い。そのキーワードを手がかりとして，自館の蔵書目録から類似した資料の排架箇所を知ることによって分類記号決定のヒントを得ることができる。また，全国書誌，出版・販売目録などを検索して，そこに示されている分類記号や分類見出し（主題名）を参照することも一つの方法である。

●…………分類記号の与え方

資料の内容を要約して把握した主題は，分類表に従って記号化する。この段階までには分類表を十分に理解しておくことが必要である。分類表の理解とは，分類表を丸覚えすることではない。分類体系の大要の把握，注記や参照での対処法，相関索引と細目表の指示関係など，使用法を含めた分類表の構成を理解していることである。

主題を記号化するとは，言い換えると主題を表す語を分類記号に翻訳することである。特に，書架分類において分類記号を付与する場合には，分類表から機械的に翻訳するのではなく，次の点について留意が必要である。

(1)　資料は，その図書館の利用者にとって，最も利用しやすいところに配置する。

例えば形式を優先させる写真集（748）やルポルタージュ（9□6）なども，対象とする主題が容易にわかる場合には，その主題の下に収めることとしたり，教科別教育（375）を各主題の下へ分散させることもある。また，手芸（594）と工芸（750）の区別を各図書館の独自規程で処理することなども考えてよい。

(2)　最も詳しい記号を付与する。

ここで言う最も詳しい分類記号とは，各図書館で決定している適用桁数の範囲内のものである。例えば古今和歌集は，細目表では「911.1351」と示されているが，分類記号を4桁と決めている図書館にあっては「911.1」と4桁の形を採用するということになる。　分類記号の桁数

なお，書架分類における分類記号の桁数は，当該図書館の館種，蔵書規模，閲覧方式などを考慮して事前に定めておくものである。また，その桁数も一律に扱う必要はなく，蔵書構成に応じて各主題ごとに決定すればよい。

(3)　時によって，人によって異なった場所に分類してはならない。

常に同種の資料には同じ分類記号を付与しなくてはならない。そのためには，分類規程により首尾一貫した分類を行うことが求められる。適切な分類規程の適用により，一定した分類記号が与えられるとともに，分類記号の決定に根拠をもつことにもなる。

(4)　相関索引から選んだ記号は分類表で確認する。

相関索引を使うと適切な分類記号を容易に見つけられることがある。しかし相関索引に頼って分類記号を決定してはならない。相関索引は，分類表に掲載されている用語を優先して収録しているが，観点を異にしているものや，分類項目名として採用に至らなかった小概念は必ずしも採録されているとは限らないといった問題を含んでいる。したがって，必ず分類表にあたり，その前後に記されている項目と概念の上下関係を確認することが必要である。

●…………個別的規程

分類規程には，分類表を使用する各図書館で定める個別的規程と，すべての図書館で共通に適用される一般的規程の2種類がある。各図書館で定める個別的規程には次のようなものがある。一般的分類規程については，UNIT 27で解説する。　個別的規程　一般的規程

(1)　付与する桁数の決定（蔵書量，蔵書の主題別偏りなど）

(2)　二者択一項目の選択・決定

(3)　分類表中の用語の意味の限定，解釈の統一

(4)　類似概念の適用範囲の明確化

(5)　新主題のための分類項目の新設・追加，不適当な分類項目の削除・不使用

◉分類記号付与の実際（2）：一般分類規程

一般分類規程

書架分類の目的は，分類対象資料に対して唯一の分類記号を付与することにある。さらに，同一主題の資料を分類した結果は常に一定したものでなければならない。ある分類記号の下には，同一主題の資料を集め，異なる主題の資料を混在させてはならない。しかし，資料においては主題の扱われ方はさまざまであるので，これら主題の扱い方についてのルールや指針を定めることが必要になる。この目的をかなえさせるものが，分類規程と呼ばれるルールないし指針である。分類規程は，分類基準あるいは分類コードとも呼ばれる。

分類規程
分類基準
分類コード

●…………主題と観点

主題と観点

資料に表現される主題は，著者のもつ「ある視点」から取り上げられている。「ある視点」を観点という。通常，一つの主題はある観点から扱われていると考えられる。そのため分類規程では，主題は，特定の観点の下での分類記号を与えることにしている。NDCをはじめとする多くの一般分類法は，これらの方法を採っているので観点分類法とも呼ばれている。

観点分類法

阿部宏喜著『カツオ・マグロのひみつ：驚異の遊泳能力を探る』

カツオやマグロのような食用魚の本は，動物学よりも水産学の本が多い。しかし，この本の目次を見ると，1 カジキマグロはマグロの仲間？，2 カツオ・マグロのからだの特徴，3 カツオ・マグロの遊泳能力と代謝機能，4 カツオ・マグロの体温調節能力，5 カジキの脳と眼を保温する発熱器官，6 クロマグロの大回遊，終章：未来への展望，となっていて，水産学ではなく，その遊泳能力にかかわる生理生化学的な観点からの本であることがわかる。すなわち，この本は，水産学ではなく動物学の観点から表された本であり，動物学上のカツオやマグロを収める487.763（サバ類）に収めることになる。

資料に表現されている主題は，著者がどのような観点に立ってみているかによって分類するのが原則であるが，一つの主題は必ずしも分類表の一箇所に位置づけられているのではない。相関索引を見れば，主題は観点によって分散されていることは一目瞭然である。ある主題が2以上の観点から扱われている場合は，主たる観点を見出し，その観点の下の分類記号を与える。

「宝石」についての図書があるとしよう。この図書の内容を見ると，装飾としての宝石（593.8），工芸品としての宝石（755.3），ファッションから見た宝石（383.3）と，複数の観点から宝石を扱っているのである。出版の趣旨や，扱われている分量などから，主たる観点はファッションから見た宝石であると判断できる場合は，分類記号として 383.3（装身具）を採用する。

しかし，時には複数の観点の中から主たる観点を見出すことが困難な場合もある。このように主たる観点が不明であるときには，その主題にとって最も基本となる分類項目の下に収めることになる。

『結婚』（東京大学公開講座）

結婚という主題に対して法律，民俗，倫理，社会史，住宅問題等，種々の観点からの講演記録を集めたもので，ここから主たる観点を見出すことは困難である。しかし結婚という主題にとって最も基本となる分類項目は，家族問題の下にある「婚姻・離婚問題」が最適と考えられるので，その分類記号 367.4 を採用する。

なお，その主題にとって基本となる分類項目の検討では，その資料の著者等の専門分野を重視し，それを観点の基本として妥当かどうかを判断してもよい。

●…………主題と形式

(1)　分類記号は，資料の主題に対して付与することを原則とする。次いで必要があれば，その主題を表現する叙述形式，または，その資料の編集･出版形式によって細分する。

資料の主題

叙述形式
編集形式
出版形式

『天文年鑑』

天文現象（天文学）を主題とし，年鑑という編集・出版形式をもつ資料である。まず主題の天文現象一般（44）を選定し，次いでその編集・出版形式である年鑑（-059）を付加して 440.59 とする。よく似た分類項目に一般年鑑（059）を見つけることができるが，この項目は，特定の主題に限定されない総合年鑑および地域年鑑を収めるための項目であり，特定主題の年鑑を収めることができない。

『世界デザイン史』　　547 ＋ -02 → 547.02（デザイン＋歴史）

『実験化学講座』　　432 ＋ -08 → 432.08（実験化学＋叢書）

(2)　形式による細分は，主題に対する分類記号を完全に与えた後に行う。主題の記号が不完全な状態のままで形式区分の適用を行ってはならない。

形式による細分

『ブルーベリー大図鑑』

本書を詳細記号化すると 625.64038 となる。これを主題の記号化を途中で止めて形式区分を適用すると 625.038（くだもの図鑑）や 625.6038（漿果類図鑑）となり，本来の概念より拡大したものとなってしまうので，これを行ってはならない。

なお，国立国会図書館においては，形式区分の適用は抑制的で，「形式区分は，あらかじめ細目表に表示されるか，細目表もしくは分類基準に指示のある場合を除き，第 4 次区分以下の項目には付加しない．原則として第 3 次区分以上の項目に付加する」（「日本十進分類法新訂 9 版分類基準」より）として，形式区分適用の範囲を制限している。この分類基準によると，「ブルーベリー図鑑」は 625.64（ブルーベリー）として形式区分は行わないことになる。形式区分のために桁数を無用に長くしない措置であると思われる。

(3) あまりにも多くの主題が扱われていて，特定の一主題を抽出できない資料もある。こういった資料に対処するため図書分類表では総記類を用意している。0類（総記）の下に設けられた編集・出版形式に由来する資料は，形式を優先することになる。

『世界大百科事典』 → 031

百科事典は，知識の全分野にわたる項目について扱い，解説している参考図書である。したがって，特定の主題の下へ収めることができない。百科事典の場合，NDCでは総記の03がこれを収める項目としている。ほかに一般論文集（04），逐次刊行物（06），新聞紙（071/077），叢書（08）等の項目を用意している。

『学問の山なみ』（学振新書） → 041［× 002］

『朝日新聞の重要紙面』 → 071［× 209.75］

『群書類従』 → 081［× 210.08］

文学作品
芸術作品

(4) 文学作品は，その作品の主題によらず，言語区分の上，文学共通区分という叙述形式によって分類記号を形成する。また芸術作品も同様に，主題を表現している芸術形式（絵画，彫刻等）による。これら作品自体は科学の成果ではなく，想像上の所産として意義あるため，それを優先させた措置である。

阿部牧郎著『素晴らしきプロ野球』 → 913.6［× 783.7］

本書は，職業野球の誕生から太平洋戦争による休止と復興，そして2リーグ分裂へと激動の時代を彩った選手・球団経営者たちの人生を描いた小説である。プロ野球を主題としているが，小説なので，プロ野球ではなく，近代日本の小説に収める。

歌川広重画『保永堂版東海道五拾三次』 → 721.8［× 291.5］

複数主題

●…………複数主題

並列する関係

(1) 一つの資料で，複数の主題が個々に取り上げられているとき，それら主題は並列する関係で扱われていることがある。このような場合，特に中心的に扱われている主題がある場合には，その中心となる主題の分類項目に収める。

松本健一著『山本覚馬：付・西周『百一新論』』

本書は，山本覚馬の評伝であるが，彼が刊行に尽力し，日本で最初に「哲学」を論じた西周著『百一新論』も収録されている。しかし，山本覚馬の生涯が中心的テーマなので，近代日本思想（121.6）ではなく，日本人の伝記（289.1）に収める。

(2) 二つまたは三つの主題が扱われていて，どの主題にも特に重点が置かれていない場合には，その資料の最初に示されている主題の分類項目に収める。

玄侑宗久，鈴木秀子著『仏教・キリスト教死に方・生き方』 → 180.4

仏教の僧侶とキリスト教のシスターという異なる宗教に立脚する二人が，「死」と向き合い，「生」を充実させるための智慧を語り合うもので，仏教（180）とキリスト教

（190）のいずれにも重点が置かれていない。このような場合には，最初に示されている「仏教」を選び，その分類項目に収める。

『ウメ・イチジク・ビワ』（果樹全書） → うめ（625.54）

(3) 四つ以上の主題が扱われていて，特に中心となる主題がない場合には，それらを含む上位の主題の分類項目に収める。

『ダイコン・ニンジン・カブ・ジャガイモ：根もの野菜の育て方』 → 根菜類（626.4）

(4) これらの取り扱いは，合刻書，合綴書についても適用する。

●…………主題と主題との関連

一つの資料の中で複数の主題が扱われている場合に，この主題間において何らかの関係を有する状態で扱われていることがある。ここでは，複数の主題間での関係について，五つのタイプに分けて解説する。

(1) 影響関係　影響関係

複数の主題間で影響関係にある場合は，原則として影響を受けた側に分類する。

立川武蔵編『アジアの仏教と神々』

仏教はその歴史において他の多神教的伝統（土着信仰）からどのような影響を受けたかを論じ，アジア諸地域の儀礼や信仰のあり方に見える「生きた仏教」を紹介する。影響を与えた民間信仰（387）ではなく，影響を受けたアジアの仏教（182.2）に収める。

岡田正子著『幸田露伴と西洋：キリスト教の影響を視座として』 → 910.268［× 190］

ただし，影響関係を扱っている場合であっても，個人の思想・業績が多数人に影響を及ぼす場合には，例外として影響を与えた個人の側に分類する。

井桁貞義著『ドストエフスキイと日本文化：漱石・春樹，そして伊坂幸太郎まで』

ロシアの作家ドストエフスキイが，夏目漱石から始まり，大江健三郎，村上春樹，伊坂幸太郎などの日本の作家たちに与えた影響をさぐる本書は，近代日本文学（910.26）ではなく，ロシア作家研究の分類項目（980.268）に収める。

(2) 因果関係　因果関係

主題間に原因と結果という状態があるとき，これを因果関係という。この場合には，その原因となっている主題ではなく，結果の側に分類する。

ウォレス・S・ブロッカー，ロバート・クンジグ著『CO_2と温暖化の正体』

なぜ地球温暖化の原因が二酸化炭素と考えられるようになったかを，科学者たち達の試行錯誤の歴史に沿って描く。原因である二酸化炭素排出（519.3）ではなく，結果としての地球温暖化（451.85）に収める。

渡辺競編『下水処理水と漁場環境』 → 663.96［× 518.2］

(3) 概念の上下関係　概念の上下関係

複数の主題間の上位，下位の関係がある場合は原則として上位の側に分類する。

『グローバリゼーション下の東アジアの農業と農村：日・中・韓・台の比較』

本書は，「第1部　WTO・FTAと東アジア農業の目指す方向」と「第2部　内発的・

持続可能な農村発展」から構成されている。つまり，農業と農村が主題である。農村問題（611.9）は，農業（61）の下位概念となっている。このような場合には，上位概念である「東アジアの農業」（612.2）に収める。

ただし，上位概念が漠然としているときには，下位概念の主題の下に収める。

氏原正治郎著『日本経済と雇用政策』 → 366.21［× 332.1］

比較関係

(4) 比較関係

複数の主題間で比較対照がなされている場合を比較関係という。通常は一方の主題の正当性または妥当性を主張するために，他方の主題と比較される。このような関係にある場合は，比較の尺度として使われている側でなく，著者が説明しようとする主題，または主張している主題の側に分類する。

立石展大著『日中民間説話の比較研究』

本書は，日中の昔話を比較・分析し，東アジア伝承世界の中に日本の民間説話を位置づけるのが目的である。このような場合には，比較対照先の中国の民間説話（388.22）や東アジアの民間説話（388.2）ではなく，著者が説明しようとしている日本の民間説話（388.1）に収める。

王国培著『中国も日本のようになってしまうのか?：日中バブル経済比較論』

→ 332.22［× 332.1］

主題と材料

●…………主題と材料

複数の主題間に，特定主題とそれを説明するために用いられた主題（材料）という関係がある場合には，説明される特定主題の側に分類する。

堀田饒著『切手にみる糖尿病の歴史』

現代病のように思われている糖尿病の歴史は古い。糖尿病の最古の記録であるエジプトのパピルスの紙面を図案化した切手がエジプトで発行されているように，糖尿病に関する啓発用の切手が世界中で数多く発行されている。糖尿病の研究者で切手の蒐集家でもある筆者が70年近くかけて蒐集してきた100種類ほどの切手を紹介しながら，糖尿病の歴史を辿ったのが本書である。「切手」と「糖尿病」が主題であるが，切手はあくまでも糖尿病とその歴史に関心をもってもらうための手段であり，「切手（693.8）」ではなく，説明しようとする「内科学の糖尿病（493.123）」に収める。

『漢詩で詠む中国歴史物語』 → 222［× 921］

理論と応用

●…………理論と応用

(1) 特定主題の下での理論と応用

特定主題の理論と応用の両方を扱ったものは，応用された側の主題に収める。

渡辺正，片山靖共著『電池がわかる電気化学入門』

電池の基本的な原理，種類，用途・応用分野について，電気化学の基礎を解説しながら，わかりやすく解説する本書は，理論面では電気化学（431.7），応用面では電池（572.1）

となり，分類記号は応用の側の572.1を採用する。

『GPSのしくみと応用技術』 →547.66［×448.9］

(2) 特定理論の他主題への応用

理論の応用に関し，特定主題に応用している場合には，応用されている特定主題の側に収める。

古田均［ほか］共著『ファジィ理論の土木工学への応用』

ファジィ理論の基礎とともに，土木工学各部門への応用を解説する本書は，ファジー理論（410.9）ではなく，土木工学一般（510）に収める。

『レーザーの歯科への臨床応用とその基礎』 →497.2［×547.66］

また，多数の主題に応用している場合には，その応用部門を総合的に収める分類項目がある場合には，そこに収める。

山本春樹，江頭竜共著『工業熱力学入門』

熱力学の基本法則から各種熱サイクルの一般理論までをコンパクトにまとめたテキスト。熱力学（426.5）ではなく，その応用の工業熱力学（501.26）に収める。

宇田川義夫編著『超音波技術入門』 →501.24［×424.5］

応用部門を総合的に収めるには適当な分類項目がない場合には，理論を位置づけている分類項目の下に収める。

舩曳信生［ほか］著『グラフ理論の基礎と応用』

グラフ理論の基礎と情報工学，知能工学，通信・ネットワーク工学，携帯電話，鉄道・道路網，電力送信システムなどへの応用を解説する。応用部門を総合的に収める項目がないので，グラフ理論（415.7）に収める。

中川聖一著『情報理論：基礎から応用まで』 →007.1（情報理論）

●…………主題と読者対象

主題と読者対象

特定の読者層を対象に書かれた特定主題の資料は，原則として，職業・性別・年齢などの読者層を示す特定の分類項目の側に収める。

『観光のための初級英単語と用例：観光英検3級～2級対応』

本書は，観光英検，通訳案内士試験の受験対策の観光事業に特化した英単語学習書なので，英単語（834）ではなく，観光ガイド（689.6）に収める。

『言語研究のためのプログラミング入門』 →807［×007.64］

この規程は，大原則である「資料は主題によって分類する」から逸脱する面がある。したがって，特殊の読者対象でなく一般の読者にとっても活用できる場合には，この規程は適用せず，その資料の主題に収める。

『工科系学生のための微分方程式講義』 →413.6［×507］

●…………原著作と関連著作

原著作
関連著作

一つの著作物を基にして関連する著作物が制作されることがある。翻訳書は代表的なものである。このように原著作の利用を助ける関連著作として評釈書，校注書等がある。また研究書，批評書，解説書など原著作を主題とするものや，辞典，索引など原著作を素材として編纂されるものなどがある。これらの関連著作は，すべて原著作が分類される分類項目の下に収める。

スウィフト作；中野好夫訳『ガリヴァー旅行記』 → 933.6
小峯和明編『今昔物語集索引』 → 913.37

この規程の例外として，次に挙げる三つがある。

語学学習書

(1) 語学学習書

語学の学習を主目的とした対訳書，注釈書などに対しては，それが扱っている主題または表現している文学形式にかかわらず，学習される言語の読本，解釈（言語共通区分：-7）として分類記号を与える。なお，この語学学習書の中には日本語の古典も含まれる。

ボードレール著；松井美知子訳注『パリの憂鬱』（大学書林語学文庫）
→ 857.7［× 951.6］
『枕草子』（古典文学解釈講座） → 817.5［× 914.3］

翻案書
脚色書

(2) 翻案書，脚色書など

ある文学作品のもとに，その筋立てを借りて改作した翻案書や，脚色された作品は，原作の分類項目とは別の，翻案家，脚色家の作品として分類する。同様に，原作とは別の新たな作品として扱い，分類記号はその新しい作品を対象に付与する。

古川日出男［ほか］著『ミグラード：朗読劇『銀河鉄道の夜』』
宮沢賢治作『銀河鉄道の夜』を古川日出男が戯曲化したもの。日本の近代小説（913.6）ではなく，日本の近代戯曲（912.6）に収める。
橋本治著『窯変源氏物語』 → 913.6［× 913.369］

抄録書

(3) 特定の意図による抄録書

原著作から，ある意図によって，その一部分を取り出して刊行される資料がある。分類記号は，その資料の主題を表現するものなので，この一部分を取り出した資料は，原著作ではなく，取り出された部分の資料がもつ主題の分類項目の下に収める。

松田毅一，川崎桃太編訳『回想の織田信長：フロイス「日本史」より』（中公新書）
本書はルイス・フロイス著「Historia de Iapam」の第1部および第2部のうち，織田信長に関する部分を抽出して編まれたものである。原著作の主題は日本中世史（210.4）となるものであるが，この部分の主題となると織田信長の伝記なので，日本人個人伝として289に収める。

新主題

●…………新主題

分類表は過去の知識の断面という面があるので，分類作業の中では，分類表に示されていない主題を扱う場合もある。分類表に示されていない主題をもつ資料に対しては，一般的にはその主題と最も密接な関係があると思われる主題を探して，その分類項目に収める。適切な項目が見つからない場合には，新主題のために分類項目を新設し，そこに収めることも考えねばならない。

例えば，NDC新訂9版刊行の1995年当時は，公的介護保険制度が存在しなかった。1997年に介護保険法が成立し，2000年に施行されると，この主題に関する資料は数多く登場してきた。そのため，最も密接な関係にあると考えられる分類項目（「364.4 健康保険．国民健康保険」か「369.26 老人福祉」）に同居させるか，図書館で独自に分類項目（分類記号）を新設しなければならない。

また，総合的学習の時間が，小・中・高等学校の教育課程に取り入れられるのは2000年以降であり，NDC新訂9版刊行時点では存在しなかった。

NDC9版では次のような分類記号が付与された（NDC新訂10版におけるこれらの主題の取り扱いについては，p.177，200参照）。

増子忠道著『やりなおし介護保険』 → 364.4（健康保険．国民健康保険）

『きちんとわかる燃料電池』 → 572.1（電池．化学的発電．蓄電池）

齋藤浩著『これからの総合的な学習：情報の活用力を育む』 → 375（教育課程一般）

UNIT 28

◉分類記号付与の実際（2）：一般分類規程

一般分類規程演習

演習問題

問題7　分類規程を適用して書架分類を行う場合，正しい方の主題を選びなさい。

1 『食糧年鑑』

食品産業界の動向と業界の各種データをまとめたもの。

a　食品工業　　b　年　鑑

2 『京都の野鳥図鑑』

京都府内で生息が確認されている野鳥200種をオールカラーで収録。

a　鳥類－京都　　b　鳥類－図鑑　　c　図　鑑

3 『三国志演義』

中国の明代に書かれた，後漢末から三国時代を舞台とする歴史小説。

a　中国－歴史－三国時代　　b　中国文学－小説

4 吉川英治著『三国志』

中国の歴史小説『三国志演義』に従いつつも，特に人物描写は日本人向けに改作した吉川英治の小説。

a　中国－歴史－三国時代　　b　中国文学－小説　　c　日本文学－小説

5 『ヴァイオリンとチェロの名盤』

個性溢れるヴァイオリニスト・チェリストの中から，古今50人の必聴名盤CDを紹介する。

a　ヴァイオリン　　b　チェロ　　c　弦楽器　　d　CD

6 『西ドイツの経済と産業：補論スイス・オランダの企業』

「世界の企業」シリーズ中の1冊で，西ドイツの企業を中心に論じるとともに，スイスとオランダの企業に言及している。

a　企業－ドイツ　　b　企業－ヨーロッパ

7 『韓国の経済発展とベトナム戦争』

ベトナム戦争が韓国の高度経済成長に対して及ぼした影響を論じる。

a　ベトナム戦争　　b　韓国－経済－歴史

8 『漱石と落語：江戸庶民芸能の影響』

漱石のすべての思想の土台となった江戸っ子気質や，文体，庶民性などに与えた落語の多大な影響を考察し，国民文学となり得た秘密を解明する。

a　漱　石　　b　落　語

9 『西田幾多郎をめぐる哲学者群像』

西田幾多郎哲学とその後の日本の哲学者たちの思想との結びつきを解明する。

a　西田幾多郎の哲学　　b　日本思想－歴史

10 『鉄道を巨大地震から守る』

兵庫県南部地震の鉄道被害をふりかえり，巨大地震からいかに鉄道を守るかを論じる。

a　地　震　　b　地震災害　　c　鉄道工学

11 『原発事故の環境法への影響』

東日本大震災がもたらした環境諸問題への法政策学的な対応について，東京電力福島原発事故がもたらす環境法への影響を中心に検討する。

a　大震災　　b　原発事故　　c　環境法

12 『都市景観と屋外広告物に関する世論調査』

都市景観とその構成要素である屋外広告物についての世論調査の結果をまとめたもの。

a　都市景観　　b　屋外広告物　　c　世論調査

13 『日英比較ことわざ事典』

英語のことわざと日本のことわざを対比しながら，事典の形式でそれぞれ1230項目を収載。楽しく英語を学ぶための読み物として活用できる。

a　日本語ことわざ事典　　b　英語ことわざ事典

14 『時刻表でたどる鉄道史』

時刻表を通して，路線の拡張，スピード競争など，鉄道の歴史を追う。

a　時刻表　　b　鉄道史

15 『図説浮世絵に見る江戸吉原』

吉原の遊女と風物を描いた多数の浮世絵により，遊郭の仕組みや風俗，遊女たちを詳細な解説を添えて紹介する。

a　浮世絵　　b　江戸吉原

16 『酵母の生命科学と生物工学：産業応用から基礎科学へ』

酵母について，応用を実施するために理解しておくべき最先端の基礎生物学を解説する。

a　微生物学－酵母　　b　微生物工学　　c　農産物加工－醗酵微生物

17 『ファッション・マーケティング』

ファッションビジネスにおける消費者行動とマーケティング，商品企画について解説する。

a　ファッション産業　　b　マーケティング

18 『イワシが高級魚になった?：ふしぎな海の生態系』

イワシやマグロ激減の現象から今，海の中で何がおこっているか。いつも食べているけど知られていない意外でおもしろい魚の生態を紹介する。

a　イワシ（動物学）　b　イワシ（水産学）　c　魚の動物生態学

19 『イネ科ハンドブック』

自然観察のほか，農業や園芸の有用植物もしくは雑草として知っておきたいイネ科植物を理解するために134種を掲載し解説する。

a　イネ科（植物学）　b　いね（作物学－食用作物）

20 カエサル『ガリア戦記：対訳』

共和政ローマ期の政治家・軍人のカエサルの『ガリア戦記』の第Ⅰ巻の原文全文に訳と注をほどこした中級ラテン語講読のための語学対訳書。

a　古代ローマ史　b　ラテン文学　c　ラテン語－読本

21 『ナースのための病院英会話』

現役看護婦が構成した60本のストーリーで，外国人患者に対してさまざまな英語表現を学習する英会話テキスト。

a　看護教育　b　英会話

22 『サーファーのための気象ガイドブック』

波が起きるメカニズム，気圧配置と波との密接な関係，地形や潮によって受ける波の影響などをサーファーのために徹底解説したもの。

a　サーフィン　b　気　象

23 『論語物語．聖書物語』（世界教養選集）

下村湖人著「論語物語」とH・ヴァン・ルーン「聖書物語」の合集。

a　論　語　b　聖　書　c　教養選集

24 『萬葉集索引』

「萬葉集」の中の和歌に使用されている語句を平仮名表記で見出し語として示し，巻名・歌番号によってその所在を示したもの。

a　索　引　b　日本文学－索引　c　萬葉集－索引

25 大岡昇平著『レイテ戦記』

作家大岡昇平が，厖大な資料や多くのインタビューに基づいて作成した太平洋戦争におけるレイテ島の日米軍の死闘を記録した戦記。作者自身「戦争小説」と呼んでいる。

a　太平洋戦争史　b　文学者の記録文学　c　小　説

UNIT 29

◉分類記号付与の実際（3）：分類表の改訂

分類表の改訂

●…………NDCの改訂（新訂9版から新訂10版へ）

1995年に刊行されたNDC新訂9版が19年ぶりに改訂され，NDC新訂10版として2014年12月に刊行された。

分類表改訂には一般的に二つの目的がある。第一はその機能や構造上の改善であり，第二は新主題への対応である。

日本図書館協会分類委員会が示す改訂の基本方針では，①NDCの根幹に関わる体系の変更はしない，②書誌分類を目指す，③新主題の追加を行う，④全般にわたって必要な修正・追加などを行う，という4点が挙げられている。

「体系の変更はしない」という点で，機能と構造上の変更は基本的に行われていないと考えられる。新設分類項目（分類項目と対応する分類記号の新設）は，第3次区分表（要目表）レベルでは皆無であるが，二つの分類項目「546 電気鉄道」（「516 鉄道工学」と「536 運輸工学」にそれぞれ振り分けられた）と別法項目の「[647]みつばち．昆虫」（本則は646.9）の2項目が削除項目となった。これらは，将来（11版）の構造上の改変に備えたものであると言われている。前者の546は「547 通信工学．電気通信」と「548 情報工学」の再編に，後者の647は綱目レベル（2桁）に設定されている「63 蚕糸業」の引越場所として使用することが想定されている。

●…………構成の変更

両版とも2分冊で刊行されたが，その構成は次ページのように変更された。

刊行物の構成から見てわかるように，新訂10版は，次の2点が変更されている。

(1)　補助表を第二分冊から細目表が収録されている第一分冊に移すことにより，この一冊で記号合成を可能とした。

(2)　新訂9版の第一分冊にあった「解説（付・各類概説）」の内容を整備し，分類法の基本，NDCの沿革と構成，主要な改訂概要を示した「序説」と「各類概説」を第一分冊に，分類作業の指針となる「使用法」と「用語解説」を第二分冊に振り分けた。これは分類法の理解と論理的な運用を支援するためである。

NDC 新訂 9 版		NDC 新訂 10 版	
第一分冊 （本表編）	第二分冊 （一般補助表・相関索引編）	第一分冊 （本表・補助表編）	第二分冊 （相関索引・使用法編）
はしがき 分類委員会報告 解説（付・各類概説） 第 1 次区分表 第 2 次区分表 第 3 次区分表 細目表	一般補助表 相関索引	はしがき 分類委員会報告 序説 各類概説 第 1 次区分表 第 2 次区分表 第 3 次区分表 細目表 一般補助表 固有補助表	相関索引 使用法 用語解説 事項索引

新主題

●…………新主題への対応

新主題には，時代の変遷に伴う新しい事象の出現とともに，事象に対する概念の変化や新しい概念の出現がある。新訂 9 版から新訂 10 版までの 19 年間に文献上に出現した新主題は数多く存在しているが，それに対応する方法はさまざまである。新主題がどのように分類表に盛り込まれたかについて，代表的なパターンを例として以下に示す。具体的な改訂内容の概要については，UNIT 30～UNIT 38 の解説の末尾に示された「主なNDC10 版改訂」を参照。

分類項目の新設

(1)　分類項目（分類記号）の新設

新主題のいくつかは，旧版の分類体系の中の適切な場所に位置づけられて分類記号が新設された。細目表における分類項目（分類記号）の新設は 288 項目である。新設された分類記号には，その右肩にプラス印（＋）が付されている。

UNIT 27 の「新主題」で言及した公的介護保険制度を例にとると，公的介護保険制度は健康（医療）関係の保険として健康保険（364.4）の直後に（健康保険と同位のものとして字上げして），「364.48 介護保険」として新設された。それとともに，老人福祉にも関係するものとして捉えられるので，「をも見よ参照」が付されている。また，私的介護保険（339.47）への注参照も付されている。

364 社会保障
　364.4　　健康保険．国民健康保険
　364.48 ＋ 介護保険　→：369.26
　　　　　　＊私的介護保険→ 339.47

このように，一つの分類項目の新設を行う改訂は，他の分類項目との関連をも含めた改訂となることが多い。

分類項目名等の変更

(2)　分類項目名等の変更

分類記号の新設だけを見ると，それほど大きな改訂のようには見えないが，分類記号に対応する概念を言語で表現した分類項目名等の追加・修正は数多く見られる。

① 分類項目名の修正

分類記号に変更はないが，分類項目名を変更することにより，その記号が指し示す主題の内包・外延を変更する方法である。

007 情報科学	→	007 情報学．情報科学
317.255 通商産業省	→	317.255 経済産業省［通商産業省］
327.37 和議法	→	327.37 民事再生法

NDC9版では007に対応する分類項目名は「情報科学」であるが，NDC10版では，「情報学」と「情報科学」の二つの分類項目名の総和がその主題内容となる。

327.37の和議法は，2000年4月の民事再生法の施行に伴い廃止された。

317.255の通商産業省は，2001年の中央省庁再編により廃止され，通商産業省から移行する形で経済産業省が設置された。このような法制度の変更に伴う行政組織名の変更は数多くある。

② 分類小項目名，関連分類項目名の追加・修正

分類小項目名や関連分類項目名を修正することにより，新主題に対応した例も数多く見られる。

次の例は，データセキュリティやデータマイニングという新主題は，データ管理の具体例として分類小項目名（アンダーライン部分）に追加することにより，データ管理の下位概念としての位置づけを明確化した例である。

007.609 データ管理 → 007.609 データ管理：<u>データセキュリティ，</u>
<u>データマイニング</u>

次の例は，ネット広告という新主題を，関連分類項目名に「インターネット」を追加することにより，旧来の広告媒体と同一分類記号に位置づけた例である。

674.6 広告媒体
新聞，雑誌，ラジオ，テレビ，宣伝映画，スライド，<u>インターネット</u>

(3) 各種注記の追加・修正

注記の追加・修正

注記の追加・修正（アンダーライン部分）による新主題への対応も数多く見られる。

007.58 情報検索．機械検索
＊データベース〈一般〉の検索，<u>検索エンジン</u>は，ここに収める

537.25 電気自動車
<u>＊燃料電池車，ハイブリッド自動車は，ここに収める</u>

UNIT 30

◉分類記号付与の実際（4）：各類別

哲学・宗教（1類）

1類には，人間の精神界にかかわる著作を収める。哲学（100/139），心理学（140/149），倫理学（150/159），宗教（160/199）の4部門で構成されている。

哲学

●…………哲学（100/139）

(1)　哲学は，哲学総記（100/108），哲学各論（110/118）および各国の哲学・思想（120/139）で構成されている。

特定主題に関する哲学

(2)　ただし特定主題に関する哲学（思想）は各主題の下に収める。例えば，法哲学は3類（321.1）に，科学哲学は4類（401）に，美学は7類（701）に，言語哲学は8類（801.01）に収める。

哲学史

(3)　哲学史（102）には，一般的著作を収め，東洋，西洋，日本，ドイツなどの各地域や各国の哲学（思想）史は120/139に収める。

　　ハンス・J・シュテーリヒ著『世界の思想史』　102

　　ドミニク・フォルシェー著『西洋哲学史：パルメニデスからレヴィナスまで』　130.2

(4)　個々の哲学者の全集，著作集は，108ではなく121/139に収める。

　　『カント全集』　134.2

哲学各論

(5)　哲学各論（110/118）は西洋哲学の体系による各論で，ここには包括的な著作・概説・歴史などを収める。西洋哲学における個々の哲学者・思想家の学説とみなせる著作，その思想に関する研究および伝記評論は131/139に収める。この措置は西洋以外の現代哲学者にも及ぶ。分類表に示されていない人物でも哲学者とされる者は，同様に120/139の下に収める。

　　斎藤慶典著『「実在」の形而上学』　111

　　アリストテレス著『形而上学』　131.4

　　牛田徳子著『アリストテレス哲学の研究：その基礎概念をめぐって』　131.4

　　九鬼周造著『偶然性の問題』　121.6

(6)　ヘーゲル以降の各学派で134.7/.9に収められない哲学者は，134.6に収める。

　　ショーペンハウエル著『自殺について』　134.6

(7)　20世紀以降のドイツ・オーストリア哲学において134.95/.97に示されていない哲学者の著作は，134.9に収める。

　　ジンメル著『生の哲学』　134.9

(8)　学派が示されていない西洋諸国の近代哲学者は，139.3 に収める。

高幣秀知著『ルカーチ弁証法の探究』 139.3

(9)　日本思想－近代（121.6）には，明治以降の思想家（哲学者）および，その学説に関する包括的な著作，個々の思想家の哲学的著作，思想家としての伝記を収める。

西田幾多郎著『善の研究』 121.63

井上克人著『西田幾多郎と明治の精神』 121.63

(10)　孔子を創始者とする実践的思想である儒教の基本聖典は 123 に収める。

大町桂月訳『論語：新訳』 123.83

(11)　アジア諸国（日本，中国，インド，朝鮮を除く）の哲学は 129.3 に収める。

服部正明著『古代インドの神秘思想：初期ウパニシャッドの世界』 129.3

●…………心理学（140/149）

心理学

(1)　心理学は，心理学総記（140），各種の心理学（141/146），超心理学・心霊研究（147）および相法・易占（148），応用心理学（149 別法として使用）で構成されている。

(2)　心理学の理論，歴史で一般的なものは 140/146 に収める。特定主題の心理学的研究は，その主題の下に収める。 特定主題の心理学

佐伯素子ほか著『きほんの発達心理学』 143

小椋たみ子著『初期言語発達と認知発達の関係』 801.04

藤田政博編著『法と心理学』 321.4

(3)　精神検査は一般的には 140.7 に収めるが，臨床としての精神検査は 146.3 に収める。

長尾博著『図表で学ぶ心理テスト：アセスメントと研究のために』 140.7

松原達哉編『臨床心理アセスメント』 146.3

(4)　感覚（知覚も含む）に関する包括的著作，生理学的心理学は 141.2 に収める。

松田隆夫著『知覚心理学の基礎』 141.2

二木宏明著『脳と心理学：適応行動の生理心理学』 141.2

(5)　フロイト，ユングの精神分析学に関する著作や両者に関する一般的研究の著作は 146.13/.15 に収める。ただし，特定主題のものはその主題の下に収める。 精神分析学

フロイト著『精神分析入門』 146.13

クリスチャン・メッツ著『映画と精神分析：想像的シニフィアン』 778.01

(6)　精神検査・診断法は 146.3 に収め，治療法は 146.8/.82 に収める。

永井撤著『心理面接の方法：見立てと心理支援のすすめ方』 146.3

河合隼雄著『心理療法論考』 146.8

(7)　カウンセリングの一般理論は，146.8 に収める。教育相談としてのカウンセリ カウンセリング

ングは，371.43 に収める。

『河合隼雄のカウンセリング講話』 146.8

『教育カウンセラー標準テキスト』 371.43

(8) 医学としての精神療法は，医学の各主題の下に収める。

『がん患者心理療法ハンドブック』 494.5

(9) 児童の心理療法（146.82）には，精神分析，精神療法，カウンセリングのほか，親子関係，心身障害児も収める。

『児童青年心理療法ハンドブック』 146.82

(10) 各種の心理学(141/146)に収められない心理的現象の研究およびその現象(超常現象）についての著作は，147 に収める。

石川幹人著『超心理学：封印された超常現象の科学』 147

(11) 相法．易占は心理学の隣接部門として 148 に収める。

板橋作美著『占いにはまる女性と若者』 148

倫理学

●…………倫理学（150/159）

(1) 倫理学は，倫理学・道徳（150），倫理各論（151），家庭倫理・性倫理（152），職業倫理（153），社会倫理（154），国体論·詔勅（155），武士道（156），報徳教·石門心学（157），その他の特定主題（158），人生訓・教訓（159）で構成されている。

職業倫理

(2) 特定の職業倫理は 153 に収めず，各主題の下に収める。

高中正彦著『法曹倫理』 327.1

伊藤道哉著『生命と医療の倫理学』 490.15

教訓・人生訓

(3) 実践的な教訓・人生訓は 159 に収める。哲学者の人生論は 121/139 に収め，文学者の人生論は 9□4 に収める。

D. カーネギー著『人を動かす』 159

三木清著『人生論ノート』 121.67

トルストイ著『人生論』 984

(4) 文学者による金言，格言，箴言は 9□7 に収める。

田辺聖子著『女のおっさん箴言集』 917

宗教

●…………宗教（160/199）

(1) 宗教は，一般宗教学（160/165）と各宗教（166/199）で構成されている。

(2) 分類表に示されていない宗教は，その他の宗教（169）に収め，発祥国によって地理区分する。新興宗教も同様の扱いとするが，分類表に示されている各宗派·教派である場合には，その宗教の下に収める。

新興宗教

各宗派・教派

安井幹夫著『天理教教理の伝播とその様態』 169.1

室生忠著『現代の宗教立正佼成会』 188.98

(3)　宗教家の個人伝記，全集および思想，語録，法話，説教集などは，その宗教家が帰依している各宗派・教派の下に収める。ただし，現代人の法話，説教集などは，各宗教の174，184，194に収めてもよい。また，改宗者の伝記は，改宗した最後の宗派に収める。

『親鸞聖人の背を見て：釈信山法話集』 188.74

『仏教不遇死法話集』 184

(4)　各宗派・教派に属する教義，史伝，教典，説教集，教会・寺院，儀式，布教等は，それぞれの宗派・教派の下に収める。神道，仏教，キリスト教の場合には，それぞれの宗教に設けられている固有補助表「教派・宗派の共通細目表（-1/-7）を適用して細分する。

教派・宗派の共通細目表

神道各教派（178）	仏教各宗（188）	キリスト教各教派（198）
-1 教義	-1 教義．宗学	-1 教義．信条
-2 教史．教祖．伝記	-2 宗史．宗祖．伝記	-2 教会史．伝記
-3 教典	-3 宗典	-3 聖典
-4 信仰・説教集．霊験．神佑	-4 法話・語録．説教集	-4 信仰録．説教集
-5 教会．教団．教職	-5 寺院．僧職．宗規	-5 教会．聖職
-6 祭祀．行事	-6 仏会．行持作法．法会	-6 典礼．儀式
-7 布教．伝道	-7 布教．伝道	-7 布教．伝道

荻原稔著『井上正鐵の生涯：禊教祖伝研究ノート』 178.492

大山公淳著『真言宗法儀解説』 188.56

ピエール・ジュネル著『ミサきのうきょう』 198.26

(5)　個々の神社誌および日本以外の神社誌は，175.9に収める。地方神社誌は175.9の下で日本地方区分する。

神社誌

『樺太の神社』 175.9

『出雲大社：日本の神祭りの源流』 175.973

(6)　中国，インドの仏教系諸宗も，188に収める。ただし，表にないものは仏教史（182）の下に収める。

森雅秀著『インド密教の儀礼世界』 188.56

並川孝儀著『インド仏教教団正量部の研究』 188.25

(7)　仏教・各宗派の宗典（固有補助表 -3）には，その宗派のために編集されたものを収める。

仏教

『選択本願念仏集：法然の教え』 188.63

『平成新修日蓮聖人遺文集』 188.93

(8)　仏教美術（186.7），キリスト教芸術（196.7）には，信仰の対象として扱われているものを収める。芸術的，鑑賞的な観点から扱われている場合には，それぞれ702.098，702.099に収める。

仏教美術
キリスト教芸術

石浜弘道編著『芸術と宗教：キリスト教的視点より』 196.7

柳宗玄著『キリスト：美術にみる生涯』 702.099

キリスト教

(9) キリスト教・各教派の教義は，各々の教派の下（固有補助表 -1）に収めるが，神学的意見は著者の教派によらず，191 に収める。

渡辺信夫著『プロテスタント教理史』 198.31

カール・バルト著『神の啓示』 191

●…………主なNDC10 版の改訂

(1) 心理学，特に精神療法（146.8）が細分化された。

林貞年『催眠療法の教科書』 146.8 ⑨；146.814 ⑩

(2) 出版点数の増加が見込まれるため，ユダヤ教（199）がキリスト教各教派の固有補助表に類した方式で細分化された。

レヴィナス『聖句の彼方：タルムード―読解と講演』 199 ⑨；199.3 ⑩

演習問題

問題 8 次の図書に対して，詳細な分類記号を付与しなさい。

1 青山拓央著『分析哲学講義』

フレーゲとラッセルの論理学研究に始まり，クワイン，ウィトゲンシュタインらの活躍を経て，現在では哲学の全領域に浸透した分析哲学を伝える入門講義。

2 竹内照夫著『四書五経入門：中国思想の形成と展開』

『論語』，『孟子』，『易経』，『春秋』など，いわゆる四書五経を生み出した心と生活態度を探る。

3 姜在彦著『朝鮮儒教の二千年』

朝鮮の政治文化の中に深く根をおろしている儒教的エートスの脈絡を掘り起こす。

4 セーレン・キルケゴール著『死にいたる病』

死にいたる病とは絶望であり，絶望を深く自覚し神の前に自己をすてる。実存的な思索の深まりをデンマーク語原著から訳出し，詳細な注を付す。

5 バートランド・ラッセル著『論理的原子論の哲学』

世界は原子的事実で構成され論理的分析で解明しうるとする分析哲学の名高い講演録。

6 グラバア俊子著『五感の力：未来への扉を開く』

五感の不思議と力を豊富なエピソードや科学的知見から説き明かし，五感を磨くトレーニングや日常生活上の工夫などの具体的な取り組みを多数紹介する。

7 エルヴェ・ド・サン＝ドニ侯爵著『夢の操縦法』

『夢判断』でフロイトが注目した，夢研究史上の最重要著作。古今の夢解釈の歴史と，二千夜近くにわたった自らの夢日記を独創的に分析し，夢判断の先駆的書籍。

8　佐伯啓思著『日本の愛国心：序説的考察』

「愛国心」という概念をめぐって，ナショナリズム，民主主義，共和主義などの思想史における議論を整理し，日本に生きる人々の心の歴史を振り返る。

9　片岡龍，金泰昌編『石田梅岩：公共商道の志を実践した町人教育者』

「士農工商は天下を治めるたすけとなる」—江戸期，都市化・経済化の流動的な波の中で，人々の生のつながりの公共的意義を説き，広範な影響を及ぼした石田梅岩の心学を論じる。

10　B.F. スキナー，M.E. ヴォーン共著『初めて老人になるあなたへ：ハーバード流知的な老い方入門』

病気の話はするな! 10 年以上前の話はするな! 行動心理学の創始者が説く「老い方の教科書」。

11　長縄光男著『ニコライ堂小史：ロシア正教受容 150 年をたどる』

神田駿河台にあるニコライ堂をめぐるロシア正教の 150 年を紹介する。

12　横手裕著『中国道教の展開』

中国人の精神の根源の一側面をなすといえる道教を，歴史の中で形成され展開されてきた一つの伝統，文化として紹介し，道教が中国の歴史に果たした役割を考察する。

13　千家尊統著『出雲大社』

第 82 代出雲国国造が従来固く秘められてきた神秘な「火継式」や「古代新嘗祭」などの全貌とともに，その他の特殊な出雲の祭りを紹介する。

14　井上智勝著『吉田神道の四百年：神と葵の近世史』

秀吉も，義満も，徳川将軍たちも頼った「神つかい」吉田神道の盛衰を描く。

15　星野英紀，浅川泰宏著『四国遍路：さまざまな祈りの世界』

平安時代の起源から平成遍路ブームまでの歴史，遍路する人々の変遷などを解説する。

16　平雅行著『歴史のなかに見る親鸞』

親鸞の生涯と思想について，六角堂参籠，玉日姫との婚姻説，善鸞義絶事件などさまざまな伝承と膨大な研究や史料の検証を通してその虚実を解明する。

17　木越邦子著『幕末・明治期キリスト者群像』

山上卓樹，テストヴィド神父，内村鑑三，田中正造など，幕末・明治期に人権・福祉・医療・非戦の理念を実践したキリスト者群像を描く。

18　ウノ・ハルヴァ著『シャマニズム：アルタイ系諸民族の世界像』

北方ユーラシアの諸民族の世界（宇宙）像を巡り，19 世紀から 1930 年代までのシャマニズムに関する調査研究の蓄積をもれなく集約する。

19　石田弓著『「火のある風景描画法」の臨床的有用性に関する研究』

筆者考案の「火のある風景描画法」の心理アセスメントや心理療法における有用性を示す。

20　関谷定夫『シナゴーグ』

世界各地に現存するユダヤ教の会堂シナゴーグを訪ね，歴史的に検証し実態を詳述する。

UNIT 31

◉分類記号付与の実際（4）：各類別

歴史・伝記・地理（2類）

2類には，共同体および個人もしくは家の時間的過程と地域的展開の記述にかかわる著作を収める。共同体の時間的過程を扱う歴史（200/279），個人もしくは家の時間的過程を扱う伝記（280/289）および共同体の地域的展開を扱う「地理．地誌．紀行」（290/299）で構成される。なお，区分肢として現われる共同体の単位は，近代国家を基本としている。時間的過程と地域的展開の記述にかかわる著作を収める。

●…………歴史（200/279）

歴史
世界史
各国・各地域の歴史

(1) 歴史は，歴史総記（201/208），世界史（209），各国·各地域の歴史（210/279）で構成されている。

(2) 歴史は現代史を含めて過去のできごとの記述であり，そのできごとの発生した，または影響を及ぼした地域（国家）でまず分類し，次いで時代で区分する。

(3) 地方区分や時代区分の項目が用意されている国家においては，地方区分，時代区分の順に分類する。

長谷川成一編『津軽藩の基礎的研究』 212.1（江戸時代ではなく，青森県の歴史へ）

(4) 各国・各地域は基本的に近代国家を単位としている。ただし，古代ギリシアや古代ローマなどは独立した項目が用意され優先される。

ギリシア　　239.5
古代ギリシア　231

特定主題の歴史
政治史
社会史
戦争史

(5) 特定主題の歴史は各主題の下に収めるが，一般政治史，一般社会史や戦争史は，それぞれの主題ではなく，一般史としてここに収める。

田原総一朗著『日本の戦争』 210.6（一般史へ）
小林良彰著『昭和経済史：激動50年の考察』 332.1（経済史へ）

時代史

(6) 時代史において二つの時代にわたって扱われているものは，特に後者に重点が置かれている場合を除いて，前の時代に収める。三つ以上の時代にまたがるものは，それらを包含する時代に収める。

奥野中彦著『日本古代・中世の国家軍制』 210.3（古代史へ）
六角弘著『絵はがきが語る明治・大正・昭和史』 210.6（近代史へ）

考古学

(7) 考古学それ自身に関するもの，および遺跡・遺物に関する著作で，地域も時代も特定できないものは，202.5 に収める。特定の地域・時代の遺跡・遺物に関するものは，その地域・時代の歴史に収める。

安斎正人著『気候変動の考古学』 202.5

大塚初重ほか著『弥生時代の考古学』 210.27

(8) 個々の遺跡・遺物に関するものは，それが所属する国の歴史に収める。日本の場合には，特定の時代の下に収める。 遺跡・遺物

ヨハン・ラインハルト著『インカに眠る氷の少女』 268.04（ペルーの歴史へ）

村田六郎太著『加曽利貝塚』 210.25（千葉県ではなく，日本の縄文時代の歴史へ）

(9) 地方に発生した事件でも，それが一国の歴史に関係ある事件の場合には，地方の歴史としないで，その国の歴史に収める。 事件

野村義文著『大津事件：露国ニコライ皇太子の来日』 210.64

(10) 戦争の記録は一般的には歴史の下に収める。ただし，純粋な軍事戦略的記述は 391.2 に，ルポルタージュとしての戦記は 9□6 に収める。 戦争

奥宮正武著『レイテ沖海戦とその後』 210.75

樋口晴彦著『レイテ決戦：硬直化した組織運営に見る敗北の全容』 391.2

片岡董著『レイテ戦従軍記』 916

(11) 日本と他国の戦争は，世界大戦を除いてすべて日本の歴史に収める。第三国間の戦争は，侵略された国または敗戦国の歴史に収める。

秦郁彦著『日中戦争史』 210.74

松井道昭著『普仏戦争：篭城のパリ 132 日』 235.067 （フランス史へ）

(12) 歴史と地誌の両面を扱っているものは，特に地誌に重点がない限り歴史の下に収める。迷う場合には，内容が編年体のものを歴史，事項別構成のものを地誌に収める。 歴史と地誌

(13) 有職故実は，時代を問わず，210.09 に収める。 有職故実

(14) ギリシア，ローマを含む地中海世界の古代文明＜一般＞は，209.3 に収める。 地中海世界の古代文明

本村凌二，中村るい著『古代地中海世界の歴史』 209.3

南川高志著『新・ローマ帝国衰亡史』 232

(15) アメリカ大陸全般に関するものは，250（北アメリカ史）に収める。

歴史学研究会編『南北アメリカの 500 年』 250

●…………伝記（280/289）

(1) 伝記は，人物および家の歴史で，列伝（280/287），系譜・家史・皇室（288），個人伝記（289）で構成されている。 伝記

(2) 3 人以上の人物を扱っている伝記を列伝（叢伝，双伝）という。ここにはいわゆる伝記だけでなく，日記，書簡，語録，逸話，追悼録，伝記書誌，年譜など，伝記資料一切を収める。被伝者の属性に従って地理区分する。なお，列伝は地域 列伝（叢伝，双伝）

性よりも主題を優先させるので，特定主題に関する列伝はその主題の下に収める。

エルネスト・チェ・ゲバラ著『チェ・ゲバラ革命日記』 289

鈴木昶著『日本医家列伝：鑑真から多田富雄まで』 490.21

I. ジェイムズ著『数学者列伝：オイラーからフォン・ノイマンまで』 410.28

(3) 日本の皇室の列伝は288.4に収め，個人伝記は288.41/.44に収める。外国の皇室・王室の列伝は288.49に収め，個人伝記は289に収める。（皇室・王室）

『天皇4代：明治・大正・昭和・平成：ミカドと歩んだ日本の145年』 288.41

板倉聖宣著『ハングルを創った国王世宗大王の生涯』 289

個人伝記（各伝）

(4) 個人伝記（各伝）には，2人までの人物を扱っている伝記および伝記資料を収める。ただし，その内容が生涯のことよりも学説・業績を主としているものは，その主題の下に収める。また君主，統治者，政治家の伝記は，公的生活の記述を主としている場合には，一般史（210/279）あるいは政治史（312）に収める。

鳥居民著『周恩来と毛沢東：周恩来試論』 289

根本敬著『ビルマ独立への道：バモオ博士とアウンサン将軍』 223.806

(5) 哲学者，宗教家，芸術家，スポーツマン，諸芸に携わる者および文学者（文学研究者を除く）の個人伝記は，その思想，作品，技能などと不可分の関係にあるので，その主題の下に収める。

ハンス・フリードリヒ・フルダ著『ヘーゲル：生涯と著作』 134.4

天台宗教学振興委員会，多田孝正編『伝教大師の生涯と教え』 188.42

海老沢敏著『モーツァルトの生涯』 762.346

(6) 一個人と，その人物をめぐる多数の人物の伝記を含むものは，中心となっている個人伝記に収める。

梧陰文庫研究会編『井上毅とその周辺』 289

(7) 一個人の一面だけを述べた伝記は，それにとらわれず一個人の伝記に収める。

浅井卓夫著『軍医鷗外森林太郎の生涯』 910.268

(8) 個人伝記は，出版実績が多いので，出身国もしくは主な活動の場と認められる国により地理区分したり，または，.1 日本人，.2 東洋人，.3 西洋人およびその他と3分する方法を採ることも許容されている。

●…………地理・地誌・紀行（290/299）

地理　歴史地理　自然地理

(1) 地理は，地理学一般と人文地理からなり，その著作がなされた時点での地域の現状を記述したものを収める。各地域・各時代の歴史地理は歴史に収める。また自然地理は450に収める。

グザヴィエ・ド・プラノール著『フランス文化の歴史地理学』 235

(2) 各国・各地域の地理・地誌・紀行では，形式区分のほかに，固有補助表（-017/-093）によって細分することができる。

各国・各地域における，形式区分以外の細分のための固有補助表
例：293.4087 ドイツ写真帖，294.09 アフリカ紀行
-017　集落地理
-0173　都市地理
-0176　村落地理
-0189　地名
-02　史跡．名勝．景観
-087　写真集
-09　紀行
-091　探検記
-092　漂流記
-093　案内記

(3)　特定の地域を扱っていても，社会事情が主体のものは，302 に収める。　社会事情

姜波，矯学真著『現代中国の社会とくらし』 302.22

(4)　文学者の紀行文は 9□5 に，美術紀行など特定主題・意図による探訪・視察・調査の紀行は，それぞれの主題の下に収める。　紀行

ゲーテ著『イタリア紀行』 945.6

(5)　一般地図は，29△038 に収める。特殊地図はその主題の下に収める。ただし，一枚ものの地図は，形態上から別扱いとする。この別扱いについてはUNIT 40 の別置記号の項を参照のこと。　地図

『朝鮮半島地図集成：五千分の一，二万分の一，二万五千分の一』 292.1038

●…………主なNDC10版の改訂

(1)　国名や市町村名の変更が取り入れられ，関連分類項目名等が変更された。

(2)　国家に一つの分類記号を与えることを原則として，新たに独立した国家等に対して分類項目が新設された。

吉岡政德『島嶼国ツバルの現実』 275 ⑨；275.2 ⑩

(3)　時代の変遷による現代史の時代区分が細分化された。

吉村慎太郎『イラン現代史：従属と抵抗の 100 年』 227.2 ⑨；227.207 ⑩

(4)　歴史学・考古学研究の進展による古代の時代区分の細分化がある。

落合淳思『殷：中国史最古の王朝』 222.03 ⑨；222.032 ⑩

演習問題

問題 9　次の図書に対して，詳細な分類記号を付与しなさい。

1　ジョナサン・ハリス著『ビザンツ帝国の最期』

国際政治の複雑な潮流に翻弄されたビザンツ帝国の最期を最新の研究成果から描く。

2　秦郁彦著『日中戦争史』

日中戦争を中心とした日本の大陸政策の展開を，関係者の貴重な証言，旧軍部および外務省関係の資料をもとに，学問的に体系づける。

3　佐々木克編『幕末維新の彦根藩』

相州警衛から明治維新にいたる激動の時代を，彦根藩の政治リーダーたちは何を目指したのか。井伊直弼をはじめ彦根藩の政治動向を新たな視点から論じる。

4　宮地正人著『幕末維新変革史』

当事者たちの息遣いを伝える記録・日記・書簡等を駆使して筋道立てて描き出すペリー来航から西南戦争終結に至る幕末維新通史。

5　岡田英弘，神田信夫，松村潤著『紫禁城の栄光：明・清全史』

「農耕帝国」と「遊牧帝国」が融合して，多民族・巨大国家「中国」が誕生した 14 世紀後半から 19 世紀初頭，アジア大編成時代の中国の歴史を描く。

6　河内長野市教育委員会編『三日市北遺跡：2000 年前の河内長野』

弥生時代の大きなムラの跡が見つかった，南海三日市町駅の辺りに広がる三日市北遺跡の紹介を中心に，弥生時代の河内長野について，わかりやすく解説する。

7　倉田次郎著『秩父事件に迫る』

明治 17 年 11 月，秩父の農民による自由民権期最大の民衆蜂起の背景と経過をたどる。

8　コンスタンティン・プレシャコフ著『日本海海戦悲劇への航海：バルチック艦隊の最期』

日本海へと向かうバルチック艦隊の実態を，英露に眠る公文書をもとに，詳細に描く。

9　マイケル・B・オレン著『第三次中東戦争全史』

第三次中東戦争の全容を駐米イスラエル大使が外交と軍事の両面から描く。

10　末松剛著『平安宮廷の儀礼文化』

有職故実の形成過程を摂関家の政略と絡めて分析，宮廷儀礼の政治文化上の意義を解明する。

11　フランソワ・シャムー著『ヘレニズム文明』

アレクサンドロス大王の東方遠征によって東方の地域に伝播したギリシア文化が，オリエント文化と融合してコスモポリタン的文明に変貌してゆく歴史を追う。

12　桑原晃弥著『スティーブ・ジョブズ夢をさがし続けよう』

iPod，iPhone，iPad を生み出した天才ジョブズが，お金も学歴も人脈もない中で，夢を実現するためにどう行動したか。ジョブズ自身の言葉とエピソードから学ぶ。

13　新人物往来社編『フランス王室一〇〇〇年史：ヨーロッパ一の大国，四王家の栄枯盛衰』

洗練された宮廷文化を生んだヨーロッパ随一の大国フランスの歴史を，ユーグ・カペーからナポレオン 3 世までの歴代の王・皇帝とともにふりかえる。

14　豊田武著『苗字の歴史』

苗字の起こりから近代の苗字公称までをやさしく解説した「苗字の歴史」入門。

15　前川一郎著『イギリス帝国と南アフリカ：南アフリカ連邦の形成 1899-1912』

イギリス帝国支配を歴史の横軸とし，少数白人支配体制の生成を縦軸として展開した南アフリカ連邦形成過程を追う。

16　日光市歴史民俗資料館編『日光市旧町村郷土誌：藤原村・足尾町・瀬尾村・豊岡村』

明治時代末から昭和初期にかけて編纂された郷土誌。日光市各町村の地理・自然・財政・習俗など，当時の町や村の様子を手軽に知ることができる。

17　永江秀雄著『若狭の歴史と民俗』

日本海の豊かな幸を背景に，都と深くつながった，美しく多重性を帯びた文化を持つ若狭「歴史」，「地名」，「民俗」の三部構成で郷土研究の論考を集大成したもの。

18　小林道憲著『歴史哲学への招待：生命パラダイムから考える』

生命パラダイムから歴史をどう見るか，その見方を問い直す。E. H. カーの歴史観を乗り越える，歴史を学び研究する人たちのための入門書。

19　島田泉，篠田謙一編著『インカ帝国：研究のフロンティア』

考古学，建築，美術史学，エスノヒストリー，言語学，自然人類学（生物考古学），織物研究の内外のインカ研究者 18 名がインカ帝国の全貌に迫る。

20　池上彰，テレビ東京報道局編『池上彰の 20 世紀を見にいく』

100 年以上も前の日露戦争の映像から，20 世紀初頭の探検家たちの苦闘記録，真珠湾攻撃のカラー映像など，国内外の貴重なニュース映像をもとに 20 世紀史を解説する。

21　西村佑子著『ドイツメルヘン街道夢街道：グリム童話・伝説・魔女の町を歩く』

メルヘン街道と呼ばれる『グリム童話』の舞台となった数々の町を結ぶ北ドイツの代表的な街道を，魅力的な「脇道」の世界も含めて，写真，イラスト，地図で紹介する。

22　森本達雄著『ガンディーとタゴール』

今世紀のインドが生んだ卓絶した 2 人の人物，詩人タゴールと独立の父ガンディーの思想と行動の軌跡をたどる。

23　進藤雄介著『タリバンの復活：火薬庫化するアフガニスタン』

タリバンがなぜ生まれ，一旦崩壊したのち，今またなぜ急速に復活しているのか? 知られざるアフガンの歴史と現状をふまえ，安定化への方途を探る。

24　『世界遺産イースター島完全ガイド』

イースター島内の主要モアイ像のすべてを標準見学ルートに沿って詳細に紹介する。

25　宇都木章著『春秋時代の貴族政治と戦乱』

『左伝』の主な戦争・内乱に関する記事を取り上げ，中国春秋時代の諸侯政治から貴族政治への大局的な流れを通史的に叙述する。

UNIT 32

◉分類記号付与の実際（4）：各類別

社会科学（1）
政治・法律・経済ほか（3類前半）

社会科学

3類には，人間の社会生活にかかわる諸現象を扱う社会科学の各部門の著作を収める。社会科学総記（300/308），社会思想（309），政治（310/319），法律（320/329），経済（330/339），財政（340/349），統計（350/358），社会（360/369），教育（370/379），風俗習慣・民俗学（380/389），国防・軍事（390/399）で構成されている。

このUNITでは，3類前半の社会科学総記，社会思想，政治，法律，経済（330/339），財政（340/349）を扱う。これらの主題では，理論的研究と歴史的研究が多いため，一般補助表の形式区分-01および-02については，桁数を短くするため短縮形を採用している（UNIT 24参照）。

短縮形

●…………社会科学総記（300/308）

政策科学

（1）政策・政策過程を分析し，政策を最も合理的に達成する手段や方法を研究する科学政策学（政策科学）は301に収める。

武智秀之著『政策学講義：決定の合理性』 301

（2）政治，経済，文化，教育，国民性，風俗などを含む各国の事情は，社会事情として302に収める。ただし，社会時評，文明論は特定地域を対象としても，304に収める。

佐藤清編著『フランス-- 経済・社会・文化の諸相』 302.35

ミシェル・クロジエ著『閉ざされた社会：現代フランス病の考察』 304

就職試験問題集

（3）就職試験問題集<一般>は，307.8に収める。特定職業の試験問題集は，各主題の下に収める。

日経就職ナビ編集部編著『時事＆一般常識の完璧対策』 307.8

『調理師：受験案内と試験問題集』 596.07

社会思想

●…………社会思想（309）

（1）列挙されている思想家の項目には理論的著作を収める。個人伝記は，289に収める。

マルクス，エンゲルス著『共産党宣言』 309.334

土屋保男著『マルクス・エンゲルスの青年時代』 289

●…………政治（310/319）

（1）　政治は，政治一般（310），政治学・政治思想（311），政治史・事情（312），国家の形態・政治体制（313），議会（314），政党・政治結社（315），国家と個人・宗教・民族（316），行政（317），地方自治・地方行政（318），外交・国際問題（319）に大別される。　政治

（2）　政治的観点から取り扱った各国史および各国の政治機構，制度などは，312に収める。一般政治史は，歴史（210/279）に収める。

小野一著『現代ドイツ政党政治の変容：社会民主党，緑の党，左翼党の挑戦』 312.34

ユルゲン・コッカ著『市民社会と独裁制：ドイツ近現代史の経験』 234.07

（3）　選挙（314.8）に属する主題で外国に関するものは，設けられている個々の項目に収めず，すべて314.89に収める。

海部一男著『アメリカの小選挙区制』 314.8953（× 314.83 選挙方式）

（4）　民族・人種問題（316.8）は，その問題が発生した国に収める。　民族・人種問題

『在日朝鮮人史資料集』 316.81（日本の民族問題）

（5）　行政的公務員の試験および国家公務員採用試験の問題集・受験参考書は317.4（国家試験）に収める。その他の職業に関する個々の資格試験は，関連主題の下に収める。

『公務員試験専門記述式試験の攻略ポイント』 317.4

『司法試験論文過去問再現答案徹底解析』 327.079

（6）　行政（317），地方行政（318）に属する主題で外国に関するものは，それぞれ317.9，318.9に収める。　行政

加藤元著『カナダ騎馬警察』 317.951（× 317.7 警察）

『オーストラリア自治体の公務員制度』 318.971（× 318.3 地方公務員）

（7）　二国間の外交関係は，地理区分の後「0」をつけ，相手国によって地理区分する。

長田彰文著『世界史の中の近代日韓関係』 319.1021

●…………法律（320/329）

（1）　法律は，法律一般（320），法学（321），法制史（322），憲法（323），民法（324），商法（325），刑法・刑事法（326），司法・訴訟手続法（327），諸法（328 別法として使用），国際法（329）に大別される。　法律

（2）　各国の法律<一般>に関するものは322.9（法制史－外国法），法令集は320.9（法令集），憲法は323（地理区分）に収める。

木間正道［ほか］著『現代中国法入門』 322.922

宮坂宏編訳『現代中国法令集』 320.922

竹花光範著『中国憲法論序説』 323.22

憲法
行政法
民法

（3）　各国の各種の法律は，323.2/323.7（憲法），323.99（行政法），324.9（民法），

商法
刑法
司法

325.9（商法），326.9（刑法），327.9（司法）のように，当該法律の細目の末尾に置かれる。

324.89　遺失物法（日本の民法の細目の末尾）

324.922　中国の民法（物権法，家族法等）

324.953　アメリカ合衆国の民法（物権法，家族法等）

私法

(4)　私法<一般>は，324（民法）に収める。

(5)　弁護士等の訴訟記録集は，民事・刑事事件ごとに，それぞれ327.209，327.609に収める。個々の民事・刑事事件は，該当する各種の法律の下に収める。

石島泰著『無罪弁論集』 327.609

石田省三郎著『「東電女性社員殺害事件」弁護留書』 326.23

(6)　外国の司法制度・訴訟制度は，個々の法律の下ではなく，327.9に収める。

ニール・アンドリュース著『イギリス民事手続法制』 327.933（× 327.2）

諸法

(7)　諸法は，関連主題の下に収める。別法として，328に収めることもできる。

安西愈著『労働基準法のポイント』 366.15

教育基本法研究会編著『改正教育基本法：逐条解説』 373.22

国際連合

(8)　国際連合の組織・憲章・機構など法的観点から扱ったものは，329.33に収め，政治的なものは319.9に収める。国際連合の専門機関は，ユネスコを除いて，関連主題の下に収める。

国際連合広報局著『国際連合の基礎知識』 329.33

野口昇著『ユネスコ50年の歩みと展望』 329.34

吾郷真一編著『ILOのあらまし：活動と組織・主な条約と勧告』 366.12

日本国際連合学会編『安全保障をめぐる地域と国連』 319.9

(9)　日本の旧植民地の法令は，329.98に収める。

浅野豊美著『帝国日本の植民地法制：法域統合と帝国秩序』 329.98

●…………経済（330/339）

経済

(1)　経済は，経済一般（330），経済学・経済思想（331），経済史・事情・経済体制（332），経済政策・国際経済（333），人口・土地・資源（334），企業・経営（335/336），貨幣・通貨（337），金融・銀行・信託（338），保険（339）に大別される。

特定産業の生産
流通経済

(2)　特定産業の生産・流通経済は，各主題の下に収める。

長山浩章著『発送電分離の政治経済学』 540.9

小野征一郎著『魚類養殖業の経済分析』 666

(3)　経済各論（331.8）では各項目に関する概論・歴史のみを収め，個々の経済学者の学説を形成する著作は331.3/.7に収める。分類表に示されていない経済学者の学説は，該当する学派の下に収める。

石井穣著『古典派経済学における資本蓄積と貧困』 331.82（資本の理論）

カール・マルクス著『資本論：経済学批判』 331.6

(4)　経済政策・国際経済（333）には，理論のみを収める。各国・各地域の経済政策は経済史（332.1/.7）の下に収める。　経済政策 国際経済

酒井邦雄ほか著『経済政策入門』　333

高橋洋一著『この経済政策が日本を殺す：日銀と財務省の罪』　332.107（日本－経済）

杉山誠一著『国際経済論』　333.6

上野秀夫編著『東アジアの経済発展と国際経済』　332.2（東アジア－経済）

(5)　一国の経済援助に関するものは，333.8の下で援助を行う国によって，二国間の援助協力関係に関するものは受入国によって地理区分する。　経済援助

五十嵐武士編『日本のODAと国際秩序』　333.81

加藤隆幹著『日本対中国借款：明治期日本対清国借款の実証的考察』　333.822

(6)　技術移転に関して，国レベルの経済協力は333.8に収め，他のレベルの経済協力は509.2に収める。特定産業に関するものは，各主題の産業の下に収める。

(7)　他の国または他の地方からの移民［来出民］・難民問題および一国の移民政策は，334.4に収め，受入国によって地理区分する。

(8)　一国または一地方からの移民［流出民］・植民問題および一国の植民政策は，334.5に収め，母国［発生国］により地理区分する。

(9)　特定産業，各種団体の経営管理は，各主題の下に収める。

(10)　総合商社以外の個々の社史・誌は，その企業内容によって関連主題の下に収める。

(11)　世界企業，多国籍企業は，335.5に収める。　多国籍企業

(12)　各種の協同組合は，関連主題の下に収める。

『中小企業等協同組合法逐条解説』　335.35

(13)　公私混合企業，国有化，国営化，国家管理，第三セクター，公企業の民営化は，335.7に収める。個々の企業体は，関連主題の下に収める。　公企業の民営化

山崎将太著『混合寡占市場における公企業の民営化と経済厚生』　335.7

郵政改革研究会著『新たな郵政民営化』　693.21

(14)　恐慌＜一般＞および世界的規模のものは，337.99に収める。個々の国レベルのものは，経済史に収める。　恐慌

秋元英一著『世界大恐慌：1929年に何がおこったか』　337.99

アミティ・シュレーズ著『アメリカ大恐慌：「忘れられた人々」の物語』　332.53

●…………財政（340/349）

(1)　財政は，財政一般（330），財政学・財政思想（341），財政史・事情（342），財政政策・財政行政（343），予算・決算（344），租税（345），公債・国債（347），専売・国有財産（348），地方財政（349）に大別される。　財政

(2)　公共投資，財政投融資は，343.7に収める。特定の経費は，各主題の下に収め　公共投資 財政投融資

る。

公共投資総研編集『数字で見る日本の公共投資』 343.7

建設経済研究所編著『公共投資削減の影響と新しい建設産業の取り組み』 510.93

●…………主なNDC10版の改訂

(1) 法制度の改正に伴うものが中心である。省庁再編に伴う行政組織（317.2），2005年の会社法制定に伴うもの（325.2），分類項目NPOの新設（335.89）がある。9版補遺（2000年4月）も取り込まれている。

『財務省職員録』 317.24 ⑨；317.24 ⑩

『金融庁職員録』 317.24 ⑨；317.217 ⑩

『持分会社』 325.2 ⑨；325.22 ⑩

演習問題

問題10 次の図書に対して，詳細な分類記号を付与しなさい。

1 酒井啓子，吉岡明子，山尾大編著『現代イラクを知るための60章』

歴史・地誌，戦争，文化・生活・社会，統治機構，クルド民族，経済，外交など，イラク全般を解説する。

2 『叛逆の精神：大杉栄評論集』

「僕は精神が好きだ」ほか，思想家・大杉栄の主要な社会思想の論文を集める。

3 八幡和郎，吉田健一著『世襲だらけの政治家マップ』

47都道府県300の小選挙区に君臨する平成の世襲藩主＝世襲政治家という「家業」の実態と裏事情を明らかにする。

4 大西裕編『選挙管理の政治学：日本の選挙管理と「韓国モデル」の比較研究』

選挙運動や投開票の方法など，国によって異なる選挙管理のあり方を政治学的・行政学的に分析する。国際比較・二国間比較を通して，日本の選挙管理の特異性を明らかにする。

5 ダニエル・J・ソローヴ著『プライバシーの新理論：概念と法の再考』

情報技術の発達および社会・経済の変化によるプライバシー概念の変容を，法学・社会学的に扱える形で要約する。

6 資格試験研究会編『「大卒程度」警察官採用試験問題集：公務員試験』

大卒程度公務員試験対策に役立つ問題集。

7 堺屋太一，上山信一，原英史著『図解大阪維新とは何か』

「大阪維新の会」を発足より支える顧問が，大阪都構想の本質や公務員制度改革のねらいなど，大阪維新が目指すものをわかりやすく図解する。

8 現代日中関係史年表編集委員会編集『現代日中関係史年表：1950-1978』

中華人民共和国成立以降の1950年から1972年の国交樹立（共同声明調印）をはさみ，

文化大革命（1966-76）を経て，1978年の日中平和友好条約調印までの日中関係を詳述する。

9　東洋大学経営力創成研究センター編『経営者と管理者の研究』

経営力創成，経営者教育，管理者教育の研究にかかわる内容の8篇の論文を収録する。

10　前田達明，原田剛著『共同不法行為法論』

複数不法行為者が因果関係不存在あるいは不明のときにも，責任を負わされる帰責根拠論について論じる。

11　村田治著『現代日本の景気循環』

戦後日本経済は14回の景気循環を経験してきた。その要因をつぶさに実証する中で景気循環の底流に潜む一般的要因の存在を探る。

12　佐藤滋正著『リカードウ価格論の展開』

リカードウの『経済学および課税の原理』の後半諸章を，「価格論」という切り口から解読し，その政治経済理論に新しい光を当てる。

13　城山智子著『大恐慌下の中国：市場・国家・世界経済』

看過されてきた大恐慌の中国への影響を初めて体系的に叙述し，銀本位制の特質と市場・政府の役割を捉え直し，中華帝国から現代中国への大きな転換を浮き彫りにする。

14　長谷川裕雅著『磯野家の相続税：世田谷のアノ自宅は，いくらかかる⁉』

財産の評価の仕方，税金の計算における注意点，効果的な節税対策など，相続税における基本知識と対策を，磯野家の皆さんでシミュレーションして解説する。

15　丸山浩明編著『ブラジル日本移民：百年の軌跡』

2008年の「ブラジル日本移民100周年」の際に立教大学ラテンアメリカ研究所主催で行われた国際会議「ブラジル日本人移民100年の軌跡」の内容を収録する。

16　土方久著『複式簿記生成史の研究』

「記録すること」自体の起源から，「複式簿記」が誕生，完成するまでの歴史。

17　『金融商品取引法入門』

複雑な金融商品取引法をわかりやすく解説する。

18　樋口陽一著『いま，「憲法改正」をどう考えるか』

明治，大正，昭和時代を通じて積み重ねられてきた憲法論議の成果や戦後社会に日本国憲法が果たしてきた役割などをふりかえりながら，現在主張されている改憲論の特徴を解読する。

19　N. ボイスター，R. クライヤー著『東京裁判を再評価する』

東京裁判における検察の論告，それへの抗弁，そして判決は，法理論上どのような妥当性または欠点があったのか。国際戦争裁判としての欠陥とその歴史的教訓を提示する。

20　池田真朗編著『判例学習のA to Z』

判例の読み方から始め，その機能の学び方，実際の紛争解決のために判例を使いこなす方法まで，具体的な事案に沿ってわかりやすく解説する。

UNIT 33

◉分類記号付与の実際（4）：各類別

社会科学（2）
社会・教育ほか（3類後半）

ここでは，社会科学のうち統計，社会，教育，風俗習慣・民俗学，国防・軍事を扱う。これらの主題では，理論的研究と歴史的研究が多いため，統計（350/358）および民間伝承論（380.1）を除いて，一般補助表の形式区分-01，-02については，短縮形を採用している（UNIT 24参照）。

●…………統計（350/358）

統計理論
統計書

（1） 統計理論と統計書を収める。数理統計学は，417に収める。

白石高章著『統計科学の基礎：データと確率の結びつきがよくわかる数理』 417

（2） 統計理論（350.1），統計史・事情（350.2），世界統計書（350.9 別法），一般統計書（351/357），人口統計．国勢調査（358）で構成される。

上藤一郎ほか著『調査と分析のための統計：社会・経済のデータサイエンス』 350.1
島村史郎著『日本統計発達史』 350.21
矢野恒太記念会編集『数字でみる日本の100年：日本国勢図会長期統計版』 351

特定主題の統計書

（3） 特定主題の統計書は，各主題の下に収める。

『近畿農林水産統計年報』 610.59

社会

●…………社会（360/369）

（1） 個々の社会学者の学説・体系を形成する著作および著作集は，361.2に収める。

エミール・デュルケーム著『社会科学と行動』 361.235（フランス社会学）

（2） 特定の目的をもった調査は，361.47に収めず，各主題の下に収める。

文化庁文化部国語課編『国語に関する世論調査』 810.9

社会史

（3） 社会史（362）には，社会体制史，社会構造・組織史を収め，一般社会史は，歴史（2）の下に収める。

中野謙二著『中国の社会構造：近代化による変容』 362.22
笹川裕史著『中華人民共和国誕生の社会史』 222.076

（4） 公務員を対象とした社会保険は，共済制度（317.35）の下に収める。

田中章二著『公的年金（厚生年金・国民年金・共済年金）が危ない!』 364.6
関根繁雄著『よくわかる共済制度（医療・年金）ガイドブック』 317.35

労働経済

（5） 各産業における労働経済は，各産業の下に収める。ただし労働組合・運動は，産業の別にかかわらず，すべて366.6に収める。

岡野孝信編著『なかまと共に：医療労働組合運動をすすめる12章』 366.621

(6) 外国の労働法は，個々の法律についても，すべて366.19に収める。

『ベトナム社会主義共和国労働法典及び関連法令』366.19231

(7) 職場におけるセクシャルハラスメントは，366.3に収める。

(8) 児童・青少年問題<一般>は，367.6に収める。 児童・青少年問題

(9) 老年学，中高年齢者問題<一般>は，367.7に収める。老人福祉は，369.26，老人医学は，493.18に収める。 中高年齢者問題

(10) 性教育<一般>は，367.99に収める。学校における性教育は，375.49に収める。 性教育

池上千寿子著『性について語ろう：子どもと一緒に考える』 367.99

滝川稚也著『実践生徒を眠らせない性教育授業』 375.49

(11) ボランティア活動<一般>は，369.7に収める。特定の対象の場合は，各主題の下に収める。 ボランティア活動

鈴木盈宏著『ボランティアの可能性：人と企業ができること』 369.7

愛知東邦大学地域創造研究所編『東日本大震災と被災者支援活動』 369.31

●…………教育（370/379） 教育

(1) 教育一般（370），教育学・教育思想（371），教育史・事情（372），教育政策・教育制度・教育行財政（373），学校経営・管理・学校保健（374），教育課程・学習指導・教科別教育（375），幼児・初等・中等教育（376），大学・高等・専門教育・学術行政（377），障害児教育（378），社会教育（379）に大別される。

(2) 教育実践記録は，各教科の下に収める。ただし，特定の教科を扱っていない教育体験記や実践記録は，370.4に収める。 教育実践記録

村林史郎著『個性的な授業：高校物理の授業と実践記録』 375.424

鷲野一之著『先生たすけてください：公立学校教員の実践記録』 370.4

(3) 個々の教育学者の学説・体系を形成する著作および著作集は371.2に収める。

ジョン・デューイ著『経験と教育』 371.253

(4) 各国の教育制度史・事情は，372に収める。比較教育は，373.1に収める。 教育制度

『フィンランドの教育力：なぜ，PISAで学力世界一になったのか』 372.3892

『PISAは各国に何をもたらしたか』 373.1

(5) 小学校・中学校・高等学校教育のカリキュラムや学習指導に関する著作は，375に収める。幼稚園は376.15，大学は377.15に収める。外国の教科別教育に関する著作は，教育史の下に収める。 カリキュラム 学習指導

『0歳から英語ができる本：ママと一緒に歌っておどって英会話!』 376.158

『わかりやすい英語教育法：小中高での実践的指導』 375.893

『国際化拠点大学における英語教育のニーズ分析とカリキュラム開発』 377.15

『韓国の英語教育政策：日本の英語教育政策の問題点を探る』 372.21

視聴覚教育

(6) 視聴覚教育＜一般＞は，375.19 に収める。特定教科の視聴覚教育は，各教科の下に収める。

『すべての子どもがわかる授業づくり：教室でICTを使おう』 375.199

『できる！わかる！ ICTを使った算数授業』 375.412

教科書・往来物

(7) 教科書・往来物＜一般＞は，375.9 に収める。個々の教科の教科書は，各教科の下に収める。

川島幸希著『国語教科書の闇』 375.9

『新しい国語 1』（小学 1 年生用教科書） 375.82

(8) 個々の学校・大学の校誌，要覧，写真集などは，その校種別により 376/377 の下に収める。総合的な学園の場合には，最高組織の下に収める。ここには学校・大学全体のものだけではなく，特定の学年・学部や同窓会などのものについても収める。

『青森県立弘前南高等学校創立五十周年記念史』 376.48

『聖徳大学附属中学校・高等学校：Anniversary 10』 377.28

『明治学院同窓会百年史』 377.28

学校誌

(9) 各種学校における個々の学校誌は，関連主題の下に収める。

『浜松市医師会看護高等専修学校 50 周年記念誌』 492.907

(10) 旧学校制度下の各種学校は，現在の学校制度に見なした校種の下に収める。

大塚浩介著『山形県高等女学校史』 376.48

海外留学

(11) 海外留学に関して高校生までのものは，376.489 に収め，それ以上の人を対象としたものは，377.6 に収める。

栄陽子著『留学・アメリカ高校への道』 376.489

栄陽子著『留学・アメリカ名門大学への道』 377.6

生涯教育

(12) 生涯教育・生涯学習は，379 に収める。社会体育は，780 の下に収める。

真田久ほか編著『体育・スポーツ史にみる戦前と戦後』 780.2

白石豊著『スポーツの得意な子に育つ親子遊び』 379.9

社会教育施設

(13) 社会教育施設（379.2）では，施設一般と公民館について扱う。図書館は 010，博物館については，069 で扱う。

徳永高志著『公共文化施設の歴史と展望』 379.2

●…………風俗習慣．民俗学．民族学（380/389）

民俗学

(1) 民俗学一般（380），風俗史・民俗誌・民族誌（382），民俗学・民族学・文化人類学の個別問題（383/388），民族学・文化人類学一般（389）で構成される。

民族学
文化人類学

(2) 民族学・文化人類学の個別問題は民俗学の民俗学の個別項目（383/387）も共通に使用する。ただし，民族学・文化人類学一般および理論については 389 に収める。

『嗜好品の文化人類学』 383.8

『フォークロアの理論』 380.1

『文化人類学20の理論』 389

(3) 小笠原流礼法等の各流派は385.9に収める。特定主題の作法は各主題の下に収める。

『「小笠原流」日本の礼儀作法・しきたり』 385.9

『入門お茶の作法』 791.7

(4) 応接，接客＜一般＞は，385.95に収める。ビジネスに関する応接，接客は336.49に収める。 応接・接客

『暮らし上手のおもてなし』 385.95

『ビジネスと食事のマナー：おもてなしの心をはぐくむ』 336.49

(5) 特定主題に関することわざは，各主題の下に収める。

太田宏人著『いまどき養生訓：医療ことわざ100選』 498.3

時田昌瑞著『絵で楽しむ江戸のことわざ』 388.81

(6) 郷土民謡の研究および民謡集は，388.9に収め，単なる歌集は767.5，歌謡集は文学の下に収める。

山本辰雄著『九州の民謡秘話』 388.919

片倉輝男著『奄美民謡島唄集：大要・歌詞・五線譜・三味線譜』 767.5197

浅野純編『歌謡曲のすべて歌詞集：ベスト1236』 911.66

●…………国防．軍事（390/399）

(1) 防衛大学校は，390.7に収める。

(2) 戦争史は歴史（200/279）に収める。戦史・戦記（391.2）には軍事的見地からの著作を収め，従軍記などはルポルタージュ（9□6）に収める。 戦争史

奥宮正武著『レイテ沖海戦とその後』 210.75

樋口晴彦著『レイテ決戦：硬直化した組織運営に見る敗北の全容』 391.2

片岡董著『レイテ戦従軍記』 916

(3) 自衛隊＜一般＞は，392.1076（第二次世界大戦後の国防史・事情）に収める。 自衛隊

芦川淳著『自衛隊と戦争：変わる日本の防衛組織』 392.1076

(4) 軍事医学（394）には，軍隊の保健衛生，食事，診療，防疫などを収め，医学的な著作は，490に収める。

『医師・看護師の有事行動マニュアル：医療関係者の役割と権利義務』 394

『自衛隊医官のための急病対策マニュアル：呼吸器系・消化器系』 493.3

(5) 陸軍，海軍の個々の部隊史は，それぞれの兵科の下に収める。

●…………主なNDC10版の改訂

(1) 介護保険（364.48），総合的学習（375.189）の新設，入学試験（376.8）の細分化，大学院入試の新設（377.8）がある。また，教科書（375.9）において，教科に細分することを可能とした。

『介護保険制度』 364.4 ⑨；364.48 ⑩
有田和正『総合的学習を成功させる対策』 375 ⑨；375.189 ⑩
『中学受験はじめての学校ガイド』 376.8 ⑨；376.83 ⑩
『大学院受験白書』 376.8 ⑨；377.8 ⑩
『新しい歴史教科書：市販本：中学社会』 375.9 ⑨；375.9323 ⑩

演習問題

問題11 次の図書に対して，詳細な分類記号を付与しなさい。

1 西内啓著『統計学が最強の学問である』
一定数のデータさえあれば最適な回答が出せる統計学を「最強の学問」と位置付け，その魅力と可能性を伝える。

2 『茨城県の人口：平成22年国勢調査：人口等基本集計結果報告書』
総務省統計局が公表した茨城県の平成22年国勢調査人口等基本集計結果のうち，主要な項目について取りまとめたものである。

3 西谷敏著『労働組合法』
労働組合法を中心に，その周辺法を含む広義の「労働組合法」を体系的に捉えた教科書。

4 菊谷和宏著『「社会」の誕生：トクヴィル，デュルケーム，ベルクソンの社会思想史』
19世紀フランスに生まれたトクヴィル，デュルケーム，ベルクソンという三者を，ひとつの流れとして読み解く，これまでにないユニークなフランス社会思想史。

5 浅野智彦著『「若者」とは誰か：アイデンティティの30年』
消費社会の到来，個性尊重教育の登場，オタクの浮上，多元化する自己。若者たちは自らのアイデンティティをいかに探求し，大人たちは若者たちをどのように捉えてきたかを探る。

6 森川すいめい著『漂流老人ホームレス社会』
職をなくし，家をなくし，再就職もできず，彼らの心と命をむしばんでいく。精神科医の著者が，19年間向きあってきた野宿の人たちの現実を綴る。

7 中尾幸村著『図解わかる年金：国民年金・厚生年金保険・共済組合』
老齢給付，障害給付，遺族給付，共済年金，年金の請求手続き，年金と税金など，年金のしくみを最新データに基づいてわかりやすく解説する。

8 東洋大学井上円了記念学術センター編『井上円了の教育理念：歴史はそのつど現在が作る』
東洋大学の創立者井上円了の教育理念と東洋大学の歴史をわかりやすく紹介する。

9　下村哲夫著『教育法規を読む：これだけは知っておきたい』

教職員の勤務はもちろん，教科書の使用にも，生徒指導にも，その他学校運営のあらゆる場面にわたって引き合いに出されることが多い「教育法規」について，わかりやすく解説する。

10　春山行夫著『紅茶の文化史』

紅茶の世界史・日本史はもちろん，アフタヌーン・ティーの心得，ティーカップの目利きまで語る。面白くてためになる紅茶のすべて。

11　國眼厚志著『プロジェクター活用で授業は劇的に変わる』

プロジェクターを活用した授業の利点と実践例を各教科について紹介する。

12　『東海大学海洋学部50年史』

昭和37年に設置され，海に関する総合的な教育機関として活動してきた海洋学部の50年史。

13　酒井敏編『子どもと「遊び」』

子どもと<遊び>はどのように表象されてきたのか。古文，漫画，アニメ，古い資料の分析，クリエイターの実体験から浮き彫りにする。

14　勝田至編『日本葬制史』

古来，人々は死者をどう弔ってきたのか。死体が放置された平安京など各時代の日本人の他界観と，死と向き合ってきた歴史を探る。

15　小西正捷著『インド民俗芸能誌』

大道芸，絵語り，人形芝居，舞踊，仮面劇など，インド各地の芸能を実地に体験して文化史的考察を加え，地域的な知られざる芸能の中にアジア芸能文化の深奥を探る。

16　出口顯著『レヴィ=ストロース：まなざしの構造主義』

人類学を創りだしただけでなく思想を根底から変革したレヴィ=ストロースの核心と可能性を描き出す。第一人者による最良の入門書にして画期的なレヴィ=ストロース論。

17　野中郁次郎編著『戦略論の名著：孫子，マキアヴェリから現代まで』

戦略とは何か。勝ち抜き生き残るために，いかなる戦略をとるべきなのか。古今東西の戦略思想家たちの叡智が結集された戦略論の中から現代人必読の12冊を厳選して紹介する。

18　東田勉編著『介護のしくみ：完全図解』

ケアマネやヘルパーなど介護職について，学生，介護ビジネス関係者など幅広い読者層に向けた介護の教科書。介護保険法2012年改正に完全対応！

19　高橋亜希子著『総合学習を通した高校生の自己形成』

総合学習を，学習主体である生徒からの視点でその意義とともに，高校生の学習の本質を明らかにする。

20　才木弓加著『就活ノートの作り方』

自己分析や業界＆企業研究，エントリーシート＆面接対策といった，就活のすべての場面で得た情報をまとめておく『就活ノート』のまとめ方を解説する。

UNIT 34

◉分類記号付与の実際（4）：各類別

自然科学（4類）

自然科学

医学
薬学

自然科学（4類）は，自然科学一般（400/409），科学の原理解明の重要な方法である数学（410/419）を冒頭とする自然科学の諸部門，物理学（420/429），化学（430/439），天文学（440/449），地学（450/459），生物学（460/489）の純粋科学と人体の構造や機能に関する知識を基礎に病気を癒す医学（490/498），薬学（499）によって構成される。

●…………自然科学一般（400/409）

科学史

(1)　科学，技術の両面にわたる歴史は，科学史（402）の下に収める。

　　村上陽一郎著『科学・技術の二〇〇年をたどりなおす』 402

科学探検・調査

(2)　科学探検・調査（402.9）の内容が，人文・自然両面にわたるものは，地誌（290）の下に収める。

　　『トカラ列島学術調査報告書』 291.97

●…………自然科学の諸部門（410/489）

(1)　純粋理論および実験的なものを収める。各種の応用は，それぞれ関連主題の下に収める。

　　『低温の物性物理』 426.7

　　『冷凍技術の科学』 533.8

分析化学

(2)　分析化学で使用する試料，微量分析，試薬，指示薬＜一般＞も，分析化学（433）の下に収める。

　　梅澤喜夫ほか共著『超微量分析』 433

(3)　無機化合物は，それに含まれている元素のうち，435/436で示す各元素の後方に置かれている元素の下に収める。

　　『二酸化炭素の有効利用技術』 435.6（炭素）

(4)　天文学上の地球は448に収める。自然科学諸分野での地球の研究は450に収める。

(5)　個々の人種誌において地理区分できない民族・国民は，469.8に収め，言語によって区分する。

●…………医学・薬学（490/499）

(1)　医学・薬学は，医学一般（490），医学各論（491/498），薬学（499）に大別される。　医学 薬学

(2)　東洋医学一般は490.9に，漢方薬一般は499.8に収めるが，東洋医学によるものであっても，特定の疾病は，各々の下に収める。　東洋医学 漢方薬

渡辺賢治著『漢方医学』 490.9

朴志賢著『漢方で治す糖尿病』 493.12

北村順著『循環器医が知っておくべき漢方薬』 493.2

(3)　通俗的な性知識は，家庭衛生・結婚医学（598.2）に収める。　家庭衛生

(4)　薬物の生理学的・治療学的作用に関するものは，薬理学（491.5）に収める。薬化学，薬剤学は，薬学（499）に収める。

(5)　各器官の疾患病理，診断・治療，食餌療法および各科専用の医療器具は，493/497の下に収める。ただし，内科診断学は，492.1に収める。

(6)　特定の対象についての各疾患の看護は，その対象の看護（492.991/.929）に収める。特定の対象に限らない各疾患の看護は，成人看護（492.926）に収める。　看護

(7)　特定難病のうち全身病的なものは，493.11に収める。特定部位のものや，原因が明瞭なものは，各部位（494.6ほか）の下に収める。

(8)　肺結核は493.89に収めるが，肺以外の各器官の結核は，その器官の下に収める。

(9)　各器官の癌の治療法は，各部位（494.6ほか）の下に収める。

●…………主なNDC10版の改訂

(1)　精神医学（493.7）で構成の見直しと歯科学（497）で基礎歯科学の細分化が行われた。

切池信夫著『クリニックで診る摂食障害』 493.74 ⑨；493.745 ⑩

『口腔組織・発生学』 497.1 ⑨；497.12 ⑩

(2)　未確認飛行物体［UFO］（440.9）について，天文学に分類されていることに対して異論があるが，これまでの実績も勘案し，本則は9版のままとしながら，心霊研究（147.9その他の超常現象［新設］）に別法を設けた。

(3)　植物（470）の分野では，被子植物（479）について，新エングラー体系を基に構成を見直すことも検討されたが，基本的に9版の構成が維持されている。

演習問題

問題12　次の図書に対して，詳細な分類記号を付与しなさい。

1　板倉聖宣著『科学者伝記小事典：科学の基礎をきずいた人びと』

古代ギリシアから1800年代に生まれた，世界の代表的な科学者約80人を生年順に配列し，人名事典としての機能はもちろん，「科学の発達史」としても通読できる事典。

2　南和彦著『微分積分講義』

微分積分の入門から本格的な解析学の入り口までを扱い，同時に工学や自然科学などの各分野への具体例を解説することを意図して構成されている。

3　松本幸夫著『トポロジー入門』

高校数学程度の素養をもった読者にトポロジーの初歩からその基本事項を紹介した入門書。

4　Russell Stannard著『相対性理論：常識への挑戦』

数々の常識の打破に焦点を当て，アインシュタインの相対性理論をやさしく解説する。

5　村田滋著『光化学：基礎と応用』

教養課程の大学生や一般社会人のための光化学の入門書。また，自然科学系諸学部の大学生が，分子構造論を復習しながら光化学の基礎と応用を学ぶ際の教科書。

6　浅田英夫著『誰でも探せる星座：1等星からたどる』

星座を見つけるのは初めてという初心者向けに，1等星を持つ星座から，まわりにある星座を見つけていくというユニークな方法による星座の探し方を解説する。

7　『地理情報科学：GISスタンダード』

大学学部生向けの地理情報システム（GIS）と地理情報科学の標準的な教科書。

8　田家康著『気候で読み解く日本の歴史：異常気象との攻防1400年』

律令時代から近代まで，長期に及ぶ寒冷化や干ばつなど異常気象に日本人がどう立ち向かってきたのかを豊富なエピソードとともに描く。

9　小林憲正著『生命の起源：宇宙・地球における化学進化』

生命の起源を分子の視点から論じる。古典的化学進化説から，深海・火山などの極限環境，隕石や火星などの宇宙に関する話まで，科学的見地から幅広く解説する。

10　小島覚著『カナダの植生と環境』

多様なカナダの植生とそれを成立させている自然環境をバイオームの観点から9つの地域に区分し，図表や写真を多用して具体的に解説する。

11　亀崎直樹編『ウミガメの自然誌：産卵と回遊の生物学』

日本の砂浜で産卵するウミガメはどこからやってくるのか？　産卵や回遊をはじめとする生態，進化，生理，保全，そして日本人とのかかわりまでを語るウミガメの生物学。

12　京都大学iPS細胞研究所編著『iPS細胞の世界：未来を拓く最先端生命科学』

iPS細胞とは何かから応用まで，その現状と課題を解説する。

13　一宮洋介著『認知症の臨床：最新治療戦略と症例』

認知症の診断と治療について，最新の知識をまとめた臨床テキスト。

14　『パーキンソン病のことがよくわかる本』

動きづらさ，不眠，幻覚，うつなどの症状にどう対処するか。最新治療と生活法を解説。

15　藤田恒太郎原著『歯の解剖学』

歯の特徴をわかりやすくまとめ，図や写真を多用して，歯の形態について詳しく解説。

UNIT 35

◉分類記号付与の実際（4）：各類別

技術（5類），産業（6類）

技術（5類）は，技術・工学一般（500/509），第二次産業の生産諸技術（510/589，第一次産業の採鉱技術（561/562，567/569）を含む）およびその生産・流通経済に関する著作を収める。併せて家政学．生活科学（590/599）を収める。 技術

産業は，第一次産業の農林水産業（610/669）および第三次産業の商業（670/679），運輸（680/689），通信（690/699）によって構成される。

5類が学問分類を第一区分原理としているのに対して，6類の第一区分原理は「産業分類」である。 産業分類

この両部門は観点分類法よりも特定主題分類法の性格が強い。

●…………技術・工学一般（500/509）

(1)　技術．工学一般（500），工業基礎学（501），技術史．工学史（502），参考図書等の形式区分（503/508），工業．工業経済（509）で構成される。 技術 工学

『エンジニアのための工学概論』　500

『JIS工業用語大辞典』　503.3

『現代工業経済論』　509

(2)　発明家列伝は，507.1（特許．発明．考案）に収める。

橋本毅彦著『近代発明家列伝：世界をつないだ九つの技術』　507.1

(3)　無体財産権<一般>は507.2（工業所有権）に収めるが，著作権は021.2に収める。 無体財産権

茶園成樹編『知的財産法入門』　507.2

土井宏文著『著作権ビジネス構造分析』　021.2

●…………第二次産業の生産諸技術等（510/589）

(1)　建設工学・土木工学（510/519），建築学（520/529），機械工学（530/538），原子力工学（539），電気工学（540/549），海洋工学・船舶工学（550/558），兵器・軍事工学（559），金属工学・鉱山工学（560/569），化学工業（570/579），製造工業（580/589）で構成される。

(2)　各種の技術・工学の経済的・経営的観点は固有補助表（-09/-096）によって共通的に区分することができる。

各種の技術・工学の固有補助表
-09 経済的・経営的観点
-091 政策．行政．法令
-092 歴史・事情　＊地理区分
-093 金融．市場．生産費
-095 経営．会計
-096 労働

長山浩章著『発送電分離の政治経済学』 540.9
『最新電気事業法関係法令集』 540.91

(3) 各種の橋梁は，特定の用途（515.7），構造形式（515.5），主材（515.4）の優先順序によって該当する項目に収める。特定の用途のうち，水道橋は518.16に，鉄道橋は516.24に収める。

『鋼斜張橋：技術とその変遷』 515.55（× 515.45）

(4) 様式別の建築（521/523）には，歴史，様式，図集を収める。建築図集は-087を用いて細区分できる。なお，日本建築における歴史上の個々の建造物は，各時代の下に収めず，521.8に収める。

太田博太郎著『日本の建築：歴史と伝統』 521
『日本の西洋建築：明治・大正・昭和の息づかいを今に伝える』 523.1
『ヨーロッパ史蹟建造物図集成』 523.087
溝口明則著『法隆寺建築の設計技術』 521.818（× 521.3）

(5) 現代の建築計画・建築誌は，526に綱目表に準じた記号を付加して当該建築物の種類を示す。ただし図書館建築は，012もしくは016/018に収める。

(6) 原子力工学（539）には，原子力の平和利用（動力源とアイソトープにかかわるもの）に関するものを収める。各産業への原子力利用はその産業の下に収める。

小佐古敏荘編著『放射線安全学』 539.68
二見常夫著『原子力発電所の事故・トラブル：分析と教訓』 543.5

情報工学

(7) 情報工学（548）には，工学的な取り扱いに関するもののみを収め，情報科学およびシステムに関するものは007に収める。

荒木健治著『コンピュータ工学概論：コンピュータはなぜ計算ができるのか?』 548.2
鈴木衛編著『コンピュータシステムの基礎』 007.6

金属加工

(8) 金属加工一般と鉄鋼の塑性加工（高温加工，低温加工）は，566に収め，鉄鋼の切削加工は，532に収める。個々の非鉄金属加工は565に収める。

海野邦昭著『トコトンやさしい金属加工の本』 566
『アルミニウムの加工方法と使い方の基礎知識』 565.52
『切削・研削・特殊加工』 532

(9) アパレル産業，既製服の製造販売は，589.2に収める。家庭裁縫および仕立業は，593 に収める。

富澤修身著『模倣と創造のファッション産業史』 589.21

●…………家政学・生活科学（590/599）

（1） 家政学・生活科学は，家政学・生活科学一般（590），家庭経済・経営（591），家庭理工学（592），衣服・裁縫（593），手芸（594），理容・美容（595），食品・料理（596），住居･家具調度（597），家庭衛生（598），育児（599）で構成される。 家政学 生活科学

『13 歳からの家事のきほん 46』 590

『大増税時代を生き抜く共働きラクラク家計術』 591

『自分でできる家電・日用品の徹底修理術』 592

『はじめてのおさいほうレッスン：基礎の基礎からよくわかる』 593

『手芸の本：裁縫・編み物・刺繍』 594

『岩波の子育てブック幼年期：ゼロ歳から就学まで』 599

（2） 家庭生活を技術的に扱う手段・方法は 590 の下に収める。社会問題からみた生活・家族・婦人問題は 365，367 に収め，家庭倫理は 152 に，生活史は 383 に収める。

加藤裕子著『「和の道具」できちんと暮らす：すこし前の日本人に学ぶ生活術』 590

大久保孝治著『日常生活の探究：ライフスタイルの社会学』 365

原田信男著『江戸の食生活』 383.81

（3） 食品栄養は，一般には 498.5 に収める。

『管理栄養士・栄養士必携：データ・資料集』 498.5

●…………主な NDC10 版の改訂

（1） 電気鉄道（546）を削除項目とし，施設・設備・機器に関するものは鉄道工学（516）へ，車両に関するものは運輸工学．車両．運輸機械（536）へ移設された。546 が 547／548 に隣接する項目であることから，将来これらの拡張・再展開をも見越した改訂でもある。

（2） 環境工学（519）の用語の見直し，各種航空機（538.5/.7），酒類（588.52/.55）等は構造の見直し（中間見出しの見直し）が行われた。

（3） 各種の工学〈510／580〉に対して共通に適用される固有補助表が整備された。

●…………産業（6 類）

（1） 産業一般（600/609）は第二次産業（5 類）を含めた総記であり，農林水産業の総記は農業一般（610.1/.8）に収める。 産業 第二次産業

『ひろしまの商工業：広島県産業の現状』 602.176

（2） 農業経済（611）に関するものは，一地域を対象としたものであっても 611.1/.99 農業経済

の当該主題の下に収める。ただし，近世以前のものは，土地制度（611.2）と飢饉・備荒・三倉制度（611.39）を除き農業史（612）に収める。

関東農政局千葉農政事務所統計部編『グラフでみる千葉県農業の担い手』 611.7

山口隆治著『加賀藩地割制度の研究』 611.22143（土地制度）

農村・農民問題

(3) 農村・農民問題（611.9）には，一般的なものを収め，各地域の農村・農民問題は，611.92または612の下に収める。

渡辺尚志編『幕末維新期萩藩村落社会の変動』 612.177

小池善吉著『近代群馬農村の危機的展開：転換期における村落社会』 611.921

家庭の庭木の手入れ

(4) 家庭の庭木の手入れ＜一般＞は，627.7に収める。家庭における庭づくりを含めた造園のための樹木の手入れは，629.75に収める。

船越亮二著『庭木の手入れコツのコツ：カラー図解』 627.7

山崎誠子著『植栽大図鑑：樹木別に配植プランがわかる』 629.75

ペット用品

(5) 犬・猫以外の愛玩動物，ペット用品＜一般＞は645.9に収める。

服部憲一著『ペット産業・市場概論』 645.9

(6) 林業の経済・行政・経営に関するものは，一地域を扱っているものでも，651に収める。ただし，近世以前のものは林業史（652）の下に収める。水産業についても同様の扱いとする。

中島明著『群馬の林政史：ひとと森林のかかわり』 651.2

山口隆治著『加賀藩林制史の研究』 652.143

商店街

(7) 商店街＜一般＞は673.7に，特定地域の商店街に関しては672に収める。

新雅史著『商店街はなぜ滅びるのか：社会・政治・経済史から探る再生の道』 673.7

天神橋三丁目商店街振興組合編『天神橋筋繁昌商店街』 672.163

広告

(8) 商品・企業に限定されない広告＜一般＞は，674.1/.8に収める。特定商品・企業の宣伝・広告は，674.9に収める。

林惠玉著『中国の広告とインターネットの実態』 674.222

『飲食店の広告と日本・海外飲食店の表示システム』 674.9

(9) 近世以前の陸上交通に関するものは，682に収める。

宇佐美ミサ子著『宿場の日本史：街道に生きる』 682.1

(10) 個々の番組あるいは写真や活字で番組そのものを再現したような出版物は，699.63/.69に収める。ただし，個々の番組内容の主題を出版物として編纂したものは，その主題の下に収める。

佐藤利明編著『植木等ショー! クレージーTV大全』 699.67

●…………主なNDC10版の改訂

(1) 愛玩動物［ペット］（646.9）の位置づけを明確にし，獣医学の展開の充実が図られた。

(2)　646.9との二者択一項目であった「647 みつばち．昆虫」を削除項目とした。
(3)　流通産業，運輸・交通業を中心に表の現代化が行われた。
(4)　農林水産業の経済・行政・経営の項目（611／661）においては，整合性を図るべく項目名，注記が見直された。
(5)「694 電気通信事業」については，「007 情報科学」を参照。

演習問題

問題13　次の図書に対して，詳細な分類記号を付与しなさい。

<技術（5類）>

1　大橋和正著『暮らしに役立つ技術と工学の基礎知識』

からくり人形などの伝統的な製作技術から機械や電子・電気機器を設計・製作するための基礎知識まで取り上げ，工学の基礎をわかりやすく解説する。

2　ジャック・チャロナー編集『人類の歴史を変えた発明1001』

人類が発明した数え切れないほどの発明の中から，「歴史を変えてしまった」と思われる1001の発明を，いつ，誰によって，なぜ，どのようにして発明されたのかを解き明かす。

3　久米均著『日本の製造業：これからの経営と品質管理』

経済と社会が成熟したわが国において，その最良の伝統を生かし，工業国として国際的に存在感が持たれる国となるために何が必要かを考える。

4　阿部英彦［ほか］共編著『語り継ぐ鉄橋の技術：鋼橋の維持管理と環境保全』

鋼鉄道橋に関する改革的技術の変遷と次世代に継承すべき経験的知恵を紹介・解説する。

5　片岡直樹著；久留米大学法学会編『中国環境汚染防治法の研究』

悪化の一途をたどる中国の環境汚染に対処する環境政策と法制度の全体像を示す。

6　ロール・ヌアラ著『放射性廃棄物：原子力の悪夢』

原子爆弾誕生の地＝米国ハンフォードから，フランスのラ・アーグ再処理工場，ビュール廃棄物埋設処理施設，シベリアの果ての露天廃棄場など，世界の核のゴミ捨て場の現実を知る。

7　宇宙航空研究開発機構編著『新型固体ロケット『イプシロン』の挑戦』

革新的なアイデアと技術を実現し，科学衛星や探査機の打ち上げに新しい時代をもたらそうとしているイプシロンロケットの開発，日本の固体ロケット開発の歴史をふりかえる。

8　梅澤克之，石田崇著『図解初学者のためのコンピュータのしくみ』

電卓からモバイル，クラウド，スーパーコンピュータまで，コンピュータの原理を解説する。

9　上瀧洋明著『目で見るチタンの加工』

難加工材といわれるチタンの加工（プレス加工，切削加工，研磨加工，溶接など）について初心者でもわかるように図・写真を用いて平易に解説する。

10 『洋裁百科』

基礎から応用まで，採寸の仕方，製図の引き方から布の裁断まで，洋裁知識を紹介する。

11 主婦の友社編『最新はじめての育児』

最新の育児行政や予防接種情報も含めて，新生児から3歳までの最新の育児情報を収録する。

12 アルバート・ジャクソン，デヴィド・デイ著『木工工具の知識と技能』

豊富な写真とともに，木工で使う主な工具の概要や手入れ方法，使用方法を詳しく解説する。

13 橋山禮治郎著『リニア新幹線：巨大プロジェクトの「真実」』

東京・大阪間を1時間で結ぶというリニア新幹線は本当に「夢の超特急」なのか。本当に必要なインフラなのか。経済・技術・環境面など，リニアが抱える問題を徹底的に論じる。

14 小林正義著『EF18形電気機関車：異端電機の生涯』

国鉄EF18形電気機関車について，その誕生から廃車までを，多数の細部写真とともに解説する。

15 『電気鉄道技術変遷史』

120年間の電気鉄道技術の歴史を解説する。

<産業（6類）>

16 渡邉真理子編著『中国の産業はどのように発展してきたか』

中国の産業はなぜ発展し続けているか。「垂直分裂志向の取引システム」，「技術プラットフォーム」，「取引プラットフォーム」といった分析概念をもとに，その産業発展の特徴を描く。

17 小田義幸著『戦後食糧行政の起源：戦中戦後の食糧危機をめぐる政治と行政』

戦時期の食糧管理強化や占領初期の食糧危機克服をめぐる政策決定を論じるとともに，戦時体制における官僚の主導的役割を組織の内実や政策決定の過程から明らかにする。

18 静岡県農林技術研究所編『静岡の棚田研究：その恵みと営み』

水質浄化，多様な生物の生態系保存，自然の美しい風景など，静岡県における棚田の役割と魅力を紹介する。

19 廣本満著『紀州藩農政史の研究』

大庄屋の設置時期，紀州藩の徴税法等，紀州藩の藩政と農民の実態を論述する。

20 平井孝幸著『図解自然な姿を楽しむ「庭木」の剪定』

庭木として人気のある「雑木」を中心とした樹木の手入れのポイントを，誰にでもわかりやすくイラストを多用して解説する。

21 『緑のある庭づくり：植栽プラン実例と基本作業』

自然の里山や雑木林の中にいるような緑のある庭づくりのための入門書。緑豊かな10邸の庭を取材して，木の配置や植物の植え方など植栽プランの実例を解説する。

22 渡邊乾二編著『食卵の科学と機能：発展的利用とその課題』

鶏卵の生産と消費の現状，鶏卵の構造と成分および品質，食品機能，成分機能，各種家禽卵の機能と利用などを述べるとともに，食卵の今後の課題と展望を示す。

23　仲間勇栄著『沖縄林野制度利用史研究』

琉球王国時代から戦後沖縄の今に至るまで，沖縄の山や森，緑はどのような制度を持ち，どのように利用されてきたか。諸資料を駆使して，通論的なその全体像の骨格を描く。

24　片野歩著『日本の水産業は復活できる！：水産資源争奪戦をどう闘うか』

日本では衰退産業と思われている水産業は，他国では有望な成長産業であるところが多い。豊富な資源と絶好の漁場を持つわが国水産業の復興と再活性化への戦略を解説する。

25　東南アジア考古学会編『塩の生産と流通：東アジアから南アジアまで』

東アジアから南アジアのさまざまな地域，時代の「塩」にかかわる技術体系や生業経済の分析を踏まえて，諸文化にとって欠かせない塩が文化要素としてのどのような意味を考究する。

26　鈴木健介著『ダメな商店街を活性化する８つのポイント』

商店街，すなわち街角に元気を取り戻してもらう具体的方法を解き明かした，商店街活性化のための処方箋を示す。

27　浅野恵子著『スーパーマーケット・コンビニエンスストアで働く人たち』

私たちが日々の暮らしの中で利用する場所や施設にはどんな仕事があるだろう？　２人の中学生，山田くんと金子さんが，その疑問にせまるしごと場見学記。

28　『かわいいうさぎ：写真いっぱい!：品種＆飼い方』

うさぎの品種選びから世話の仕方までの基本を解説する。

29　吉川泰弘著『獣医さん走る：家畜防疫の最前線』

食料の安定供給，食品の安全性確保，動物由来の感染症のコントロールなど，市民の健康と安全社会の維持に努める獣医の役割を紹介する。

30　『江戸の旅と交通』

主要街道が整備され，宿場やその施設が発達した。庶民も信仰を目的に安心して旅行ができた。江戸時代の旅と交通を，多数の図版，イラスト，写真を掲載して紹介する。

UNIT 36

◉分類記号付与の実際（4）：各類別

芸術（７類）

７類は，特殊な材料，技巧，様式などによる美の創作・表現である芸術（700/779），遊技・競争・肉体的鍛錬の要素を含む運動の総称であるスポーツ・体育（780/789），そして種々の芸道，人間の心を楽しませ慰める諸芸・娯楽（790/799）の三部門で構成されている。芸術部門は，芸術一般（700/709），美術（710/759），音楽（760/768），舞踊・バレエ（769），演劇（770/777），映画（778），大衆演芸（779）で構成されている。芸術作品は表現している主題ではなく，その表現形式によって分類する。

●…………芸術一般（700/709）

芸術

(1)　表現形式を問わない芸術・美術全般を収める。

北原惇著『現代音楽と現代美術にいたる歴史：動物学と脳科学から見た芸術論』 704

(2)　世界全般の芸術・美術の各時代史，および芸術・美術史上，主要な様式の歴史，研究・評論は，702.02/.07 に収める。ただし，各国の芸術・美術史は，時代史および様式も 702.1/.7 に収める。

浅野和生著『ヨーロッパの中世美術：大聖堂から写本まで』 702.04

君塚淳一編著『アメリカン・ポップ・カルチャー 60 年代を彩る偉人たち：音楽・美術・文学そして映画』 702.53

(3)　日本の個々の古社寺を中心とした芸術・美術は，702.17 に収める。

『若狭・多田寺の名宝』 702.17

芸術家の伝記

(4)　各国の芸術家の伝記は，研究・評論とともに，各芸術史（地理区分）に収める。個人の場合には，主な活動の場と認められる国，もしくは出身国によって地理区分する。ただし，芸術活動が多岐にわたり，分野が特定できない芸術家の総合的な伝記は，芸術史（地理区分）に収める。

池上英洋編著『レオナルド・ダ・ヴィンチ：ルネサンス「万能人」の生涯』 702.37

(5)　文化政策としての文化財等の指定や保護に関するものは 709 に収める。個々の史跡名勝，天然記念物，無形文化財，建造物などは，各主題の下に収める。

垂見健吾写真『沖縄の世界遺産』 709.199

『人間国宝事典：重要無形文化財認定者総覧』 709.1

●…………美術（710/759）

(1) 美術は，彫刻（710/718），絵画（720/728），版画（730/737），印章・篆刻・印譜（739），写真（740/748），印刷（749），工芸（750/759）で構成されている。美術の一部門とされることもある建築は520に，造園は629に収める。 美術

(2) 各表現形式は，様式や材料・技法で区分される。

石井元章著『ルネサンスの彫刻：15・16世紀のイタリア』 712.37（彫刻）

ジャン・リュデル著『イタリア・ルネサンス絵画』 723.37（絵画）

(3) 各美術（写真，印刷を除く）の図集は，固有補助表（-087）により細分できる。この図集には，鑑賞のための図版を主体とする展示図録も含まれる。ただし，図版が目録の一部として収録されている一般的な美術館・展覧会の所蔵・出陳目録は，目録（形式区分 -038）として扱う。

『大原美術館所蔵名品展』 723.087

(4) 日本絵画史（721.02）は，日本芸術史で示すように時代区分（702.1を細分している「-2 古代」から「-6 近代」）することができる。

田中敏雄著『近世日本絵画の研究』 721.025

近世までの洋画史は721.02に収め，日本近代洋画史は723.1に収める。

外山卯三郎著『徳川時代の洋風美術：日本洋風風景画の成立』 721.025

黒田重太郎著『京都洋画の黎明期』 723.1

明治以降の日本画は，各様式にあてはまるものでも，すべて721.9に収める。

武田光一著『日本の南画』 721.7（文人画．南画．俳画）

群馬県立近代美術館編集『近代南画展』721.9（明治以降の日本画）

(5) 特定主題を扱った漫画・劇画，挿絵集は，各主題の下に収める。

周春才著『マンガでわかる論語《入門》』 123.83

(6) 日本書道史（728.21），中国書道史（728.22）は，それぞれ日本芸術史（702.1），中国画（722.2）に準じて時代区分できる。個人（日本人，中国人）の書跡集も，それぞれ各書道史の下に収める。

高橋利郎著『江戸の書』 728.215

高橋蒼石編『王羲之の書』 728.224

(7) 写真作家による作品集は，題材に関係なく748に収めるが専門分野における特殊写真，特定主題の表現のための補助的な写真集は，各主題の下に収める。 写真集

岩合光昭写真・文『ネコと歩けば：ニッポンの猫写真集』 748

山本宗補著『ビルマの子供たち：写真集』 302.238

(8) 芸術的要素をもつ工作および伝統的手工芸は750に収める。工業として扱ったものは，570/589に収める。

『現代陶芸の精鋭：21世紀を開くやきものの手法とかたち』 751.1

宮地英敏著『近代日本の陶磁器業：産業発展と生産組織の複層性』 573.2

(9)　骨董品，古器物（756.8）には，金属工芸以外のものも収める。

村松美賀子著『京都でみつける骨董小もの』　756.8

●…………音楽（760/768），舞踊．バレエ（769）

音楽

(1)　音楽は，音楽一般（760），音楽理論・歴史（761/762），器楽（763/764），宗教音楽（765），声楽（766/767），邦楽（768）で構成されている。

(2)　音楽の各時代史，および主要な様式の歴史，研究・評論は，762.03/.07 に収める。ただし，各国の音楽史は，時代および様式も 762.1/.7 に収める。

アントニー・バートン編『バロック音楽：歴史的背景と演奏習慣』　762.05

佐藤望著『ドイツ・バロック器楽論』　762.34

(3)　作曲家の特定の作品の研究・評論は，各演奏形態の下に収める。

ハインリヒ・シェンカー著『ベートーヴェンの第９交響曲：分析・演奏・文献』　764.31

(4)　楽器の歴史，調律，演奏，伴奏，教則本，楽譜集は，763 に収める。

マヌエル・カーノ著『フラメンコ・ギターの歴史』　763.55

『フラメンコ・ギター教則本：初歩から本格技法まで』　763.55

(5)　協奏曲（764.39）は，楽器（763.2/.7）の細分に準じて使用楽器を付加することができる。

西原稔著『ピアノの誕生』　763.2

小岩信治著『ピアノ協奏曲の誕生』　764.392

(6)　ウェスタン・ミュージック，ラテンアメリカ音楽，ハワイ音楽は 764.7 に収める。ボーカルを伴うロックバンドも 767.8 に収める。

林浩平著『ブリティッシュ・ロック：思想・魂・哲学』　764.7

(7)　流行歌手，ジャズ歌手，ロック歌手は 767.8 に収める。

忌野清志郎著『ロックで独立する方法』　767.8

仏教音楽

(8)　仏教音楽<一般>は 768.28 に収める。

舞踊

(9)　舞踊のうち，民族舞踊は 386.8 に，楽しみのためのダンスは 799 に収める。日本舞踊のうち，歌舞伎踊は 774.9 に収める。

三隅治雄著『踊りの宇宙：日本の民族芸能』　386.81

『ゼロからはじめるヒップホップダンス』　799

中田節著『大道具で楽しむ日本舞踊』　769.1

堂本正樹著『歌舞伎舞踊の鑑賞』　774.9

大衆演芸

●…………演劇（770/777），映画（778），大衆演芸（779）

舞台芸術

(1)　舞台芸術全般は 770 に収める。

渡辺守章著『舞台芸術論』　770

演劇

(2)　演劇は，劇場・演出・演技（771），演劇史・各国の演劇（772），各種の演劇（773/777）で構成されている。各種の演劇は，能楽・狂言（773），歌舞伎（774），新劇等の各種の演劇（775），人形劇（777）に区分されている。オペラ（歌劇）は766.1（音楽）に，舞踊は769に収める。

池原麻里子著『メトロポリタン・オペラのすべて：名門歌劇場の世界戦略』 766.1

(3) 戯曲集や映画シナリオは9□2（文学）に収める。 映画

『世阿弥自筆能本集』 912.3

是枝裕和著『ゴーイングマイホーム：シナリオ』 912.7

(4) 日本の個々の演劇史は，773/777に収める。個人伝記も日本人は，その被伝者が主とする演劇によって773/777に収める。

飯塚恵理人著『近代能楽史の研究：東海地域を中心に』 773.2

●…………スポーツ．体育（780/789），諸芸．娯楽（790/799）

諸芸 娯楽 体育 スポーツ

(1) 体育＜一般＞および社会体育，スポーツ興行は780に収め，学校体育は374.98，体操・遊戯（幼児教育）は376.157，保健体育は375.49に収める。

(2) ウォーキングは782に収める。

(3) 登山記，ルート図，ガイドブックは786.1ではなく290/297に収める。

『日本百名山登山ガイド』 291.093

(4) 格闘技のうち788で取り上げられていないものは，すべて789に収める。

(5) 室内・外の遊びの種類，遊び方を総合的にまとめたものは790に収める。室内の遊びのみは798，戸外の体育遊技は781.9に収める。

●…………主なNDC10版の改訂

(1) 芸術分野におけるコンピュータ技術の影響に対応する分類項目の新設，注記の充実が図られた。

大須賀淳著『21世紀のアナログシンセサイザー入門』 763.9 ⑨；763.93 ⑩

岡本佳水著『パソコン俳画入門』 727

＊コンピュータを用いて製作する絵画作品および技法は，ここに収める。ただし，芸術的要素をもたないコンピュータ技法に限定されるものは，007.642に収める。

(2) 室内娯楽（798）が細分化された。

掌田津耶乃著『見てわかるUnity5ゲーム制作超入門』 798.5 ⑨；798.507 ⑩

(3) 美術館・展覧会の所蔵・出陳目録および図録のうち，各美術の下に収まらないものは，それぞれ703.8または708.7へ置く従来の方針を維持しているが，どちらに収めるか判断し難い図録の出版点数に増加が見られることを考慮し，すべてを美術館．展覧会（706.9）に集中させる別法が設けられた。

(4) 音楽産業（760.9）とスポーツ産業（780.9）の記号の共通化が図られた。

八木良太著『音楽産業再成長のための組織戦略』 760.69 ⑨；760.9 ⑩

演習問題

問題14 次の図書に対して，詳細な分類記号を付与しなさい。

1 倉橋重史，大塚晴郎著『芸術社会学序説』

非言語的な文化としての芸術を通じ人間と社会を捉えようとする芸術社会学とは何かを問う。

2 国立西洋美術館『西洋美術史：ルネサンスから印象派，ロダン，ピカソまで』

国立西洋美術館の学芸員が，人気の印象派はじめ，ルネサンスからロダン，ピカソら現代美術までの代表的な作品を紹介し，西洋美術の潮流を社会背景を交えて解説する。

3 海野弘著『二十世紀美術：1900-2010』

十九世紀末のアールヌーヴォー以降，二十一世紀の初めという最前線まで，十年ごとに区切って，社会状況と結びつけながら解説し案内する。

4 山本勉［著］『仏像：日本仏像史講義』

日本の仏像の黎明から江戸時代の末まで，1400年の造仏の歴史を通観する。

5 鈴木新監修『やさしい水彩画教室：はじめてでも上手に描ける!』

道具の選び方や筆の持ち方からはじまり，下書きのしかた，色の作り方・塗り方，さまざまな技法まで，作例をふんだんに取り入れて水彩画を基礎解説する。

6 永井隆則著『もっと知りたいセザンヌ：生涯と作品』

南フランスの古都に生まれたセザンヌの生涯を辿り，意外と知られていない横顔や制作の秘密を解き明かすことで，他の画家と異なる特質や，作品がもつ現代的意義を探る。

7 出川哲朗，中ノ堂一信，弓場紀知編『アジア陶芸史』

中国，朝鮮半島，日本，東南アジア，西アジアにおける最新の陶芸史研究の成果を紹介する。

8 坂内徳明著『ルボーク：ロシアの民衆版画』

ロシアの民衆版画ルボークの多くの作品を紹介し，その歴史と発展，主題を検証することでロシア文化の全体像を描く。

9 イアン・ジェフリー著『写真の読み方：初期から現代までの世界の大写真家67人』

写真の黎明期から現代まで，日本を含む世界の代表的な写真家67人と第1次世界大戦と第2次世界大戦の兵士たちが撮った未公開の写真を多数収録した，写真史研究家による写真論。

10 河野隆著『篆刻まるわかりハンドブック：プロが教える』

初心者の素朴な疑問からプロだけが知っている裏技まで篆刻上達の秘訣がわかる虎の巻。

11 松井英男著『浮世絵の見方：芸術性・資料性を正しく理解する』

浮世絵のはじまりから発展の経緯，押さえておくべき絵師とその代表作，浮世絵の種類・制作方法など，浮世絵鑑賞の前に知っておきたい知識をまとめた浮世絵ガイドブック。

12 白石さや著『グローバル化した日本のマンガとアニメ』

戦後日本で独特の発展を遂げたマンガとアニメが，言語・文化・社会・政治の境界線を越え，世界中の若者たちに発見され，愛され，広がっていく過程を追った調査報告集。

13　堀内修著『ワーグナーのすべて』

19世紀ドイツの作曲家ワーグナーの生涯と全オペラ（楽劇），そして時代とともに変貌しつづける舞台の魅力を紹介する。

14　エドワード・タール著『トランペットの歴史』

紀元前から今世紀までのトランペットの変遷を，各時代の社会的背景を交えて詳述する。

15　西川浩平著『和楽器の世界：カラー図解』

三味線，琵琶，太鼓，笙，篳篥，篠笛など，日本の伝統楽器をカラー図解で解説する。

16　AKIRA著『音痴も直る奇跡のボイストレーニング』

ボイストレーナーとしての経験と長年の研究で得られた知識を元に開発した，新しいボイストレーニング方法を解説する。

17　田草川みずき著『浄瑠璃と謡文化：宇治加賀掾から近松・義太夫』

浄瑠璃の世界に大きな影響を与えた古浄瑠璃太夫，宇治加賀掾の芸論および技法論について，室町期以来の謡文化との関係を考察する。

18　織田紘二著『芸と人：戦後歌舞伎の名優たち』

国立劇場開場間もない頃より歌舞伎の制作に携わってきた著者が，肌で感じた昭和の名優たちの芸と人柄を語る。

19　アナトーリー・スメリャンスキー著『モスクワ芸術座の人々：去りゆくソヴィエト時代』

百年の歴史をもつモスクワ芸術座とかかわりつつ，権力と闘いながら自由な表現を求めて時代に対抗したソヴィエト演劇人たちの姿を描き，忘れられたソヴィエト文明を検証する。

20　夏目深雪，佐野亨編『アジア映画の森：新世紀の映画地図』

進化しつづけるアジア映画を，東は韓国から西はトルコまで，アートからエンタテインメントまで，国別にその概況と作家論とコラムで重要トピックを網羅する。

21　猪谷千春著『IOC：オリンピックを動かす巨大組織』

世界最大の祭典と呼ばれるオリンピックを操るIOCの知られざる全貌を明かす。サマランチ元会長の独裁体制の功罪，大阪の五輪招致失敗の真相などの秘話も収録する。

22　金哲彦著『金哲彦のウォーキング＆スローラン』

自分の姿勢のチェックから始めて，ストレッチや筋トレ，体幹をフル活用したコアウォーキングやスローランニングによって，どんな人でも無理なく走れる身体を作る方法を示す。

23　小谷野敦著『21世紀の落語入門』

うまい噺家，聴き方のツボ，演目の背景・歴史を紹介する落語入門書。

24　柴那典著『初音ミクはなぜ世界を変えたのか?』

さまざまな側面から語られてきた“初音ミク”の存在を初めて音楽の歴史に位置づけ，21世紀の新しい音楽のあり方を指し示す。

25　原田宗彦編著『スポーツ産業論』

変化の大きいスポーツ産業の動向を探り，体系化された最新の専門的知識を提供する。

UNIT 37

◉分類記号付与の実際（4）：各類別

言語（8類），文学（9類）

8類には，思想，感情，意志を表現，伝達，理解するための記号体系である言語に関する著作（言語学，語学）を収める。9類には，言語芸術である文学作品と文学に関する研究を収める。

●…………言語（8類）

言語
言語総記
言語生活
各言語

(1)　8類は，言語総記（801/808），言語生活（809），各言語（810/890）で構成されている。各言語はおおむね言語系統別にグルーピングされている。

(2)　特定の言語を対象としたものは特定の言語の項目に収める。ただし，特定の言語を対象としているものでも，翻訳・通訳に関するもの，言語遊戯および言語生活は，特定の言語の項目ではなく，それぞれ801.7，807.9，809に収める。

塚本尋，張弘著『中国語通訳講座』　801.7
ポール・キム著『なぞなぞ英語』　807.9
黒川裕一著『論理的な英語力を鍛える：議論交渉ディベートに強くなる』　809.6

(3)　言語史・事情（802）には，次のものを収める。

①　言語史・事情に関する著作で，言語・諸語・地域いずれも特定できないもの

服部四郎編『言語の系統と歴史』　802

②　特定地域における複数の言語の全部または一部に関する著作でその対象中にきわめて優勢な言語または諸語が存在しないもの

池田雅之，矢野安剛編著『ヨーロッパ世界のことばと文化』　802.3

言語政策

③　言語政策＜一般＞に関する著作および特定地域の言語政策に関する著作で，その対象中にきわめて優勢な言語または諸語が存在しないもの

石部尚登著『ベルギーの言語政策　方言と公用語』　802.358

漢字

(4)　漢字＜一般＞は，821.2に収め，811.2には日本語における漢字の問題を収める。

白川静『漢字の世界：中国文化の原点』　821.2
『常用漢字表：平成22年11月30日内閣告示』　811.27

●…………言語共通区分

(1)　各言語は，主題区分として使用する次の言語共通区分を適用して細分できる。

-1　音声．音韻．文字	-4　語　彙	-7　読本．解釈．会話
-2　語源．意味［語義］	-5　文法．語法	-78　会　話
-3　辞　典	-6　文章．文体．作文	-8　方言．訛語

(2)　日本語，中国語，朝鮮語を除く各言語は，言語共通区分を英語に準じて細分してもよい。

(3)　言語共通区分は，8 類（言語）における個々の言語の分類記号に付加する。

オランダ語の辞書　800 → 8 + 493 + -3 → 849.33（言語＋オランダ語＋辞典）

中国語の会話　800 → 8 + 2 + -78 → 827.8（言語＋中国語＋会話）

ラテン語の文法　800 → 8 + 92 + -5 → 892.5（言語＋ラテン語＋文法）

ただし，言語の集合には付加できない。

ケルト諸語の文法　893.1（× 893.15）

(4)　辞書は次のように扱う。　辞書

①　8□3 には語彙に関する辞典（辞書）を収め，その他の主題の辞典は，各主題の下で形式区分を付加する。

『常用国語辞典』 813.1

『日本語文法大辞典』 815.033

②　三つ以上の言語から成る辞書（多言語辞書）は，801.3 に収める。ただし，特定の言語に二つ以上の言語を対照させた辞書は，特定の言語の下に収める。

③　対訳辞書（2 言語辞書）

a）日本語対外国語のものは，外国語の下に収める。ただし，漢和辞典および外国人向けの日本語辞典は，日本語の下に収める。

『研究社新英和大辞典』 833.3

『研究社新和英大辞典』 833.2

『研究社ふりがな英和辞典』 813.19

b）外国語対外国語のものは，日本人にとって疎遠な言語の下に収める。疎遠な言語と判断し難いものは，見出し語（解釈される語）の言語の下に収める。

『露英・英露辞典』 883

●…………主なNDC10 版の改訂

(1)　言語学の進化に留意しながら，各言語の展開を図っている。具体的には，アジアの言語，特に朝鮮語（829.1），中国語（820）の充実を図り，インド諸語（829.8）の展開を見直している。

『小学館日韓辞典』 829.13 ⑨；829.133 ⑩

『中国慣用語』 824 ⑨；824.4 ⑩

『おもしろく学ぶネパール語』 829.85 ⑨；829.86 ⑩

(2)　固有補助表としての言語共通区分を細目表に掲載し，その適用を表示した。それに伴い，各言語の下の言語共通区分に関する注記，各言語の下にあった形式区分に関する注記を削除した。

文学

●…………文学（9類）

文学に関する研究

(1)　9類には，文学作品（詩，戯曲，小説など）と文学に関する研究（文学理論，歴史，評論など）の双方を収める。文学総記（901/908），児童文学研究（909），各言語の文学（910/990）で構成される。

(2)　各言語の文学は，8類と同様の言語系統別にグルーピングされている。

(3)　文学作品は，原作の言語によって分類する。次いで文学形式によって区分し，さらに特定の言語の文学に限って，時代によって区分する。

●…………文学共通区分

(1)　各言語の文学は，文学共通区分により細分することができる。

-1　詩歌	-4　評論．エッセイ．随筆
-18　児童詩．童謡	-5　日記．書簡．紀行
-2　戯曲	-6　記録．手記．ルポルタージュ
-28　児童劇．童話劇	-7　箴言．アフォリズム．寸言
-3　小説．物語	-8　作品集
-38　童話	-88　児童文学作品集

(2)　文学共通区分は，9類（文学）の個々の文学の分類記号に付加する。

中国語の詩歌　900 → 9 + 2 + -1 → 921（文学＋中国語＋詩歌）
スウェーデン語の戯曲　900 → 9 + 498 + -2 → 949.82（文学＋スウェーデン語＋戯曲）
ヒンディー語の小説　900 → 9 + 2983 + -3 → 929.833（文学＋ヒンディー語＋小説）

ただし，言語の集合には付加できない。

(3)　文学作品

①　文学作品は，原作の言語によって分類し，次に文学形式（詩，小説など）を示す文学共通区分を適用して細分する。時代区分が設けられている場合には，さらに時代によって細分する。

ドストエフスキー『罪と罰』　983（文学－ロシア語－小説）
シェークスピア『ハムレット』932.5（文学－英語－戯曲－16-17世紀）

②　特定言語による個人または複数作家の主要な文学形式を特定しない作品集は，9□8に収める。また，特定の文学形式による作品集は，その文学形式の下に収める。

『ドイツ・ロマン派全集』　948（文学－ドイツ語－作品集）
『ゲーテ全集』　948.68（文学－ドイツ語－作品集－18-19世紀個人全集）

『ゲーテ詩集』　　　941.6（文学－ドイツ語－詩－18-19世紀）

③　児童文学作品は，各言語の文学または908の下に収める。

『アンデルセン童話集』 949.73（文学－デンマーク語－小説・物語）

(2)　文学に関する研究

①　文学に関する研究は，主題によって分類する。

②　特定言語の文学に限定されないものは文学総記（901/908）に，特定言語の文学に関する研究には，各言語の文学（910/990）に収める。

鶴岡善久著『シュルレアリスムの発見』 902.06

山田兼士著『百年のフランス詩：ボードレールからシュルレアリスムまで』 951.6

③　特定言語の文学の作家研究には，次のように分類記号を与える。　作家研究

a）個人作家を対象としている場合には，各言語の特定の文学形式（例えば詩）に代表される作家の場合には，特定の文学形式の特定の時代に，そうでない場合には，各言語の一般文学史の特定の時代に分類する。

『近松門左衛門：上方の人情をえがいた浄瑠璃作家』 912.4

『永遠の詩人西脇順三郎』 911.52

『夏目漱石論』 910.268

b）複数作家を対象としている場合には，特定の文学形式－特定の時代に分類し，文学形式も時代も特定されない場合には，作家の列伝（9□028）に分類する。

『王朝の歌人たちを考える：交遊の空間』 911.132（文学形式・時代共通）

陳舜臣『中国詩人伝』 921（文学形式共通）

日暮聖『近世考：西鶴・近松・芭蕉・秋成』 910.25（時代共通）

佐々木雄爾『長明・兼好・芭蕉・鷗外：老年文学の系譜』 910.28（共通項なし）

④　特定言語の文学の作品研究には，次のように分類記号を与える。　作品研究

a）個人作家の単一作品の研究の場合には，作品自体と同一項目に分類する。複数作品の研究の場合には，特定の文学形式－特定の時代に分類し，文学形式が特定されない場合には，一般文学史の特定の時代に分類する。

村上春樹研究会編著『村上春樹の「1Q84」を読み解く』 913.6

河合俊雄著『村上春樹の「物語」：夢テキストとして読み解く』 910.268

b）複数作家の複数作品を対象としている場合には，特定の文学形式－特定の時代に分類し，文学形式が特定されない場合には，一般文学史の特定の時代に分類する。

中村正明編『草双紙研究』 913.57（文学形式・時代共通）

中沢敦夫著『ロシア詩鑑賞ハンドブック』 981（文学形式共通）

湯沢英彦著『魂のたそがれ：世紀末フランス文学試論』 950.26（時代共通）

佐々木雄爾著『長明・兼好・芭蕉・鷗外：老年文学の系譜』910.28（共通項なし）

●…………主なNDC10版の改訂

(1) 出版点数が多く，改訂には慎重な配慮が必要なため，基本的にNDC9版の構成を維持している。

(2) 8類「言語」と構造を共有するため，8類の改訂を踏まえ，固有補助表としての文学共通区分を細目表に掲載し，その適用を表示した。それに伴い，各言語の文学の下の文学共通区分に関する注記，形式区分に関する注記が削除された。

(3) 日本文学史の時代区分に平成時代（910.265）が新設された。

限界研編『21世紀探偵小説』 910.264⑨；910.265⑩

(4) 日本の近代小説（913.6）において，910.26のように時代区分で細分する別法が設けられた。

(5) 8類に対応する文学の項目がなかったものが新設された（997.9，999.3等）。

演習問題

問題15 言語区分，言語共通区分および文学共通区分を用いて分類記号を完成させなさい。

① 言語（800），その他	② 文　学（900）
1 英会話入門	1 英語によるルポルタージュ作品
2 フランス語解釈法	2 中国語による複数文学形式の作品集
3 ポルトガルの文法	3 現代オランダの小説選集
4 ロシア語の作文	4 スウェーデン語で創作された戯曲
5 中国語の方言	5 ドイツ人の日本語による小説作品
6 ラテン語辞典	6 ダンテ『神曲』
7 スペイン語語源辞典	7 シェークスピア『ハムレット』
8 ドイツ語の音韻	8 ドストエフスキー『罪と罰』
9 ヒンディー語の文字	9 芭蕉『奥の細道』
10 朝鮮語の語彙	10 芭蕉の研究
11 万葉仮名の研究	11 セルバンテスの研究
12 ケルト諸語の語源	12 近松門左衛門『曽根崎心中』の研究
13 スペイン語の百科事典	13 ヒンディー語詩文研究
14 エスペラント語の総合雑誌	14 中国詩人列伝
15 ビジネスドイツ語	15 英語小説作品目録

問題 16　次の図書に対して，詳細な分類記号を付与しなさい。

＜言語（8 類）＞

1　『日葡辞書：キリシタン版：カラー影印版』

イエズス会宣教師と日本人協力者により編纂され，17 世紀初頭に長崎学林によって刊行された辞書の影印版。日本語をアルファベット順に配列しポルトガル語の訳語・説明を付す。

2　宇都木昭著『朝鮮語ソウル方言の韻律構造とイントネーション』

朝鮮語（韓国語）ソウル方言の韻律に対し，文レベルのイントネーションから接近し，音響分析の結果に基づき韻律パターンの理論的モデルを示す。

3　武内信一著『英語文化史を知るための 15 章』

英語史の重要テーマを 15 ほどピックアップして，社会文化史的な観点から解説した英語文化史の入門書。

4　熊谷直樹著『暗号の科学：数字・文字・記号が生み出す思考のパズル』

人類最古の暗号から最新の公開鍵暗号まで，暗号の歴史，仕組みと技術，解読法まで分かりやすく解説した暗号の入門書。

5　金指久美子著『中級チェコ語文法』

格変化・活用・数量表現など，辞書ではなかなかわからない用法を詳しく解説した，初級を終えた学習者のためのチェコ語文法書。

6　渡辺克義著『ポーランド語作文教本』

ポーランド語作文の演習テキスト。

7　田中貞夫著『幕末明治期フランス語辞書の研究』

著者の蒐集した貴重な文献資料に基づき，日仏文化交流の礎となった幕末明治期におけるフランス語辞書の実像に迫る。

8　日比谷潤子編著『はじめて学ぶ社会言語学：ことばのバリエーションを考える 14 章』

社会言語学の実践的な方法を紹介するとともに，さまざまなフィールド，コーパスを題材に，ことばの多様性を読み解く面白さ，奥深さを解説する。

9　安藤貞雄著『英語の前置詞』

英語の前置詞の細分化された意味を，できるだけ単一の“中核的意味”にまとめることにより，母国語使用者のように，より直覚的より端的に理解することを試みる。

10　白川静著『漢字の世界：中国文化の原点』

親しみのある漢字 800 余を取り上げ，一文字ごとに複数の甲骨文・金文を例示しつつ，中国古代の文化，生活の諸相をさぐる。白川漢字学のエッセンスを示す読む字源辞典。

11　三省堂編修所編『デイリー日仏英 3 か国語会話辞典』

旅先で，日常生活で役立つ英語付きのフランス語会話辞典。フランス語はカナ発音付き。

12　クレインス桂子，クレインス フレデリック，河崎靖著『オランダ語の基礎：文法と練習』

各課末のテキスト読解と豊富なドリル練習とで着実な文法習得を目指す。蘭和単語集・

和蘭単語集つき。

13　にほんごの会編集『日本語を学ぶ人の辞典：英語・中国語訳つき』

日常生活や日本語学習に必要な一万一千語を収載した辞典。総ふりがな，アクセント付き。

14　大畑勝代，奥田光子，Rex A.Tanimoto 共著『英語通訳入門』

英語を使う仕事をしたい，通訳者になりたいという学生のために作られたテキスト。

15　大原始子著『シンガポールの言葉と社会：多言語社会における言語政策』

多民族の統合と経済発展を実現した都市国家シンガポールは，国民の誰も母語としない英語を国家語としている。その言語政策と人々の生活の関係を描きだす言語社会学的レポート。

<文学（9類）>

16　定松正編『英米児童文学作品・登場人物事典』

子どもの本の先進国イギリスおよびアメリカにおいて，児童文学という分野が確立した19世紀から現代にいたる176作品の内容・登場人物を，現代的視点で検証・解説する事典。

17　岩波明著『精神科医が読み解く名作の中の病』

サリンジャー，川端康成，夏目漱石，ヘミングウェイ，村上春樹などの古今東西63の小説を取り上げ，現役臨床医が登場人物を架空診断する。

18　『李白詩選』

8世紀盛唐の詩人李白（701-762）の著名な絶句・律詩・古体詩のほか，新たに散文詩として賦と序を収録する。

19　アン・ウォールドマンほか著『現代アメリカ女性詩集』

ビート・ムーブメント以降のアメリカを代表する女性詩人たちの名詩選。

20　『チェーホフ戯曲選』

演劇史上の傑作として名高い四大劇を含むアントン・チェーホフの戯曲全14篇収録。

21　阿川弘之著『井上成美』

孤高にして清貧で，日米開戦を強硬に反対し，最後の海軍大将と呼ばれた井上成美の生涯を描いた歴史小説。

22　ヴィクトル・ユゴー著『レ・ミゼラブル』

ヴィクトル・ユゴーが1862年に執筆したロマン主義フランス文学の大河小説。

23　『小林秀雄初期文芸論集』

日本の近代文学の批評の場に新たな地平を拓いた批評家小林秀雄の初期評論集。

24　小堀桂一郎著『森鷗外：日本はまだ普請中だ』

陸軍軍医として二度の外戦に出征する傍ら，詩人・作家・批評家として当代の文学界に指導的役割を演じた森鷗外の生涯を明治精神史の象徴的一章として描く。

25　『日本女性文学研究叢書』

上代から近世まで「女性文学」について研究書を中心に時代ごとに収録した全7巻の研究叢書。

26　斎藤忍随著『ギリシア文学散歩』

『イーリアス』『オデュッセイア』以来，数ある古典作品に現れる非情の神アポローンを手がかりに，ギリシア古典文学を案内する。

27　紫式部著；瀬戸内寂聴訳『源氏物語』

小説家瀬戸内寂聴による「源氏物語」の現代語訳。

28　『若き日の友情：辻邦生・北杜夫往復書簡』

辻邦生と北杜夫が昭和23年から昭和36年までに交わした180通を超える日本文学史上貴重な書簡を収録する。単行本未収録の新発見20通を含む。

29　『カフカ自撰小品集』

現在のチェコ出身のドイツ語作家であるフランツ・カフカ（1883-1924）自身によって編まれた三冊の小品集『観察』『田舎医者』『断食芸人』。

30　篠原昌彦著『アイヌ神謡ユーカラ』

日本の先住民族であるアイヌの人々が残した壮大な神話叙事詩「ユーカラ」から，いくつかの長編叙事詩や抒情詩を取り上げて，やさしくかみ砕いて紹介する。

UNIT 38

◉分類記号付与の実際（4）：各類別

総記（0類）

●…………総記（000/099）

総合的な主題分野

(1) 総記には，1類から9類に主題区分するもの以外の資料を収める。総合的な主題分野の資料としては，書誌．目録（025/029），百科事典（030/038），用語索引＜一般＞（039），一般論文集．一般講演集（040/048），雑著（049），逐次刊行物（050/058），一般年鑑（059），団体（060/065），新聞紙（071/077），叢書（080/089），貴重書．郷土資料．その他の特別コレクション（090）が用意されている。1類から9類に含まれなかった主題分野としては，知識．学問．学術（002），情報科学（007），図書館（010/019），図書・書誌学（020/024），博物館（069），ジャーナリズム．新聞（070）が用意されている。

情報科学

(2) 情報科学＜一般＞およびソフトウェアは，007に収める。電子計算機などのハードウェアは，情報工学（548）に収める。

鶴沢偉伸著『アルゴリズムから学ぶJavaプログラミング入門』 007.64

荒木健治著『コンピュータ工学概論：コンピュータはなぜ計算ができるのか?』548.2

(3) 各種パソコン操作法は，ソフトウェアを含んでいても，ハードウェアと関連する解説書は，548.2に収める。

図書館

(4) 図書館資料の収集・整理・保管に関するものは，館種の別なく（個々の館も含む）すべて014に収める。図書館建築・設備に関するものも，一館の建築誌を除いて館種の別なく012に収める。

京都外国語大学附属図書館編『蔵書構成の問題点』 014.1

(5) 各種の図書館（016/018）には，公共図書館を除く館種別の政策・行財政，経営管理，奉仕などを含む各種の問題，一館ごと（公共図書館を含む）の沿革，要覧，統計，報告書などを収める。ただし，近世以前の文庫史は010.2に収める。

金沢みどり著『児童サービス論』 016.28

江東区立深川図書館編集『深川図書館100年のあゆみ』 016.21361

森潤三郎著『紅葉山文庫と書物奉行』 010.21

編集実務

(6) 編集実務＜一般＞は，雑誌編集も含めて021.4に収める。新聞の編集は，070.163に収める。

(7) 個人伝記（289）に分類される人物の著述目録・著作年鑑は027.38に収める。

(8)　郷土資料目録，善本書目，逐次刊行物目録等は，蔵書目録であっても025/028に収める。

(9)　特定の個人文庫目録は，029.9の下で当該文庫の所在地（日本地方区分）によって細分する。なお，現在図書館等の蔵書となっているものも同様に扱う。

(10)　百科事典に関する著作は，原著の言語によって030/038に収める。　百科事典

(11)　総合年鑑および一地域に関する総合年鑑は，059に収める。一地域に関する総合年鑑は，059を地理区分する。　総合年鑑

　『世界年鑑』　059

　『中国年鑑』　059.22

(12)　博物館<一般>の歴史や各地域の博物館事情は，069.02の下で地理区分する。個々の博物館に関するものは，069.6/.8に収める。　博物館

　『東京博物館ベストガイド165』　069.021361

　『東京国立博物館ハンドブック』　069.61

(13)　新聞，テレビ，ラジオなど総合的なマスコミ事情・報道<一般>は，070に収める。　マスコミ事情・報道

(14)　各国の新聞<一般>，個々の新聞社の経営事情は，070.2に収める。ただし，社誌（史）は070.67に収める。　新聞

　石川幸憲著『ワシントン・ポストはなぜ危機を乗り越えたのか』　070.253

　『日本経済新聞社130年史』　070.67

●…………主なNDC10版の改訂

(1)　情報科学（007）と情報工学（548）の統合の可能性が検討されたが，その実現は見送られ，記号的な統合よりも，「概念（観点）の明確化」による区分の整理に力が注がれている。

(2)　情報学は学際的な分野であり，従来NDCが定義するところの情報科学，情報工学（計算理論等を含む），社会情報学や応用情報学の上位概念である。したがって，いわゆる「情報学一般」に相当する部分は9版までを踏襲して007に位置づけている。

(3)　情報・通信技術の進展は，インターネットオークション（673.35），電子音楽（763.93），オンラインゲーム（798.5）など，新主題はさまざまな分野に登場している。しかし，最も中心的な分野は，「007 情報学．情報科学」，「547 通信工学．電気通信」，「548 情報工学」および「694 電気通信事業」である。これらの分野について，「既存の書架配置を崩したくない」あるいは「情報に関する図書を一か所に集中させたい」という図書館のために，従来の別法（二者択一）に加えて新たな別法を設け，007のすべての分類記号に対応する別法を547もしくは548に，逆に「情報通信．データ通信．コンピュータネットワーク」について547.48

を007.9に,「情報工学」について548を007.8に対応させる別法を用意し,どちらかに関連図書を集中させることができるようにしている。

(4) 主題分野を限定しない社会学的な観点(情報ネットワークやその利用,社会的なかかわり等)に関するものは,007.3を中心に位置づける。

(5) 工学・技術的な観点(機器設計や作成,操作解説,敷設等)に関するものは547もしくは548に,産業・経営・事業に関する観点(各種事業者に関するものやその歴史的経緯等)に関するものは694にそれぞれ収める。

(6) 図書館情報学分野において,資料の収集・組織化・保存(014)では,分類項目や注記中の用語を変更し,新語を挿入するなどして表の現代化を図り,図書館サービス・活動(015)では,図書館サービス・活動の多様化に対応するため,表の構造にかかわる分類項目の新設や移動が行われた。

演習問題

問題17 次の図書に対して,詳細な分類記号を付与しなさい。

1 ジェイムズ・グリック著『インフォメーション:情報技術の人類史』

アフリカ奥地のトーキング・ドラムから,文字の発明や辞書製作,近代の計算機や遠隔通信技術の開発,現代の遺伝子解読や量子力学と情報理論の結合まで,情報技術の歴史を追う。

2 高橋慈子[ほか]著『情報倫理:ネット時代のソーシャル・リテラシー』

3 ジェフ・ルート,佐々木俊尚著『検索エンジン戦争:インターネットの覇権をめぐる興亡と争奪戦の物語』

ヤフー,グーグル,MSNなど,検索エンジンの攻防を描く。

4 高島秀之著『デジタルアーカイブ:記憶と記録を紡ぐ』

「アート」や「知」の保存・普及に,デジタル化は本当に適しているのかを考察する。

5 石川博著『ソーシャル・ビッグデータサイエンス入門:基本概念からマイニング技術,応用まで』

さまざまなビッグデータ応用のモデリング,それを支えるマイニング技術と解析手法,さらにそれらの活用方法までを具体的な事例を交え解説する。

6 ユルゲン・ゼーフェルト,ルートガー・ジュレ著『ドイツ図書館入門』

ドイツの図書館の歴史,教育制度,図書館の現状,図書館員教育,図書館関係団体など,ドイツの図書館全般をコンパクトに紹介する。

7 ラス・ラマチャンドラン共著『シンガポールの図書館政策』

新世紀を見据えた図書館政策であり,国家の浮沈を担うプロジェクトでもある「Library 2000」を軸にしたシンガポールの図書館改革を,さまざまな側面から検討を加えて紹介する。

8　上代庸平編『アーカイブズ学要論』

史料学・法学・行政学・歴史学などの視点から「アーカイブズ学」を説きおこし，文書の管理そのものの学問的な体系化を試みる。

9　三山裕三著『著作権法詳説：判例で読む15章』

平成22年施行の最新改正を網羅した著作権法全般を扱った教科書。

10　鈴木俊幸著『書籍流通史料論序説』

貸本屋や絵草紙屋，小間物屋等の営業文書や蔵書書目・看板・仕入れ印などの諸史料を通して，日本の近世から近代初期にかけての書籍文化史の動態を捉える。

11　田中美穂著『わたしの小さな古本屋：倉敷「蟲文庫」に流れるやさしい時間』

倉敷の古本屋「蟲文庫」店主が古本屋の開業とそれから18年の活動を綴る。

12　大阪府立中央図書館編『大阪府立中央図書館蔵久野収氏旧蔵書寄贈図書目録』

大阪府堺市出身の思想家・哲学者であった，故久野収氏旧蔵の哲学・社会問題関係の資料2,082点を収録する大阪府立中央図書館蔵書目録。

13　Eric D.Hirsch［ほか編］『アメリカ教養辞典：神話から科学技術まで』

アメリカで定番の教養辞典の翻訳版。文化的な常識を網羅するために，歴史，芸術，科学技術など，幅広い分野ごとに五十音順に配列している。

14　青木豊編『人文系博物館展示論』

博物館展示の理念・展示論史，展示形態の分類から実際の展示構成まで豊富な事例で具体的に解説する。

15　井上祐子著『日清・日露戦争と写真報道：戦場を駆ける写真師たち』

写真報道の開化期だった明治時代，戦争の一瞬を切り取った「報道写真」は，何を記録し伝えたのか。写真ジャーナリズムの役割を探る。

16　鈴木雄雅，蔡星慧編著『韓国メディアの現在』

オンライン新聞などネットを活用した市民参加型の新たなメディアが登場し，その姿を激変させている韓国のメディアの実態を，豊富なデータと取材調査によって明らかにする。

17　宮田穣著『ソーシャルメディアの罠』

著者の勤務校である女子大を例にとりながら，さまざまなサンプルを集め，ソーシャルメディアに潜む罠を平易な言葉でわかりやすく解説する。

18　『Excel関数完全マスター』

実践的な作例を用いて，表計算ソフトExcelの関数の使いこなしを解説する。

19　村山秀明著『HTML5入門』

HTMLの基本とマルチメディア要素・APIをわかりやすく解説する。

20　『多文化サービス入門』

本が読みたい，情報がほしいという外国人の住民の声に応える多文化サービスをこれからはじめようとしている図書館などのために，そのノウハウや実例を紹介する。

UNIT 39

◉分類記号付与の実際（5）：分類総合演習

分類総合演習問題

問題18　次の資料に与えた主題に対して，正しい分類記号を選択しなさい。

1 『大学図書館行政』

a 011.1　b 017.7　c 377.1

2 『近畿地方郷土史博物館案内』

a 069.0216　b 069.616　c 069.8216　d 216

3 『日本文学全集』

a 081　b 910.8　c 918

4 バーナード・ショー『人生訓』

a 113　b 159.7　c 934

5 サルトル『実存主義とは何か』

a 114.5　b 135.54　c 954.7

6 『朝鮮民話選集』

a 164.21　b 388.21　c 388.291　d 929.13

7 『江戸時代農政改革史』

a 210.5　b 602.1　c 611.23　d 612.1

8 『佐伯祐三の思い出：パリで活躍した一画家の伝記』

a 289　b 721.6　c 723.1

9 『中学校地理教育講座』

a 290.7　b 370.8　c 375.333　d 450.7

10 『琵琶湖の自然：動植物誌』

a 291.61　b 450.9161　c 462.161

11 『甲斐の山旅：完全コースガイド』

a 291.093　b 291.51093　c 786.102151　d 786.1151

12 『フランスの債権法』

a 324.4　b 324.935　c 329.84

13 『パートタイマーのための賃金比較：賃金交渉資料』

a 331.85　b 336.45　c 366.63　d 366.8

14 『百貨店の店頭広告』

a 336.74　b 673.83　c 674.53　d 674.9

15 『カドミウムの定量分析法』

a 433.2　b 433.8　c 436.28

16 『神戸北野界隈の洋館を訪ねて』

a 521.6　b 523.1　c 527

17 『ジュラルミンの塑性加工法』

a 531.27　b 565.528　c 566.2　d 715

18 『ヘルシーな野菜を主としたお弁当』

a 498.583　b 596.21　c 596.37　d 596.4

19 『版画・浮世絵の世界』

a 721.8　b 724.15　c 733

20 『タイ語文法入門』

a 823.7　b 823.75　c 829.36　d 829.365

問題 19　次の分類記号をことばで表しなさい。

1	018.49	16	333.8271	31	666.63
2	032.957	17	366.0253	32	678.21021
3	059.2226	18	377.23892	33	709.37
4	073.3	19	388.8196	34	723.36
5	115.1	20	402.96	35	754.036
6	146.036	21	430.6	36	764.3963
7	164.389	22	451.981	37	780.233
8	188.63	23	492.4338	38	802.358
9	225.03	24	510.92231	39	829.761
10	231.0033	25	526.68	40	845.033
11	253.21	26	540.921	41	849.378
12	283.4	27	560.96	42	908.38
13	297.42	28	586.42235	43	911.123
14	318.463	29	611.24456	44	951.68
15	326.922	30	629.472	45	980.268

問題 20　次の図書に対して，詳細な分類記号を付与しなさい。

1　御子柴道夫著『ウラジーミル・ソロヴィヨフ：幻視者・詩人・哲学者』

ドストエフスキーをはじめ多くの文学者に深甚な影響を与えた思想家ウラジーミル・ソロヴィヨフのスケールの大きな哲学者・詩人の多面的な素顔をあますことなく描き出す。

2　北影雄幸著『武士道十冊の名著』

『五輪書』や『葉隠』など，武士道の名著として定評のある十冊を選定し，各書のテーマをできるだけ簡潔かつ鮮明にし，それらの相違点と類似点を明らかにする。

3　松原弘宣著『古代瀬戸内の地域社会』

大化前代から瀬戸内海各地を支配した地方豪族が律令国家の地方行政制度の中にどのように組み込まれ，中央豪族と関係を築いていったかを，文献史料と考古資料から解明する。

4　星薫著『物忘れの心理学』

ど忘れ，失念，忘れ物。私たちにおなじみの「忘れる」という現象を心理学の立場から論じる。

5　豊田正弘編；ホジソンますみ［ほか］訳『21 世紀世界の名建築 1088』

2000 年以降に建てられた，世界 90 カ国，670 名の建築家による 1088 の傑作建築ガイド。

6　『盆栽生活：寄せ植えで楽しむ，一鉢の春夏秋冬』

自宅の中に自然を再現する「四季盆栽」の作り方を解説する。

7　マーガレット・ヴァーメット著；高城綾子訳『「レ・ミゼラブル」をつくった男たち：ブーブリルとシェーンベルク：そのミュージカルの世界』

驚異的なロングランを続けるミュージカル「レ・ミゼラブル」を生み出したブーブリルとシェーンベルクと共同作詞，演出，制作を担った人々にロングインタビューで迫る創作秘話。

8　仲正昌樹編『政治思想の知恵：マキャベリからサンデルまで』

西欧近現代を代表する 14 人の思想家をユニークな似顔絵とともに解説した入門書。

9　宮城博文著『沖縄観光とホスピタリティ産業』

「基地」という現実に直面し，交通から見ても不利である島嶼地域の沖縄がどのようにして観光立県となりえたか。産業クラスター形成と顧客へのサービス・コンセプトから分析する。

10　板橋作美著『占いにはまる女性と若者』

占いの仕組みを二項対立構造や隠喩，分類方法，恣意性などに分解して検証し，「たかが占い」と思いながらも自分の行動の指針をゆだねてしまう奇妙な心性を探る。

11　三浦伸夫著『古代エジプトの数学問題集を解いてみる』

古代エジプトで成立した最古の数学問題集「リンド・パピルス」からの数学クイズ出題を中心に構成。数学問題集から古代エジプト文明の姿に迫る。

12　ロッテ・ヘリンガ著『初期イングランド印刷史：キャクストンと後継者たち』

イングランドの出版の基礎を築いたキャクストンとその後継者が残した印刷文化を概説する。

13　シェイマス・ディーン著；北山克彦，佐藤亨訳『アイルランド文学小史』

英国による植民地化をへてスウィフト，バーク，そしてジョイス，イェイツ，ショー，ベケットをへて，現代のヒーニーへと続くアイルランド文学の歴史をつづる。

14　小暮裕明，小暮芳江著『ワイヤレスが一番わかる：広がりを見せるワイヤレスの世界わかりやすい無線技術』

ワイヤレスの基礎知識から，音や画像，データなどを送る仕組み，具体的な応用例，標準との関係，安全性，次世代ワイヤレス技術などについて解説する。

15　水村光男編著『世界史のための人名辞典』

世界史に登場する約 1900 名の人物の生涯と歴史とのかかわりを紹介する。

16　頼富本宏著『『金剛頂経』入門：即身成仏への道』

金剛界マンダラの典拠，日本密教の根本聖典『金剛頂経』を全アジア的視点から読み解く。

17　鹿間時夫著『日本化石図譜』

日本における多種多様な化石を網羅し，図版に簡潔な説明を付す。また化石全体を概説する。

18　金美林著『韓国映像コンテンツ産業の成長と国際流通：規制から支援政策へ』

ドラマ・映画などの韓流現象を生み出した韓国の映像コンテンツ産業の黎明期から国際流通までの発展を，政府の初期の規制とその後の支援政策とともに実証的に解き明かす。

19　山田健太著『言論の自由：拡大するメディアと縮むジャーナリズム』

現代ジャーナリズムが抱える諸課題を整理，その実態と関連法のかかわりをわかりやすく解説し，今後のジャーナリズムと社会の在り方を問い直す。

20　エリック・バレント著；比較言論法研究会訳『言論の自由』

言論の自由とメディア法の研究で知られるメディア法学者により，インターネットのトラブル，プライバシー，名誉毀損，著作権侵害等を多国間で比較検討したもの。

21　西岡正著『ものづくり中小企業の戦略デザイン』

中小企業基盤整備機構の工業団地など立地実例も含め，中小機構の産業用地を紹介する。

22　井上たかひこ著『水中考古学のABC』

海や河川，湖沼，池など，常時水面下にある遺跡や遺物を発掘調査する「水中考古学」という学問の概要と各国の取り組み，その歴史を紹介する。

23　亀田尚己，青柳由紀江著『英文ビジネスメール・オフィスメール入門：プレインイングリッシュによるビジネスコミュニケーション戦略』

売主・買主間で交わされる英文ビジネスEメールとともに，同一企業内で働く人々の間で交わされる英文オフィスEメールについても，具体例を豊富に挙げながら解説する。

24　山澤逸平，馬田啓一，国際貿易投資研究会編著『通商政策の潮流と日本：FTA戦略とTPP』

通商戦略の課題（WTO体制とFTAのあり方，ASEAN+6，TPP，FTAAPなどを含む経済連携の新たな動き，日本のFTA戦略の再構築）について取り上げ，さまざまな視点から考察する。

25　中島匠一著『集合・写像・論理：数学の基本を学ぶ』

通常の数学教科書では「自明である」として取り上げられない事柄も数多く拾い上げて，集合・写像・論理に関する基本事項を徹底的に解説する。

26　宮澤正明編『常用漢字書きかた字典』

新「常用漢字」（2136字）・ひらがな・カタカナについて，編者が自ら筆を執り正しく整った手書き字例を示した書写字典。小・中学校の書写指導に最適。

27　桝居孝編著『日本最初の少年少女雑誌『ちゑのあけぼの』の探索：「鹿鳴館時代」の大阪，京都，神戸』

明治19年から21年にかけて，キリスト者たちによって大阪で発行された日本初の少年少女雑誌はどのように生まれ，なぜ消えたかを追う。

28　蟻川トモ子著『江戸の魚食文化：川柳を通して』

魚介類こそが江戸っ子の重要な栄養源であり，今日まで続く多様な食文化を支えた食材であった。多くの古川柳を読み解き，江戸の魚と食生活を探求したもの。

29　真田信治，友定賢治編『県別罵詈雑言辞典』

ケンカ例文方言訳，バカに相当する表現，「なぐるぞ」などの言いまわし，「ぶっとばす」などの強調表現など，県別に，罵詈表現を紹介する。

30　西出真一郎著『ろばのいる村：フランス里山巡り』

ひなびた村に心の慰めとして飼われるろばたちを探して訪ね歩き，田舎町の美しい自然の情景，おだやかな生活を営む人々との交流を語る，詩情に満ちたフランス紀行。

31　古川裕倫著『ビジネスマナー以前の社会人の心得』

上司・先輩・取り引き先とのつきあい方から飲み会の仕切り方まで，決して会社では教えてもらえない，社会人の「常識」とマナーのツボを教示する。

32　韓国・国立国語院著『標準韓国語文法辞典』

外国人学習者向けの文法辞典。日本語から文法項目が引ける「日本語索引」を完備しているので，入門・初級レベルから活用できる。

33　山口一郎著『現象学ことはじめ：日常に目覚めること』

哲学を，人生を，日常を考えるためのヒントに満ちた現象学入門書。

34　野口不二子著『郷愁と童心の詩人野口雨情伝』

野口雨情の孫である著者が，詩人の心の内面に迫る人生の彷徨や出来事，そして名作の誕生秘話など豊富なエピソードを織り込みながら書き綴る伝記。

35　山本早苗著『棚田の水環境史：琵琶湖辺にみる開発・災害・保全の1200年』

日本の文化的遺産ともいえる棚田について，滋賀県大津市仰木地区の事例を中心に，中世・近世に遡る形成過程から，現代における変容，今後展望を，水とのかかわりを軸に議論する。

36　日外アソシエーツ株式会社編『幕末明治人物研究文献目録』

幕末・明治期の大名・志士・蘭学者・政治家・実業家・作家・教育者・お雇い外国人など2024人に関する1980年以降に出版・発表された図書・雑誌記事・論文などを収録する書誌。

37　原麻里子，柴山哲也編著『公共放送BBCの研究』

公共放送の世界的な模範となったイギリスの公共放送局BBCのシステムと歴史を多角的に検討した研究書。

38　岡村徹著『はじめてのピジン語：パプアニューギニアのことば』

多言語社会であるニューギニアにおいて，部族間の共通語として機能している「ピジン語」を解説するとともに現地での生活知識も紹介する。

39　菊地英一［ほか］共著『新しい触媒化学』

触媒化学の基礎から最新の応用を，バランスよくコンパクトにまとめたもの。

40　室井高城著『工業触媒の最新動向』

工業触媒，合成触媒，シェールガス関連，バイオマス，エネルギー・環境の最新の工業触媒について取りまとめたもの。

41　田中英雄著『里山の石仏巡礼』

南東北・関東・甲信越・東海の里山，奥山にある石仏108体を訪ね歩いたフォト・エッセイ。像容の美しい石仏や，信仰的価値の高い石仏だけでなく，無名の石仏も紹介。

42　外山紀子，中島伸子著『乳幼児は世界をどう理解しているか：実験で読みとく赤ちゃんと幼児の心』

赤ちゃんや幼児の驚くべき認知能力を心理学はどのようにして解明してきたか。心理学の実験的な方法を紹介しながら，乳幼児の世界を探険する。

43　田中琢，佐原真編集代表『日本考古学事典』

石器時代から歴史時代まで，考古学に関する1600項目を最新の研究成果を基にした考古学事典。歴史・民族・地理・生物・建築など関連分野にも配慮し1600項目を収録。

44　松永和浩著『室町期公武関係と南北朝内乱』

南北朝内乱や室町殿の公家化が，公武関係や公家社会にもたらした変容を解明し，幕府の権限吸収に替わる新たな公武関係の枠組みを構築。

45　蟻川明男著『世界地名歴史事典』

国名，首都名，主要都市名，河川名，山名，島名，砂漠名など何種類にもわたるが，日常よく接する地名を中心に，世界のすべての地域の基本的な地名を網羅した地名事典。

46　メアリ・レーン・カンバーグ著『Twitter（ツイッター）をつくった3人の男』

短文をネット上に投稿できるサービス「ツイッター」の設立者である3人の男の軌跡を追う。

47　池上彰監修・著『21世紀はじめの十年：9・11と世界の危機』

9・11が世界を震撼させた2001年以降の，21世紀はじめの十年をわかりやすく解説する平成史。

48　古居みずえ著『パレスチナ戦火の中の子どもたち』

2014年夏のイスラエル軍のガザ侵攻時，何が起こっていたのか。戦火を経験した子どもたちの日々の生活を，パレスチナに20年以上通うジャーナリストが現地の声を伝える。

49　『小型燃料電池の最新技術』

直接形メタノール燃料電池のほか，水素やその他の燃料を用いた小型燃料電池も幅広く紹介する。燃料電池研究において注目され続ける白金の代替触媒にも言及する。

50　相原茂ほか編『中国語類義語辞典』

日本初の本格的「読む」類義語辞典。

UNIT 40

◉分類記号付与の実際（6）：所在記号

図書記号，別置記号の付与

●…………図書記号

分類記号の順に資料を排架すると，同一分類記号の下に資料群が形成される。書架上での効率的な利用や排架・出納を可能とするために，これら同一分類記号の資料をさらに個別化し，個々の資料を順序づける目的で設けられる記号を図書記号（book number）と呼ぶ。図書記号は，分類記号と併せて請求記号（call number）を構成する。請求記号は資料の背ラベルや目録記入に記載することによって，書架上にある特定資料の検索や，所定の排架位置からの出納を迅速かつ正確にできることになる。なお請求記号は古い時代の閲覧方式に由来する名称なので，自由開架制の普及に伴い，今日では所在記号（location mark）と呼ばれることが多い。

図書記号
請求記号
所在記号

図書記号付与の方法には，下記に示す三つの方法がある。蔵書量の肥大化が進んでいる今日では，図書記号によって資料の個別化を図ろうとすると，そのことが，逆に煩雑さを招くことにもつながるので，個々の図書館の状況に応じた図書記号法の採用が望まれる。

受入順記号法

(1)　受入順記号法

同一分類記号内の資料を受入順に排列する方法。図書記号には受入順に与えられるアラビア数字をあてる。分類記号ごとに最終番号の管理を事務用書架目録やコンピュータによる図書記号管理システムで行わなければならないが，記号法が単純で，完全な資料の個別化も可能である。また書架への排列も容易で能率的である。なお，複本などの重複した資料や1部2冊以上から成る資料は，受入時期に違いがあっても，通常は同一の図書記号とし個別化は行わない。

図書記号管理システム
資料の個別化

この記号法では，受入順という偶然性に依存しているため，意味のある排列にはならない。古くから採用されてきた方法であるが，利用者が自由に接架できる開架資料に対しては，必ずしも適した方法ではない。

著者記号法

(2)　著者記号法

同一分類記号内の資料を，著者名の五十音順またはアルファベット順に排列する方法。著者名を記号化したものを図書記号として使用する。

記号化の対象となる著者名は，書誌記述の責任表示において最初に記されている著者，個人伝記書にあっては被伝者である。また，書名を対象とする場合もある。なお，NCR1987収載の「単一記入制目録のための標目選定表」によって対象となる著者を選ぶこともできる。

著者名の記号化の方式には次のようなものがある。

① イニシアル方式 イニシアル方式

著者名の姓の頭文字の数文字をカタカナもしくはローマ字で表して記号とする方式。著者記号法では最も簡単な方法である。このため他の著者と同一記号をもつ場合が生じ，必ずしも著者名順の排列にはならない。

中村草田男（ナカムラ，クサタオ）を例に取ると，著者記号は1文字とした場合は「ナ（またはN）」となる。他の著者と記号が重なることを防ぐためには，2文字（ナカ）を採用したり，姓と名を組み合わせることもできる（例えばナク，ナカクなど）が，同一記号となることを完全に避けることはできない。

② 簡易著者記号方式 簡易著者記号方式

イニシアル方式に加え，同一文字の著者には受入順の一連番号を与えて記号とする方式。受入順に一連番号を与えることによって，同一分類記号内の他の著者と区別され，一著者の著作を集めることができる。

例えば分類記号913.6の下で，宇野信夫（ウノ，ノブオ）が著者記号の対象となったとき「ウ」がまだ使用されていない場合には，その記号を与える。以降，到着順に内館牧子（ウチダテ，マキコ）に「ウ2」，内田康夫（ウチダ，ヤスオ）に「ウ3」，上野瞭（ウエノ，アキラ）には「ウ4」と，イニシアルに受入順の一連番号を与えていく。

著者名順にはならないが，イニシアル部分に2文字形，姓名組み合わせ形などを採用すれば，ある程度これを改善することができる。

③ 著者記号表方式

著者名の頭文字と数字を組み合わせた一覧表に基づいて記号を与える方式。記号付与の拠り所とする一覧表を「著者記号表」という。 著者記号表

『日本著者記号表』（もり・きよし）は日本人の姓を対象とするが，中国人や西洋人にも適用できるよう編成されている。日本人，中国人などの姓は読みのヘボン式ローマ字，西洋人は原綴を記号の基礎にする。記号は原則として，著者名読みの頭文字（ローマ字・大文字）1文字と数字（1～9）2文字を組み合わせて構成する。ただし，日本人の姓に多い頭文字K，M，S，Tでは，ローマ字2文字（2文字目は小文字）を用い，使用度の少ないものには数字を1文字，数字を付けない形を記号とする設定もある。

著者名の文字が記号表にない場合には，直前の数字を採用する。

村上（Murakami）は記号表を見ると，Murais 42，Murak 43，Murakaw 44となっているので，Murakの43を採って著者記号をMu43とする。

Mu	11	N	Murai	41	Nakao	Muro	71	Ni
Mub	12	Nac	Murais	42	Nakaok	Murob	72	Nii
Muc	13	Nag	Murak	43	Nakat	Muroi	73	Nij
Mud	14	Nagai	Murakaw	44	Nakay	Murok	74	Nil
Mudai	15	Nagam	Muraki	45	Nakayam	Muros	75	Nim
Mue	16	Nagano	Murako	46	Nakaz	Murot	76	Nin
Muf	17	Nagao	Muraku	47	Nam	Muroy	77	Nippon
Mug	18	Nagaok	Muram	48	Nan	Murp	78	Nir
Mugi	19	Nagar	Muramo	49	Nao	Murr	79	Nis

もり・きよし『日本著者記号表』(改訂版, 1974) 抜粋

著者記号は，他の分類記号の下では，他の著者に与えられる場合もある。

村上春樹『ノルウェイの森』　913.6/Mu43
村上　龍『13歳のハローワーク』　366.29/Mu43

著者記号表を用いることによって，同一分類記号内において同一著者の著作を集中させるだけではなく，著者名順の排列をも実現させる。

該当する記号がすでに他の著者名に用いられている場合には，さらに数字の部分を展開させる。記号の展開にあたっては，アルファベット順が保たれるように留意して決定しなければならない。

長井　彬『原子炉の蟹』　913.6/N14
永井路子『王者の妻』　913.6/N141
長倉万治『陽差しの関係』　913.6/N148
永松　定『永松定作品集』　913.6/N15

913.6の下での一例である。N141やN148は著者記号表の中には用意されていない。今後の見通しも含めて著者名の順になるよう判断して決定する。

著作記号

同一分類記号をもつ同一著者の資料を2冊以上受け入れた場合には，著作記号を付記して個別化を図る。著作記号には，受入順番号または書名の頭文字を採る方法がある。

村上　龍『啓蒙的なアナウンスメント』　304/Mu43-2
村上　龍『「個」を見つめるダイアローグ』　304/Mu43-3
村上春樹『羊をめぐる冒険』　913.6/Mu43h
村上春樹『世界の終りとハードボイルド・ワンダーランド』　913.6/Mu43s

年代記号法

(3) 年代記号法

同一分類記号内の資料を，出版年順に排列する方法。出版年を記号化して図書記号とする。内容の最新性が要求される科学技術分野の資料群に適しているが，蔵書全体に適用するには無理がある。

『ランガナタンの年代記号法』(1933) は，1880年を起点として10年を単位にア

ルファベット（大文字）と年代の下1桁の数字で記号を構成している。

適用例：1987年に出版された資料　M7　（Mは1980年代を表す）

1部2冊以上から成る資料で各冊ごとに出版年が異なっている場合には，最初に出版されたものの出版年に合わせる。

同一出版年のものには，受入順記号を与えて個別化を図る。

●…………別置記号

資料は，その図書館で採用する分類法に従って，全蔵書を一元的に配置することが原則である。しかし資料の物的形態，利用対象，利用方法，さらには管理の側面から，通常の配置とは別扱いとし，別途一箇所にまとめた方が適切な場合がある。こういった扱いを別置法といい，これを指示する記号を別置記号と呼ぶ。

別置法
別置記号

個々の図書館における別置法の適用は，ケースバイケースとして対応するのではなく，資料組織化の方針を事前に設定し，それを前提として諸作業を進めることが必要である。なお，別置の対象となる資料は，その種類を多くすると利用や管理が複雑になるので，最小限の範囲とすべきである。

よく行われている別置法の扱いについて以下に例示する。

(1)　図書ラベルの色を替える方法

特別な記号を与えることなく，図書ラベルを別置記号とみなして用いる。全面開架制の下では効果的である。

図書ラベルは各色用意されているので，各色を使い分けて主題区分を色彩的にも指示することができる。また，利用対象別に一般用資料には緑色，ヤングアダルト資料にはオレンジ色，児童用には茶色などと使い分けたり，利用目的別に貸出用資料には紺色，参考図書には赤色を使うなどして排架場所を明示することができる。

しかしこの方法は，図書ラベル以外では排架位置が識別できないので，例えば，OPACには請求記号だけでなく所在箇所を表示するなどの措置が別途必要となる。

(2)　分類記号に別置記号を冠する方法

種々の別置資料に対して，下記のような別置記号を与えたりする。

参考図書（Reference）	別置記号：R	R813.3
地図帳（Atlas）	別置記号：A	A332.1
児童図書（Kodomo または Jido）	別置記号：K	K783
雑誌（Periodical または Zasshi）	別置記号：P	P010
大型図書（Large または Big）	別置記号：L	L708

(3)　特定の分類記号を別置記号に置き換える方法

分類作業の単純化によって，作業の迅速化を図ることを目的として行われる。小説（913.6），絵本（726.6），コミック（726.1），学習参考書（375.9）などに適用されている。小説は，通常，現代日本文学作品が対象とされるが，処理の簡便さから対象範囲を拡大し，外国の作品も含めて適用していることも多い。

現代小説（Fiction）	F（言語により細分）
絵本（Ehon）	E（グレードまたは主題により細分）

郷土資料

郷土資料・行政資料（090）も同様に扱われる。

郷土資料・行政資料	Z［地域名の頭文字を用いることが多い］ （必要な区分法により細分）

(4) 書架分類を行わず資料媒体名などを別置記号とする方法

視聴覚資料

視聴覚資料は情報内容を外見から直接確認できない。外見から内容が確認できないものは，図書と一緒に主題排架してもその効果を期待することができない。したがって資料の管理を主たる目的として，資料媒体名を別置記号とし，それらの種類ごとに資料群を形成させる方法である。ただし，資料やその再生装置を利用者が自由に利用できる環境では，主題やジャンルによる細分が望ましい。

コンパクトディスク	CD（規格による区分，主題やジャンルにより細分）
ビデオカセット	VC（規格による区分，主題やジャンルにより細分）
マイクロフィルム	MF（規格による区分，主題より細分が可能）

一枚もの

地図資料は，保管や取り扱いなどの関係から別置が望ましい。一枚ものの地図はNDCでは別扱いとすると指示している。地図以外にも楽譜やポスターなど一枚ものの資料については，同様に措置する。

地図資料	M （地理区分，必要に応じて主題区分）

貴重書

貴重書や古文書は保存上，管理上から別置する。和古書，漢籍類は，装丁も特殊で洋装本との混合排架は適切でない。これら資料の分類はNDCとはなじまないので，必要があれば独自分類で展開させることになる。

貴重書	貴（必要があれば独自区分で細分）
和古書	和（必要があれば主題区分）
漢　籍	漢（必要があれば四部分類などで細分）

UNIT 41

◉件名法

基本件名標目表の概略

UNIT 41からUNIT 44では，日本の代表的な件名標目表の一つである『基本件名標目表　第4版』(BSH)（日本図書館協会件名標目委員会編，日本図書館協会，1999）の概要を解説するとともに，件名標目付与作業の演習を行う。 BSH

●…………BSHとNDLSH

件名法による主題組織化は，件名標目表を用いて主題索引語を付与する作業である。わが国には，日本図書館協会件名標目委員会が編さん維持管理しているBSHとともに，国立国会図書館が日本全国書誌作成に際して件名標目付与に使用している『国立国会図書館件名標目表』(NDLSHと略称）がある。BSHとNDLSHの特徴を簡単に比較しておく。 NDLSH

前者のBSHは1999年に刊行された第4版が最新であるが，その後は，新たに出版された資料を対象にした「追加件名標目」を確定し，「追録」(PDFファイル）として日本図書館協会のホームページ内にある「件名標目委員会ホームページ」で公開されている。

一方，NDLSHは1964年から1991年まで，冊子体で刊行されてきたが，その後，全面的な改訂を経て，2005年からは国立国会図書館サイトからPDF形式で提供されるようになった。さらに，2010年からは「Web版国立国会図書館件名標目表」(Web NDLSH）の提供が開始され，2011年からはWeb NDLSHに個人名，団体名などの典拠データを追加し機能を拡張した「Web NDL Authorities（国立国会図書館典拠データ検索・提供サービス)」の提供が開始されて現在に至っている。その結果，PDFファイルで提供されていた「国立国会図書館件名標目表2008年度版」およびその追録について，2011年11月をもって更新を終了している。 Web NDL Authorities

件名標目表は，有効な検索を可能とするために主題索引語を統制語として付与するための一種の辞書（統制語彙表）である。この辞書において，件名標目として使用する語の概念やその使用法などについて制限をかけるとともに，語と語の間の意味的関係性を明示している。

1999年に刊行されたBSH第4版に採録されている語数は，標目として採用された語が7,847語，採用されなかった参照語が2,873語で，前述した「追録」約900

語を合わせると1万2千語弱の語が採録されている。固有名詞（個人名，団体名，地名，書名等）については，原則として採録されていない。また，各分野の団体の総称や宗教の宗派・教派名等は，例示件名標目群と称して，各館で補充・採録してほしいとの方針をとっている。そういう点で，BSHは，純粋な辞書というよりは，辞書を兼ねた件名標目付与のためのガイドラインの性格が強いと言える。

例示件名標目群

一方，NDLSHは，BSHとは異なって，基本的に例示件名標目群という考え方はとらないため，平成26年度末現在でWeb NDL Authoritiesに普通件名として登録されている語は1,173,085語で，BSHの100倍以上に及んでいる（国立国会図書館サイトの「書誌データの基本方針と書誌調整：統計からみた書誌データ」のページ参照)。この点で，件名標目付与とともに，利用者の主題検索にも使用する辞書の性格が強い。件名標目付与のためのガイドラインとしては，「国立国会図書館件名作業指針」が国立国会図書館サイトで公開されている。BSHとNDLSHの標目形はかなり異なっているが，Web NDL AuthoritiesにはBSHの標目形への参照があり，ここでの演習でも両者を比較するために参照することができる。

●…………標目の形式

同義語

(1)　同義語

統制語を用いる方式であるから，同じ概念を表す語は一つに統一する。例えば，「図書」，「書物」，「書籍」，「本」等は「図書」に統一する。このとき採用する形としては，学術用語よりは常用語を優先する。BSHでは，統制語として採用されたことばを件名標目，採用されず件名標目へ参照されることばを参照語と称している。なおシソーラスではそれぞれ優先語（ディスクリプタ），非優先語（非ディスクリプタ）という。

常用語

件名標目
参照語
優先語
非優先語

「図書」の例では，「図書」が件名標目（優先語）であり，「書物」，「書籍」，「本」，などの語が参照語（非優先語）として採用されており，それぞれ同義語として「図書」へと参照指示が付されている。資料の主題を正確に表現する自然語が，資料中のいずれかの箇所で表現されている場合，すなわち文献的根拠のある場合には，件名標目にしろ参照語にしろ，件名標目表に登録することが望ましい。

文献的根拠

複合語

(2)　複合語

「火災保険」，「教会建築」，「海底地質」などの複合語については，これを分離するか複合語として扱うかの明確な指針はないが，慣用的に用いられる複合語についてはできるだけそのままの形を採用する。

(3)　相関係の表現

「国家と個人」，「宗教と科学」等，相関係を表す混合主題については，これも特に決まった採用方針はないが，比較的よく現れるものについては，「と」で結ぶ形で表現する。

(4)　転置形　　転置形

「漁業（淡水）」,「図書館（公共）」,「料理（西洋）」といった転置形がある。「漁業」を例にとれば,「漁業（遠洋）」,「漁業（淡水）」,「漁業（北洋）」などの種類がある。核となる件名「漁業」に修飾語（遠洋，淡水，北洋など）を付加することにより，その種類を表す下位件名（「遠洋漁業」,「淡水漁業」,「北洋漁業」など）ができる。もし通常の語順のままの形を採用すれば，それらは五十音順に一覧表示すると分散する。転置形は，こういった複合語件名を上位の件名のもとに集中させたいという意向から生まれた方針である。

(5)　語の並列

「易・占い」,「酸・塩基」,「絶縁・絶縁材料」,「録音・録音機」など，複数の主題が一緒に取り上げられることが常態である場合，二つの語を中点で結んで表現することができる。こういった形式はシソーラスでは通常使用されない。件名標目表など統制語彙の一覧表では，個々の語を明確に定義づけることが求められる。

したがって,「易・占い」のような明確でない表現は本来好ましくない。その理由は，上位語，下位語がどうなるかを考えればすぐにわかる。こういった語に上位語や下位語を設定することは困難である。

(6)　限定語　　限定語

「ロマン主義（音楽）」,「ロマン主義（文学）」,「ロマン主義（美術）」,「事務管理（経営管理）」,「事務管理（法律）」,「人生訓（青年）」,「人生訓（女性）」というように，件名標目を特定主題分野に限定する必要がある場合には，語の後ろに（　）をつけて限定語を付記する。

●…………関係性の表示法

件名標目と件名標目との関係，件名標目と参照語との関係について，BSH4版では次のような関係性表示記号を用いている。NDLSHも同様の記号を用いているが，一部相違がある。　　関係性表示記号

TT　top termの略。最上位語を表す（NDLSHでは不使用）
BT　broader termの略。上位語を表す
NT　narrower termの略。下位語を表す
RT　related termの略。関連語を表す
→　参照語から件名標目への案内を表す（NDLSHではuseを使用）
UF　used forの略。その件名標目に付されている参照語を表す
SA　see alsoの略。参照注記

これら記号の詳細はUNIT 42で解説する。

細目

●…………細目

細目とは統語論的関係に関する規則である。これについてはUNIT 43で解説する。

分類記号順標目表

●…………分類記号順標目表

BSHの別冊として刊行されているもので，NDCの分類記号順に件名標目を並べたものである。まず学問分野を問題にするNDCと，学問分野を必ずしも意識しなくてもよい件名標目とでは，基本的に大きな相違がある。したがって，件名標目に分類記号を与えることは本質的に無理を伴うが，下記のような理由であえて分類記号順標目表が編集されている。

① 分類記号と件名標目は同一工程で付与することが多い。例えば分類記号を先に与えた場合，それに対応する件名標目を知ることができるので，件名標目付与のための参考になる。

② 利用者が体系的に件名標目を一覧することができ，検索するための件名標目を選ぶ手がかりとなる。

③ 件名標目を維持管理するために利用できる。例えば，NDCで採用された用語を参考にしたり，NDCでは関連項目としてどのような概念が採録されているかを確認したりできる。

階層構造標目表

●…………階層構造標目表

最上位語からの全階層が表現されていて，248語ある最上位語（TT）が五十音順に排列されている。自然や神戸市など階層関係を持たない，ごくわずかな孤立件名以外のすべての件名標目が，階層構造標目表のどこかに現れることになる。最大6階層に限定していることから，論理的には階層関係がある場合でも，階層があまり多段階にわたる場合は階層を切断していることがある。地名の上下関係は類種関係ではないが，通常のシソーラスでは全体部分関係として階層関係を設定する（例えば兵庫県のNTが神戸市のように）。しかしBSH4版では階層関係を設けない方針をとっている。

UNIT 42

◉件名法

語の関係性

●…………関係性の種類とその表示法

「火災」という件名標目を例にして具体的に説明する。「火災」は音順標目表では以下のようになっている。

火災 ⑧ *369.32；524.94* ⑨ *369.32；524.94*

SN：この件名標目は，火災一般に関する著作に与える。

UF：火事

TT：災害 92

BT：災害

NT：火災予防

RT：消防

SA：個々の大火名も件名標目となる。（例：新潟火災）

火災はゴチック体で印刷されているが，ゴチック体の見出しは優先語を表す。見出し語の右側に，⑧，⑨に続けて斜体で示される記号は，火災に対応するNDC8版，9版の分類記号である。SNはscope noteの略であり限定注記という。その件名の使用範囲を限定する注記である。件名標目表は統制語方式であり，日常のことばの意味そのままではない。まず上位語と下位語とによって意味内容が限定されるが，それだけでは十分ではない場合，さらにSNによって意味内容を限定することになる。UFはused forの略であり，火事の代わりに火災を用いよ，ということである。つまり火事が非優先語，火災が優先語となる。ある優先語がそれに対応する非優先語を持つ場合，すべての非優先語がUFのあとに示される。 SN UF

TT（top term）は階層関係を示す記号のうち最上位語を表す。「災害」の語に続く数字92は，階層構造標目表において五十音順で排列された最上位語（TT）の92番目に位置することを示している。BT（broader term）は，直近の上位語。火災の場合には，最上位語も直近上位語も災害である。直近下位語であるNT（narrower term）には，火災予防が示されている。 TT 階層関係 BT NT

上位－下位関係をどのように認定するかの基準は，各件名標目表，あるいは各シソーラスによって同じではない。通常ある語の下位語としては，その種類を表す語（類種関係となる）および一部の全体部分関係（学問分野，身体の組織，地名，社会的組織，における全体－部分関係），そして事例関係（一般的な名詞とそれに属する個々の固有名詞）が採用される。

哺乳類
　TT：動物 177
　BT：脊椎動物
　NT：あざらし．いぬ（犬）・・・
流体力学
　TT：物理学 212
　BT：力学
　NT：気体力学
腸
　TT：人体 131
　BT：消化器
　NT：大腸

別冊の階層構造標目表を示すと次のようになる。

92〈災害〉	177〈動物〉	212〈物理学〉
災害	動物	物理学
・火災	・帰化動物	・エネルギー
・・火災予防	・水族館	・・太陽熱
・ガス事故	・脊椎動物	・応用物理学
・気象災害	・・魚類	（中略）
・・雪害	（中略）	・力学
・・雪崩	・・哺乳類	（中略）
・・風害	・・・あざらし	・・流体力学
・・風水害	・・・いぬ（犬）	・・・渦
・・・洪水	（後略）	・・・気体力学
・原子力災害		・・・航空力学
・災害救助		・量子力学
（後略）		（後略）

RT

次に，RT（related term）として，消防があがっている。これは関連語であり，上位でも下位でもないが関連のある語を示す。どういうものをRTとするかは難しい問題であり，シソーラスの分野でもBSHでも明確な基準は存在しない。

SA

最後にSA（see also）であるが，BSHでは参照注記と称している。この指示はシソーラスには通常存在しない。NDLSHや『米国議会図書館件名標目表』（Library of Congress Subject Headings：LCSH）にもこれがあり，件名標目表独特のものである。意味合いは総称的な下位語への案内である。BSHにおけるSAの機能には次の3通りがある。

(1)　ある概念に属する具体的な固有名詞

砂　漠

TT：地理学 165

BT：環境（地理学）

SA：個々の砂漠名（例：ゴビ砂漠）も件名標目となる。

一般に件名標目表やシソーラスにおいては，固有名詞の扱いをどうするかという大きな問題がある。2 通りの対処方法がある。一つは個々の固有名詞を優先語として下位語に採用するという方法である。もう一つは下位語として採用せず，一括して別表に収める方法である。後者の場合，語形の統制は行うが，上位－下位の関係性は与えない。BSH の場合，いずれの方法とも明記していないが，少なくとも地名に関しては上位－下位の関係性は与えない，としている。BSH は原則として固有名詞を採録せず（固有名詞件名標目群という位置づけである），アメリカ合衆国や京都市など若干の例だけを採録し，個々の館が必要なときに採録する方針を採っている。ただし，国名に関しては，本冊巻末に国名標目表が収録されている。

地名

固有名詞件名標目群

(2)　ある概念の種類が示す個数が非常に多いとき

果実酒

TT：食品加工 124

BT：酒

NT：ぶどう酒

SA：その他個々の果実酒名も件名標目となる

このケースは，BSH では例示件名標目群と称している。ベルモットやりんご酒といったぶどう酒以外の果実酒に関する資料が現れた場合，個々の館でその都度，果実酒の下位語として追加採用することになる。

例示件名標目群

(3)　細目付き件名が多数存在するとき

細目付き件名

年　鑑

TT：図書館資料 184

BT：逐次刊行物

SA：特定主題および各外国名・各地方名のもとの一般細目－年鑑（例：経済学－年鑑．アメリカ合衆国－年鑑．神戸市－年鑑）をも見よ。

年鑑は件名標目であると同時に，後に説明する一般細目としても採用されており，映画－年鑑，や図書館－年鑑，のように，どの件名標目に対しても付加することができる。BSH では年鑑の下位語として，このような細目付き件名を認めている。年鑑はあらゆる件名標目に付加される可能性があり，すべてを掲載するわけにはいかないので，このように SA を用いて総称的な案内を行っている。

●…………階層構造の必要性と利用法

階層構造の必要性

階層構造の必要性は次の３点にあると考えられる。

(1)　語の意味内容の明確化

上位語と下位語とによって自ずと意味内容が限定される。

(2)　検索時に参考となる

上位から下位へと語と語の関係ネットワークをはりめぐらすことによって，検索時に有益な件名を探すのに役立つ。従来から，特に下位語への案内が有効であるとされてきた。例えばコミック誌について調べたいとき，コミック誌という語が思い浮かばなかったとする。その場合でも雑誌は容易に思いつくであろう。そして雑誌を見ると，下位語としてコミック誌，週刊誌，タウン誌というように雑誌の種類が列記されている。その案内によってコミック誌を思いつくという具合である。

(3)　検索の幅を広げたり狭めたりすることができる

再現率

精度

特定性

コンピュータによる検索では，上位語で探したとき，下位語をも含めて検索する，という手法を用いることができる。一般に情報検索では，索引システムを評価する尺度として，再現率（適合文献全体のうちどれだけの割合を検索できたか）と精度（実際に検索した文献中，適合文献の割合はどれだけか）の二つが用いられる。より概念の狭い語（特定性の高い語）で検索すれば，再現率は下がるが精度は上がるとされる。例えば，会社に関する資料を探しているとき，ヒット件数が少なければ，上位語の企業で探せば，より多数の文献が見つかるであろう（その代わり精度が下がる)。また逆に多すぎるときは，その下位語（株式会社，合弁会社，同族会社，有限会社）を見て，実際には株式会社に関する文献をより重視して探しているなら，株式会社を選ぶことによってもっと件数を絞り込むことができよう（そして精度が上がる)。

UNIT 43

◉件名法

細　目

文献の主題は複雑であり，一つの件名ではとうてい主題を的確に表現できないことが多い。例えば「野菜の栽培技術」であれば，野菜という件名と栽培という件名を個別に与えたのでは,「野菜の栽培」を意味することにはならない。「野菜－栽培」と両者を結びつけて初めて正確な主題を表現できる。件名標目は事前結合索引の一種であるが，事前結合索引では，文献の主題を正確に表現するような件名どうしの結合が行えなければならない。しかし件名標目表では，一般にこの結合は自由には行えず，件名標目表中に指示された特定の組み合わせのみが許される。BSHでは，主たる件名標目（主標目という）に組み合わせて使用することのできる件名を細目と呼び，以下の種類が用意されている。いずれも「主標目－細目」という形で表現される。

主標目－細目

なお細目は，件名標目表中では「－写真集」のような形式で細字で掲載されており，あたかも優先語ではないかのように表示されているが，これも件名として採用される優先語の一種である。しかし，雑誌など通常の件名標目としても存在するもの以外は，主標目として単独で使われることはなく，何らかの主標目に対して補助的に付加されるのみである。雑誌の場合は，正規の件名標目としての見出し語と，細目としての見出し語の２種類が掲載されることになる。

●…………一般細目

一般細目

どの標目のもとでも使用することができる。下記の種類がある。これらの一般細目は，NDCにおける形式区分に相当するものである。

－エッセイ	－学習書	－研究法	－索引	－雑誌	－辞典	－条例・規則	
－抄録	－書誌	－史料	－資料集	－随筆	－伝記	－統計書	－年鑑
－年表	－判例	－文献探索	－法令	－名簿	－用語集	－歴史	

図書館問題研究会編『図書館用語辞典』　→　図書館学－辞典
翔泳社編集部編著『デザイン年鑑』　→　デザイン－年鑑
『白山の四季：上馬康生写真集』　→　白山－写真集
廣田襄著『現代化学史』　→　化学－歴史

分野ごとの共通細目

●…………分野ごとの共通細目

一つの件名標目では表現できないような，多様な主題を表現する必要から設けられたものである。BSH4版で新設され，医学・薬学，映画・演劇など16分野において定められている。各分野ごとに1～10程度の細目がある。医学・薬学分野を例にとると，名称としては医学・薬学共通細目といい，その中に，検査法，非臨床試験，副作用，臨床試験の4細目が収められている。この中の検査法を例にとると，音順標目表（件名標目の五十音順に排列された中心的な表）中の説明によれば，「人体の各器官，生理機能，および医薬品の効果などの検査法に関する著作に対して，その検査対象を表す件名標目のもとに，細目として用いる」とある，例えば心臓－検査法，などのように適用することになる。しかし例えば，有毒植物は医薬品ではないが，有毒植物－検査法とできるのかどうか定かでない面がある。7,847語の件名標目それぞれがどの分野に属するかを明示していないので，使い方に習熟していないと細目使用を見落とす可能性がある。

八木一芳，味岡洋一著『胃の拡大内視鏡診断』　→　胃－検査法
矢部良明著『日本のやきもの鑑定入門』　→　陶磁器－鑑定

言語細目

●…………言語細目

各言語名のもとで使用することができる細目であり，アクセント，位相，意味論，音韻，音声，解釈，など53個がある。

言語細目は，NDCにおける言語共通区分にほぼ相当する。しかし，NDCにおけるよりも相当詳しい。

中野茂著『30日で話せるフランス語会話』　→　フランス語－会話
金水敏編『役割語研究の展開』　→　日本語－位相

●…………特定の地域に関する主題

特定の地域に関する主題の取り扱いについては2種類ある。大多数の件名標目については，主題を表す主標目のもとで地名細目を付加する。しかし経済や地理など地域との結びつきが特に強い少数の件名標目については，地名を優先させ，これに主題細目を付加する。

地名細目

(1)　地名細目

下記(2)以外のすべての件名標目について，地域にかかわる主題を表すときは，各標目のもとで地名細目を付加する。

クリス・ソーンヒル著『ドイツ政治哲学』　→　政治思想－ドイツ
明石政紀［著］『ベルリン音楽異聞』　→　音楽－ドイツ

(2)　地名のもとの主題細目

地名のもとの主題細目

以下の細目は，地名のもとに続けて細目とする。

－紀行・案内記	－教育	－行政	－経済	－工業	－国防
－産業	－商業	－人口	－政治	－対外関係	－地域研究
－地図	－地理	－農業	－風俗	－貿易	

『ドイツロマンティック街道』 → ドイツ－紀行・案内記
下田淳著『ドイツの民衆文化：祭り・巡礼・居酒屋』 → ドイツ－風俗
村田武著『ドイツ農業と「エネルギー転換」』 → ドイツ－農業

以上のうち，対外関係と貿易については，さらに相手国を付加することができる。

『日独交流 150 年の軌跡』 → 日本－対外関係－ドイツ－歴史
鈴木一敏著『日米構造協議の政治過程』 → 日本－貿易－アメリカ合衆国

●…………時代細目

時代細目

歴史を表す標目，および「－歴史」の細目のもとで，さらに時代細目を重ねて付加することができる。

原田伴彦著『江戸時代の歴史』 → 日本－歴史－江戸時代
『東大寺・正倉院と興福寺』（日本美術全集） → 日本美術－歴史－奈良時代

●…………特殊細目

特殊細目

特定件名標目のもとでのみ使用できる細目である。BSH3 版では，写真－撮影や万葉集－植物などかなり存在したが，4 版では経済学－ウィーン学派などごくわずかにとどまる。なお，写真－撮影の場合は，写真撮影という複合語になり，万葉集－植物の場合は，分野ごとの共通細目のうち，古典共通細目として古典作品に共通に使える細目となった。

佐々木憲介著『イギリス歴史学派と経済学方法論争』 → 経済学－歴史学派

●…………細目を理解するうえでの留意点

細目とはまさしく統語論的関係を規定する規則である。統語論的関係規程の主な部分は列挙順序を定めることであるが，UNIT 22 で述べた列挙順序のパターンのうち，一般細目はおおむね「形式」を伴う場合であり，時代細目は「時間」を伴う場合，特定の地域に関する主題は，「場所」を伴う場合と理解される。そしてその他の細目は，部分，性質，動作，動作主体，などのように概念間の結びつきを分析して一般的に作られたものではなく，古典的著作や美術作品のように，ある特定のケースについてのみ定められたものと考えられる。つまり一般的な統語論的規則がつくられていないということである。

UNIT 44

◉件名法

件名規程と演習

件名規程とは，首尾一貫した件名標目の付与作業を行うための成文規程であり，一般件名規程と特殊件名規程の 2 種類がある。一般件名規程は件名標目表全体に適用され，特殊件名規程は特定分野の件名標目にのみ適用される。BSH では前者が 12 項目，後者が 10 項目あるが，これらの中から選択的に解説する。

一般件名規程

特殊件名規程

●…………一般件名規程

(1) 個々の資料の主題を，的確に過不足なく表現する件名標目を選ぶことが件名作業の基本である。これを「特殊記入の原則」という。

特殊記入の原則

(2) 次のものには件名標目を与えない。

① 主題が明確でない図書

② 個人の文学・美術の作品（主題が明らかな場合を除く）

文学作品，美術作品でも多くの場合主題（テーマ）をもつが，これらについては主題が明らかなものを除いては件名標目を付与しない。想像上の著作であるから，あえて主題から検索できなくてもよいという判断である。

ただし，多数人の文学・美術上の作品集に対しては，件名標目を与える。

岩崎宗治編訳『英国ルネサンス恋愛ソネット集』 → 詩（イギリス）－詩集

文学作品であるが，多数人の作品であるため標目を与える。主標目の詩（イギリス）も細目としての詩集もともに形式標目である。詩（イギリス）は転置形である。文学や美術の作品の場合，個人と多数人との間で線引きを行い，前者には件名標目を与えず，後者には与える。

(3) 件名標目は，その図書が取り扱っている主題および表現形式の数に応じて，適当な数だけ与えることができる。

(4) 利用上必要な場合には，図書全体に対する件名標目とともに，図書の一部分を対象とする件名標目を与えることができる。

(5) 特定の人物，団体，事物，地域，著作などについて記述した資料には，その固有名を件名標目として与える。

大下英治［著］『知られざる王国NHK』 → 日本放送協会

(6) 特定の出版形式をもって編集された資料に対しては，その出版形式を表す語

を形式標目として与えることができる。多数人の文学・美術の作品集に対しても，形式標目を与えることができる。　形式標目

主題を特定できない総合雑誌，百科事典，論文集といったものには，通常は件名標目を与える必要はないが，特に必要であれば，「雑誌」，「百科事典」，「論文集」などの形式標目を与えてもよい。ただし，ある特定の主題に関する雑誌，辞典などは，その主題を表す主標目のもとで「－雑誌」，「－辞典」といった細目を与える。

吉田則昭，岡田章子編『雑誌メディアの文化史』　→　雑誌－日本－歴史

●…………特殊件名規程

(1)　歴史的な主題　歴史的な主題

特定の地域またはある主題についての歴史的記述に対しては，その地名または主題を主標目とし，これに「－歴史」の細目をつけて表す。ただし，「世界史」，「西洋史」，「東洋史」，「法制史」はそのままの形で表す。

その内容が，一時代に限られているものは，必要に応じて時代細目をさらにつけ加える。また，必要な場合は一般細目を重ねて用いることができる。

上田耕造［ほか］編著『西洋の歴史を読み解く』　→　西洋史
石岡浩［ほか］著『史料からみる中国法史』　→　法制史－中国
『東南アジア史研究の展開』　→　東南アジア－歴史
中村隆英著『昭和経済史』　→　日本－経済－歴史－昭和時代

(2)　伝記書，人名辞典　伝記書

①　個人の伝記は，各個人名を件名標目とする。

②　叢伝（列伝）

・国籍・職業ともに一つに限定されていない多数人の伝記は，「伝記」を件名標目とする。
・一国・一地方の多数人の伝記は，「伝記」に地理細目をつけて表す。
・特定の職業，専門分野などに限定された多数人の伝記は，その職業・専門分野などを表す件名標目に「－伝記」を細目として付す。
・上記規程によって表し難い場合は，適切な標目に「－伝記」の細目を付して表す。

③　一族・一家の家伝は，その氏または家名を件名標目とする。

④　人名辞典は，「人名辞典」を標目とし，必要に応じて地名標目を付加する。　人名辞典
特定の職業・専門分野などに限定した人名辞典は，その職業名・専門分野名を表す標目に「－伝記」の細目をつけて表す。

ひろさちや著『親鸞：非僧非俗に生きる』　→　親鸞
福島香織著『現代中国悪女列伝』　→　伝記－中国；女性－伝記
スタッズ・ターケル著『ジャズの巨人たち』　→　ジャズ－伝記

阿部猛編著『日本古代人名辞典』　→　人名辞典－日本；日本－歴史－古代

地誌的な記述

(3) 地誌的な記述

特定の地域の事情を記述した資料には，その地名を件名標目として与える。内容に応じて，地名のもとに「－紀行･案内記」,「－地域研究」,「－地図」,「－地理」,「－風俗」など，地名の下の主題標目のうち適切なものをつける。地名辞典には「地名辞典」を標目として与え，必要に応じて地名細目を付加する。一地域の一般社会事情および一般文化事情は，地名のみで表す。

『イタリアの世界文化遺産を歩く』　→　イタリア－紀行・案内記；世界遺産
小沢詠美子著『江戸時代の暮らし方』　→　日本－風俗；日本－歴史－江戸時代
『コンサイス日本地名事典』　→　地名辞典－日本
『現代スペイン読本：知っておきたい文化・社会・民族』→　スペイン

法令

(4) 法令

一般法令集は,「法令集」を標目とし，外国の場合のみ国名を地名細目として付す。日本の一地方の例規集は，地方名のもとに「－条例・規則」の細目をつけて表す。

主題の限定がある法令集は，各主題を表す標目の下に「－法令」の細目を用いる。外国の一般的な法律事情は,「法律」という件名標目を付与し，さらに国名を地名細目として付す。

判例六法編修委員会編『模範小六法』　→　法令集
『日本語訳中華人民共和国法令解釈集』　→　法令集－中国
『高齢者保健福祉六法』　→　老人福祉－法令
『建築基準法関係法令集』　→　建築基準法

統計書

(5) 統計書

一地域または特定主題の統計書は,その地名または主題を主標目とし,「－統計書」を細目として用いる。「統計調査の方法」のような主題としての標目には「統計学」を用いる。

農林水産省大臣官房統計部編集『ポケット水産統計』　→　水産業－日本－統計書
『数字でみる日本の100年：日本国勢図会長期統計版』　→　日本－統計書
原俊彦著『統計の世界：物の見方・考え方・心構え』　→　統計学

産業事情

(6) 産業事情

工業，産業一般，商業，農業，貿易に関する資料で，一国・一地域の事情を述べたものは，国名または地方名を主標目とし，それぞれに主題標目を付して表す。ただしそれらの分野に属する小主題は，主題を主標目とし，地名細目を付して表す。一地域に関する工業，商業，農業といった主題は，主題より地域が重きをなすケースであり，地名のもとの主題細目で表す。しかし，工業や商業の各分野というように，さらに下位の主題の場合は，主題のもとの地名細目として表す。

『天神橋筋繁昌商店街』　→　大阪市－商業；商店街

片野歩著『日本の水産業は復活できる!』 → 水産業－日本

(7) 病気に関する主題 病気に関する主題

個々の病気に関する主題には，その病名を件名標目として与える。

植木彰著『アルツハイマー病がわかる本』 → アルツハイマー病

臓器系に関する病気を総合的に扱った主題には，臓器名を冠した疾患を表す件名標目を与える。

井上博［ほか］編集『今日の循環器疾患治療指針』 → 循環器疾患

障害，症状，外傷などは，それぞれを表す件名標目を与える。

山本隆充編『痛み・しびれ：その原因と対処法』 → 痛み；しびれ

演習問題

問題 21 次の資料に対し，細目および件名規程に留意しつつ，BSHを用いて件名標目を付与しなさい。

1 伏見冲敬編『書道大字典』
2 廣田襄著『現代化学史：原子・分子の科学の発展』
3 田仲一成著『中国演劇史』
4 高峰秀子著『巴里ひとりある記』
5 水野邦彦著『抵抗の韓国社会思想』
6 西郷信綱著『日本古代文学史』
7 大森直樹著『はじめてでも簡単おいしい家庭果樹づくり：決定版』
8 小島政二郎著『小説永井荷風』
9 鬼塚幹彦著『おとなのための読み直し英文法』
10 ジェトロ編集『中国対外貿易統計』
11 経済産業省経済産業政策局調査統計部編『商業販売統計年報』
12 浪本勝年［ほか］編『ハンディ教育六法』
13 『岩波基本六法』
14 小金丸梅夫著『タイ農業概観』
15 『移行期ロシアの繊維産業』
16 宮田三郎著『実践警察法』
17 厚生労働省大臣官房統計情報部編『日本における人口動態計』
18 千葉県総合企画部統計課編『千葉県の工業：工業統計調査結果速報』
19 坪井正雄著『シンガポールの工業化政策』
20 東千尋編訳『現代ギリシア詩集』

問題 22　次の資料に対し，BSHを用いて件名標目を付与しなさい。

1　板寺一太郎著『外国法文献の調べ方』
2　増子忠道著『やりなおし介護保険：制度を生まれ変わらせる 20 の方法』
3　白土貞夫編著『千葉の鉄道』
4　福田俊司著『シベリア動物誌：カラー版』
5　日本図書館協会用語委員会編『図書館用語集』
6　ロバート・ホワイティング［著］『イチロー革命：日本人メジャー・リーガーとベースボール新時代』
7　日独交流史編集委員会編『日独交流 150 年の軌跡』
8　共同通信社編『世界年鑑』
9　北村暁夫，伊藤武編著『近代イタリアの歴史：16 世紀から現代まで』
10　伊東ひとみ文；千田春菜絵『恋する万葉植物』
11　山下好孝著『関西弁講義』
12　渡辺利雄著『講義アメリカ文学史』
13　小野直樹著『戦後日米関係の国際政治経済分析』
14　西形節子著『近代日本舞踊史』
15　杉本良男著『インド映画への招待状』
16　春山行夫著『紅茶の文化史』
17　谷川健一，玉田尊英編『悲しみの海：東日本大震災詩歌集』
18　秦郁彦編『日本近現代人物履歴事典』
19　野本陽代著『ベテルギウスの超新星爆発：加速膨張する宇宙の発見』
20　作佐部紀子監修『かわいい猫の飼い方・しつけ方』

問題 23　問題 20 と問題 21 の資料に対し，Web NDL Authorities（NDLSH）を用いて件名標目を付与しなさい。

問題 24　問題 3 の資料に対し，BSH およびWeb NDL Authorities（NDLSH）を用いて件名標目を付与しなさい。

UNIT 45

◉記録フォーマットとデータ活用の実際

MARCフォーマット

●…………情報交換用フォーマットとしてのMARC

UNIT 2で触れたように，目録を手書きや印刷カード等の形で蓄積していくのではなく，コンピュータ処理できるように，MARC（MAchine Readable Cataloging）が開発された。MARCの原義は，「書誌情報を機械可読形式で作成，提供するために，米国議会図書館により開発された情報交換用フォーマット，または同フォーマットを用いて書誌情報を記録すること」である（日本図書館情報学会用語辞典編集委員会『図書館情報学用語辞典』第5版．丸善，2020，p.235）。

MARC

機械可読形式

情報交換用フォーマット

情報交換用フォーマットとしてのMARCとは，目録作業におけるデータ作成と流通のための共通的な形式について取り決めがなされたということである。コンピュータで多くの情報を処理し，また流通を図るには，一定の規則に従ってデータ化されている必要がある。例えば，MARCフォーマットにおいては，ある資料についての情報をMARCレコードというまとまりとして扱う，そのMARCレコード内にどのように情報を収めるか，どのようにして収まっている情報を識別できるようにするのか，といったことを共通した規則として取り決めたものである。

MARCレコード

情報交換用フォーマットとしてのMARCはまず，米国議会図書館によるデータ頒布用フォーマットLC/MARC（後にUSMARCへ改称）として始まり，他の国でも同様の取り組みがあって，それぞれにフォーマットが開発された。国際的な標準化も進められて，1973年，機械可読にするための記録形式であるレコード構造について，国際標準化機構（ISO）による規格，ISO 2709の制定に至った。

LC/MARC

ISO 2709

また，国際図書館連盟（International Federation of Library Associations and Institutions: IFLA）が，1977年，国際交換のための標準フォーマットとしてUNIMARCを策定・公表した。ISO 2709によりレコード構造については標準化されたが，レコードの内容にかかわる部分は目録規則にも依拠し，規格として含まれていないためである。ISO 2709定義部分を外形式，内容にかかわる定義は内形式とも呼ぶが，これらが定まり，各国のMARCフォーマットからUNIMARCフォーマットに（または逆に）変換して，国際的に流通をはかることができるようになった。

UNIMARC

●…………JAPAN/MARCフォーマットの誕生とその後

JAPAN/MARC フォーマット

日本では，1980年に国立国会図書館が，UNIMARCに準拠したJAPAN/MARCフォーマットを策定した。日本語については漢字に対する読みの処理が必要なことなどに対応して，UNIMARCを拡張変更したものになっており，1981年から全国書誌データの頒布が行われている。また，UNIMARC典拠フォーマットに準拠したJAPAN/MARC著者名典拠フォーマットによる典拠データ頒布が，1997年に開始されている。

MARC 21フォーマット

JAPAN/MARC MARC21フォーマット

その後，国立国会図書館は，MARC 21フォーマットに準拠するものに変更し，2012年からJAPAN/MARC MARC21フォーマットとして頒布している（UNIT 47参照）。これは，米国議会図書館のUSMARCとカナダのCAN/MARCとの統合を経て，1997年にMARC21フォーマットとして制定されたものが，事実上の国際標準として普及しているためである。また，MARC21は，世界中のさまざまな言語の文字を一つのコード体系で使用できるように策定された文字コードである

Unicode

Unicodeに対応しており，JAPAN/MARC MARC21フォーマットでも，使用文字コードを従来のJISコードからUnicodeに変更して，多言語対応を図っている。

なお，MARCおよび関連規格は，インターネットやWorld Wide Web等のシステムが出現する以前の技術環境下で開発が始まったこともあり，現在標準的に用いられている技術や規格に基づくデータ流通とはかなり異なったものといえる。そのため，ウェブ環境に適した今日的な新しい枠組みを目指して2011年に開発が始まった

BIBFRAME

のが，BIBFRAMEである。各国でBIBFRAMEを使用した書誌データの提供が開始されていることから，実質的にMARCに代わるものとして定着していくとみられている。日本では，「国立国会図書館書誌データ作成・提供計画 2021-2025」において，BIBFRAME対応に関してさらに検討を進めることが示されている。

●…………広義でのMARC

以上のように，目録作業において作り出される情報の，データの受け皿としてのMARCフォーマットは時代とともに変遷してきているのであるが，MARCフォーマットを用いて記録すること自体をMARCの意味に含めていることが，先に引用した「原義」でも示されている。

また，特定のMARCフォーマットを適用して構築されている目録データベースシステムにおいて記録されたデータ，すなわちMARCレコードのかたまりやMARCレコード内のデータを指してMARCと呼んでいることもある。例えば，国立国会図書館のサイトでは，提供しているデータについて「MARC形式の全国書誌データをJAPAN/MARCといいます」と表現しているところがある。民間MARCについても同様に，MARCという用語は広義に用いられているといえる。

UNIT 46

◉記録フォーマットとデータ活用の実際

コピー・カタロギングとオリジナル・カタロギング

目録の作成や提供へのコンピュータ処理導入は，図書館での業務のコンピュータ化を進展させるだけでなく，次に述べる集中目録作業（centralized cataloging）と分担目録作業（shared cataloging）の発達にも関係した。これらの目録作業の方式は，コンピュータの登場以前よりあったが，目録作業のコンピュータ化後，各目録作成機関では外部にある情報源から入手する情報の活用が進んだ。あわせて，目録作業自体の標準化や省力化が進んだといえる。また，そのようにして省力化を実現できることで，代わりに，独自に作成する書誌データや典拠データの充実につながるといったこともある。

集中目録作業
分担目録作業
標準化
省力化

●…………集中目録作業のコンピュータ化

集中目録作業とは，所蔵目録を必要とする機関のうち，一つの（または限定された少数の）目録作成機関が，他の機関のために集中的に行う目録作業のことをいう。日本全国を対象とした規模では国立国会図書館がこれを担い，その成果である全国書誌の提供サービスを行っている。全国書誌のJAPAN/MARCフォーマットでの頒布（1981年～）が始まると，自館の目録作業用システムにこれを取り込み，分類や件名の付与など自館の状況に合わせた修正を行って，そのまま自館の目録に追加・反映させることが効率的に行えるようになった。これをコピー・カタロギングと呼ぶ。これに対して，国立国会図書館はまったく新しくデータを作成するので，これをオリジナル・カタロギングと呼び，コピー・カタロギングと対語をなす。

コピー・カタロギング
オリジナル・カタロギング

全国書誌に限らず，民間MARCを取り込むことも，またかつての印刷カードの利用も，コピー・カタロギングにあたる。そのようにして，集中目録作業の成果が，他の機関での目録作業の省力化や迅速化に活用されてきた。

●…………分担目録作業のコンピュータ化

他方，分担目録作業とは，複数の目録作成機関が作業の重複を避けるために協力・分担して作業を行い，その責任と成果を分かち合う目録作業のことをいう。共同分担目録作業とも呼ばれる。これも目録のコンピュータ化以降に限定されるものではないが，コンピュータ・ネットワークを介しセンター組織に接続して行うオンライ

共同分担目録作業

ンでの目録作業によって，迅速かつ効率的な作業が実現されている。広く図書館界に書誌情報を供給するという意味から，公益事業体（utility）になぞらえて書誌ユーティリティ（bibliographic utility）と呼ばれる。

書誌ユーティリティ

書誌ユーティリティの参加機関は，センターにおかれたデータベースを共同で利用する。この共同目録用のデータベースでは各種のデータが一定のフォーマットで提供されている。すでにあるデータはコピー・カタロギングにより活用し，もしセンターのデータベースに採録されていない資料があれば，そのデータをセンターのデータベースに追加（アップロード）して，他の参加機関のために役立てる。このように，目録作業の成果を共有できることで各参加機関の作業負担を軽減するシステムを構築するのが，分担目録作業の典型的な例である。そして，センターのデータベース内に該当するデータが存在しない場合，オリジナル・カタロギングでゼロからつくるのではなく，類似したデータをコピーした上で必要な修正を加えて新しいデータとして作成することで省力化を図る方法を，コピー・カタロギング，オリジナル・カタロギングと区別して，流用入力と呼ぶ。

流用入力

センターの共同目録データベースは，各参加機関の所蔵状況も記録されて副次的に総合目録が形成される，さらには資料の図書館間相互利用（文献複写・相互貸借）が行われるようになるといった展開もみられる。それらも含めた書誌ユーティリティにおける各種作業を円滑に運用するためには，一定水準を満たす標準的なデータの作成や，すでに存在するデータの検索漏れを防ぐ各種検索機能，典拠コントロールをはじめとする品質管理などのための仕組みが不可欠となる。特に目録規則の適用（別法や独自規定の採用等）について，作業者が共通した理解のもとで対応できるようにしておく必要がある。そうしたことから，データベースの入力基準やマニュアルの整備も行われる。

総合目録

典拠コントロール

品質管理

日本では，国立情報学研究所がオンライン共同分担目録方式により総合目録データベースを形成するためのシステム「NACSIS-CAT」を運営し，書誌ユーティリティ事業を展開している。このシステムで用いられるフォーマットは，MARCをベースとしておらず，独自のものである（UNIT 47 参照）。

NACSIS-CAT

UNIT 47

◉記録フォーマットとデータ活用の実際

JAPAN/MARC MARC21とNACSIS-CATのデータ

コンピュータ化された目録作業では，MARC等の実際を目にする機会は少ない。多くの場合，コンピュータ・システム上のデータベースに格納して管理され，OPACはもとより図書館業務システムの画面も，そのデータをそのまま表示するわけではない。利便性のため，画面表示用に加工して各種コードを名称表記に置き換えたり，発注や貸出の状況等もあわせて表示したり，ということもある。一般的にはデータベース管理システムを介して処理するため，MARC等の構造は意識せずに，データ作成や修正の作業が可能になっている。しかし，例えば流用入力を行う際は，流用元のデータ作成規則やフォーマットに，入力先フォーマットと異なる部分があれば，どう対応させるかを考える必要が出てくる。また，複数システム間で対応可能なフォーマットが異なっている場合は，フォーマット変換が必要となる。

フォーマット変換

ここでは国立国会図書館で作成されるデータ，次に国立情報学研究所の書誌ユーティリティで作成されるデータに関してみていく。それぞれのサイトでは，関連する詳細な資料や遠隔研修用コンテンツ等も提供されている。また，民間MARCの内容については取り上げないが，例えばTRCにおけるNCR2018適用の取り組みについてなど，TRC MARC利用館向けにわかりやすく説明した資料の数々も同社サイト上で公開されていて，参考になるだろう。

●…………JAPAN/MARC MARC21 フォーマットの全国書誌データ（M/S）

国立国会図書館による書誌データの提供については，多様な選択肢が設けられていて，コピー・カタロギングに利用する方法についても，国立国会図書館のサイトで複数紹介されている。ここではその中から，図書館業務システムによる自動的な処理等は介さずに，データ内容を確認しながら対応できる方法を取り上げる。

国立国会図書館サーチでは，JAPAN/MARC MARC21 フォーマットでデータを出力する機能の追加が2021年1月に行われた。書誌詳細画面の最下部に「検索結果を出力」の選択肢が示され，JAPAN/MARC MARC21 フォーマット，DC-NDL（RDF）といった形式の書誌データを選ぶことができる。JAPAN/MARC MARC21 フォーマットのデータについては，MARC形式またはMARCタグ形式となる（ただし，国立国会図書館サーチは，公共図書館の総合目録ネットワーク「ゆにかねっ

国立国会図書館サーチ

JAPAN/MARC MARC21フォーマット

MARC形式
MARCタグ形式

と」や後述するNACSIS-CAT等，多様な機関から集めた情報を統合的に検索できるシステムとなっている。それらは当然ながら，MARC形式やMARCタグ形式でのダウンロードはできない。国立国会図書館が作成したデータのみ対象である）。

MARC形式は，MARC（ISO 2709）とも表記されるように，国際標準に準拠した機械可読性の高い形式である（UNIT 45参照）。実際に，「書誌情報をMARC形式で出力」を選んで得られる内容は，（メモ帳アプリ等で参照できるが）人が読むには難しい。これに対して，視認性を高めるよう1行1フィールドとする変換等を加えたのがMARCタグ形式である。ここではサンプルとしてMARCタグ形式のデータを示す。なお，左端の①～⑮は以降の説明との対応を示すために付しており，本来のデータとして含まれてはいない。また，利用環境等によっては，表示のされ方が変わる場合もあることをあらかじめ断っておきたい。

<table>
<tr><td></td><td>LDR</td><td>00000cam a22 zi 4500</td></tr>
<tr><td>①</td><td>001</td><td>031230851</td></tr>
<tr><td></td><td>003</td><td>JTNDL</td></tr>
<tr><td></td><td>005</td><td>20210624133506.0</td></tr>
<tr><td></td><td>007</td><td>fb |||||||</td></tr>
<tr><td></td><td>008</td><td>210224s2021 ja ||||jf|||| ||||||jpn</td></tr>
<tr><td>②</td><td>015</td><td>|a 23489139 |2 jnb</td></tr>
<tr><td>③</td><td>020</td><td>|a 978-4-494-00124-8 : |c 3600円</td></tr>
<tr><td>④</td><td>040</td><td>|À JTNDL |b jpn |c JTNDL |e ncr/2018</td></tr>
<tr><td>⑤</td><td>084</td><td>|a YTZ1 |2 kktb</td></tr>
<tr><td>⑤</td><td>084</td><td>|a 726.6 |2 njb/10</td></tr>
<tr><td></td><td>090</td><td>|a YTZ1-M42</td></tr>
<tr><td>⑥</td><td>24500</td><td>|6 880-01 |aいないいないばあ / |c 松谷みよ子 ぶん ; 瀬川康男 え</td></tr>
<tr><td>⑦</td><td>264 1</td><td>|6 880-02 |a 東京 : |b 童心社, |c 2021.1</td></tr>
<tr><td>⑧</td><td>300</td><td>|a 1冊 (ページ付なし) ; |c 21cm</td></tr>
<tr><td>⑨</td><td>336</td><td>|a テキスト (触知) |2 ncrcontent</td></tr>
<tr><td>⑨</td><td>337</td><td>|a 機器不用 |2 ncrmedia</td></tr>
<tr><td>⑨</td><td>338</td><td>|a 冊子 |2 ncrcarrier</td></tr>
<tr><td>⑩</td><td>340</td><td>|d 点字 |2 ncrpm</td></tr>
<tr><td>⑪</td><td>4900</td><td>|6 880-03 |a てんじつきさわるえほん</td></tr>
<tr><td>⑫</td><td>546</td><td>|b 点字 (墨字併記)</td></tr>
<tr><td>⑬</td><td>7001</td><td>|6 880-04 |a 松谷, みよ子, |d 1926-2015 |e 著者 |0 00042652</td></tr>
<tr><td></td><td>7001</td><td>|6 880-05 |a 瀬川, 康男, |d 1932-2010 |e 挿絵者 |0 00120031</td></tr>
<tr><td>⑭</td><td>88000</td><td>|6 245-01/$1 |a イナイ イナイ バア</td></tr>
<tr><td>⑮</td><td>88000</td><td>|6 245-01/(B |a Inai inai ba</td></tr>
<tr><td></td><td>880 1</td><td>|6 264-02/$1 |a トウキョウ : |b ドウシンシャ, |c 2021.1</td></tr>
<tr><td></td><td>880 1</td><td>|6 264-02/(B |a Tokyo : |b Doshinsha, |c 2021.1</td></tr>
<tr><td></td><td>8800</td><td>|6 490-03/$1 |a テンジツキ サワル エホン</td></tr>
<tr><td></td><td>8800</td><td>|6 490-03/(B |a Tenjitsuki sawaru ehon</td></tr>
<tr><td></td><td>8801</td><td>|6 700-04/$1 |a マツタニ, ミヨコ, |d 1926-2015 |0 00042652</td></tr>
<tr><td></td><td>8801</td><td>|6 700-04/(B |a Matsutani, Miyoko, |d 1926-2015 |0 00042652</td></tr>
<tr><td></td><td>8801</td><td>|6 700-05/$1 |a セガワ, ヤスオ, |d 1932-2010 |0 00120031</td></tr>
<tr><td></td><td>8801</td><td>|6 700-05/(B |a Segawa, Yasuo, |d 1932-2010 |0 00120031</td></tr>
</table>

図　JAPAN/MARC MARC21フォーマット　全国書誌データ例（MARCタグ形式）

左端の，001のように数字3桁で示されているものが，タグとも呼ばれるフィールド識別子である。これによってフィールドの内容が識別される。マニュアルでは，各フィールドの内容について12ブロックに大別し，NCR2018の条項との対応を示した表も掲載されているので，以下に示す。

タグ

フィールド識別子

表　ブロックごとの概要と，NCR2018の条項との対応

（「JAPAN/MARC MARC21 フォーマットマニュアル．単行・逐次刊行資料編」p.10-11 より
https://ndl.go.jp/jp/data/JAPANMARC_MARC21manual_MS_202101.pdf）

ブロック	ブロック名	概要（NCR2018年版の条項を付す）
00X	レコード管理ブロック	書誌レコード管理番号，その他のコード化情報
0XX	番号・コードブロック	標準番号，分類記号，コード等
20X～24X	タイトルブロック	タイトル（NCRの#2.1），責任表示（同#2.2），非統制形アクセス・ポイント（タイトル）（同#21.2）とするタイトル
25X～28X	版表示，出版表示等ブロック	版表示（NCRの#2.3），地図資料の数値データ（同#4.18.1，#5.23，#5.24），出版表示等（同#2.5～#2.7，#2.9）
3XX	形態等ブロック	キャリアに関する情報（NCRの#2.14～#2.33），逐次刊行資料の刊行頻度（同#2.13），逐次刊行資料の順序表示（同#2.4），逐次刊行資料の休・廃刊注記，表現種別（同#5.1）
4XX	シリーズブロック	シリーズ表示（NCRの#2.10）
5XX	注記ブロック	体現形に関する注記（NCRの#2.41），キャリアに関する注記（同#2.42）等
6XX	アクセル・ポイントブロック（件名）	資料と主題との関連（NCRの#45（保留））
70X～75X	アクセス・ポイントブロック（創作者等）	資料に関する基本的関連（NCRの#42），資料に関するその他の関連（同#43）および資料と個人・家族・団体との関連（同#44）
76X～78X	資料と関連リンクブロック	著作間の関連（NCRの#43.1），表現形間の関連（同#43.2），体現形間の関連（同#43.3）
80X～83X	アクセス・ポイントブロック（シリーズの創作者等）	資料と個人・家族・団体との関連（NCRの#44）のうち，シリーズに対応する著作の創作者等との関連
84X～88X	所蔵，代替文字種表現等ブロック	オンライン資料へのアクセス，所蔵情報，代替文字種表現（片仮名読み形・ローマ字読み形）

フィールド識別子には，インディケータが付加されている場合がある。インディケータは，フィールドごとに定義された付加的情報等を示すのに用いられ，第1インディケータ，第2インディケータそれぞれを数字1文字で示す。例えば，出版表示等のフィールド264（行⑦）をみると，第1インディケータは空白である。第2インディケータである2文字目は「1」であれば“出版”，「2」であれば“頒布”を示す等と定義されている。これは，NCR2018の適用により変更のあった点である。

インディケータ

従来の，頒布者を記録する際には“頒布”と文字で付加していた場合に比べ，インディケータにより識別でき，処理がより容易になる，つまり機械可読性が向上する。

機械可読性

フィールド015（②）以降の，空白に見える部分より右の先頭2文字は，サブフィールド開始文字とサブフィールド識別文字から成るサブフィールド識別子である。フィールド020（③）では，サブフィールド開始文字「|」によって区切られ，続くサブフィールド識別文字「a」はISBN，「c」は入手条件・定価のサブフィールドであることを表している（マニュアルでは，サブフィールド開始文字を「$」と表記）。このようにしてフィールドには複数のサブフィールドを格納できるが，ここでは二つ目のサブフィールドの前に「:」がある。これは，ISBD（国際標準書誌記述，UNIT 5参照）が従来の目録規則のベースとなっており，MARCもそれを前提としていることによる。ISBDでは複数のエリアとエレメントの区切りをそれぞれ識別できるように，一般の句読点とは別に記号の用法が定められている。フィールド245（⑥）の「/」，「;」も同様であり，OPACにもこれらの表示がよく見受けられる。

サブフィールド識別子

次にフィールド245（⑥）では，まずサブフィールド識別文字「6」が，読みの対応関係についての情報を示している。元々のMARC21フォーマットにはない，「片仮名読み形」，「ローマ字読み形」のデータはフィールド880に格納されていることから，「880-01」のようにその記録先が示される。フィールド880（⑭以降）も同様に，組となるフィールドの情報が示されている。“-01”，“-02”の対応関係により，本タイトルの読みなのか，出版者等の読みなのか，といった区別がつき，リンクとして機能するようになっている。なお，⑥と⑭のサブフィールド識別文字「a」は，本タイトルを収めるサブフィールド，⑥の「c」は本タイトルに関係する責任表示を収めるサブフィールドを示す。

読みの対応関係

片仮名読み形

ローマ字読み形

フィールド700（⑬）は，創作者等に対する典拠形アクセス・ポイントである。NCR2018適用に伴って，サブフィールド識別文字「e」を用い，国立国会図書館におけるNCR2018適用細則に基づき関連指示子を記録するよう変更された。

典拠形アクセス・ポイント

関連指示子

その他，以下は，各フィールドの内容を簡略に説明するにとどめる。ここでは一部インディケータ，サブフィールドしか取り上げなかったが，必要に応じてJAPAN/MARC MARC21フォーマットマニュアルを参照されたい。

〈サンプルにおけるフィールド，サブフィールドの主な内容〉

①→レコード管理番号。

②→サブフィールド識別文字「a」は全国書誌番号。

④→「e」は目録規則（「ncr/2018」はNCR2018適用対象であることを示すコード）。

⑤→分類記号と分類法（「kktb」はNDLC，「njb/10」はNDC10版を示すコード）。

⑦→「a」は出版地等，「b」は出版者等，「c」は出版日付等。

⑧→「a」は数量,「c」は大きさ。

⑨→フィールド 336 は表現種別，フィールド 337 は機器種別，フィールド 338 はキャリア種別。それぞれサブフィールド識別文字「a」のあとにNCR2018 の語彙リストで規定する用語,「2」は語彙リストの種類を記録（例えば「ncrcarrier」は，NCR2018【表 2.16.0.2 キャリア種別の用語】を示すコード)。

⑩→「d」はNCR2018【#2.22】に基づく制作手段（「ncrpm」は語彙リストの種類)。

⑪→シリーズ表示。

⑫→言語注記として,「b」は触知資料の表記法の詳細【#5.13.3.3】を記録。

⑬→典拠形アクセス・ポイント（創作者等)。第 2 インディケータが空白で，本タイトルに関わる創作者等であることを示す。サブフィールド識別文字「e」は関連指示子,「0」は典拠レコード管理番号を記録。

国立国会図書館は，日本目録規則 2018 年版（NCR2018）の和図書と逐次刊行物への適用を，2021 年 1 月より開始している。これに伴い,「表現種別」,「機器種別」,「キャリア種別」等をどう記録するかといったことや，機械可読性向上のための運用変更等，JAPAN/MARC MARC21 フォーマットの一部変更があった。国立国会図書館における NCR2018 適用の方針，適用細則や各種基準等も国立国会図書館サイト内（https://ndl.go.jp/jp/data/index.html）で公開されている。

●…………他のデータ取得方法

単行・逐次刊行資料の全国書誌データ（M/S）と次に紹介する典拠データ（A）は，週次提供として MARC 形式と MARC タグ形式のデータを対象期間ごとに 1 ファイルにまとめたものも提供されており，国立国会図書館のサイトから取得できる。

複数件の書誌データを選択して取得でき，かつデータ内容も確認しやすい方法と

図　国立国会図書館 遠隔研修講義資料（「国立国会図書館書誌データの利活用」）p.44より
https://www.ndl.go.jp/jp/library/training/remote/pdf/siryo_remote_bib.pdf

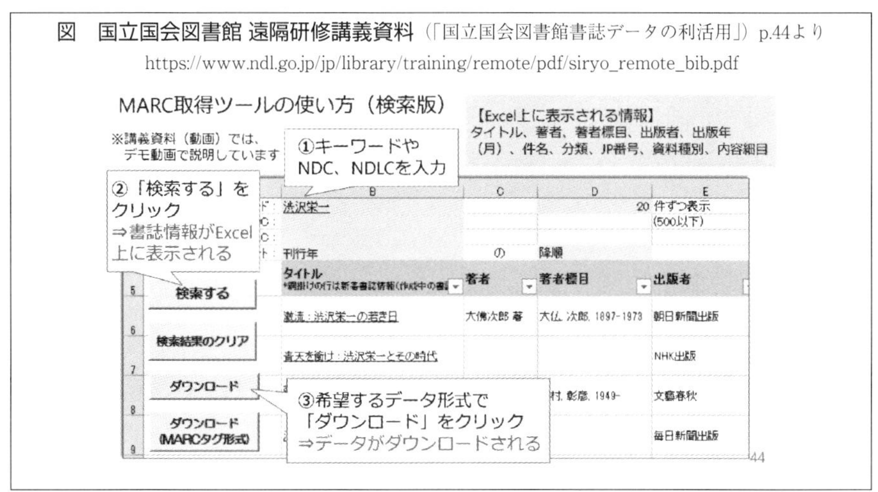

MARC取得ツール

しては，Microsoft Excelを介してデータ取得を行える「MARC取得ツール」が提供されている。利用申請を行ってマクロ付きExcelファイル等の配布を受ける必要があるが，Excel上で国立国会図書館サーチの書誌データを検索する条件（ISBN，キーワード，NDC，NDLC）を複数指定できる。その上で，検索結果をExcel上に取り込んで表示させてから，それらのMARC形式またはMARCタグ形式でのデータをまとめてダウンロードすることができる。

TSV形式

また，MARCから離れることになるが，国立国会図書館オンラインの検索結果一覧からは，複数件まとめてタブ区切り（Tab Separated Values：TSV）形式でのダウンロードが行える。TSV形式は，各項目間をタブ記号で区切ったテキストデータであり，表計算ソフトに取り込み，データの区切り記号としてタブ（Tab）を指定することで，以下のような資料1点につき1行の表形式に変換できる。この方法は簡便だが，1回あたりに取得できるデータの上限は100件である。また，全国書誌データのうちタイトル読みや日本全国書誌番号など，一部データとして含まれない項目がある点に，留意が必要である。

URL	タイトル	…	出版者	出版年月日等	…
http://id.ndl.go.jp/bib/031230851	いないいないばあ	…	童心社	2021.1	…
http://id.ndl.go.jp/bib/000010060838	怪談レストランナビ 魔	…	童心社	2009.2	…

図　TSV形式で取得し，表計算ソフトに取り込んだデータの例（イメージ）

●…………JAPAN/MARC MARC21 フォーマットの典拠データ

Web NDL Authorities

今日では主にWeb NDL Authorities（https://id.ndl.go.jp/auth/ndla, UNIT 17参照）を通じて提供されている典拠データには，NCR2018適用開始に伴い，著作の典拠データである「著作典拠」が2021年1月より加わった。著作典拠の作成対象は，すべての著作ではなくa）復刻・翻々刻または翻訳（現代語訳・口語訳を含む）された古典作品の原著作，b）日本語訳のタイトルが複数存在する近現代の作品の原著作，である（ただし，音楽作品，聖典，法令などを除く）。なお，「個人名」，「団体名」と「著作典拠」はNCR2018適用対象であるが，NCR2018において主題を扱う章が保留されているため，件名典拠は適用対象外である。

著作典拠

個人名
団体名

件名典拠

典拠コントロール

NCR2018では典拠コントロールの重要度が増しており，著作典拠を含む，それらのデータを実際にみてみることにしたい。入手方法としては，a）Web NDL Authorities詳細情報画面から1件ずつダウンロード，b）Web NDL AuthoritiesのAPIを通じた取得，c）国立国会図書館サイトから「JAPAN/MARC(A)」の週次更新データまたは全件データのダウンロード，などの方法がある。a)，b) では，データ形式の選択肢としてJAPAN/MARC MARC21フォーマットがない（機械可読性の高いRDF形式等が主）。ここでは，書誌データと同じくMARCタグ形式で提供される，c) の「JAPAN/MARC(A)」から「個人名」，「著作」をサンプルとして次ページに示す。なお，全種別の典拠データが提供されるa)，b) と異なり，「JAPAN/MARC(A)」の収録対象は，個人名，家族名，団体名，地名，統一タイトル件名，著作である。

また，典拠データと書誌データのリンクを活かした検索機能として，Web NDL Authorities上で著作典拠の詳細情報画面に「著作検索」ボタンが表示されている。その著作を具体化した資料について，国立国会図書館オンラインでの検索を行う機能である（ただし，リンク対象は国内で刊行された図書，外国で刊行された和図書の一部で，当面の間は，2021年1月以降に書誌データを作成する資料のみ)。書誌データにおいては，著作に対する典拠形アクセス・ポイントとしてフィールド730に，また，創作者等に対する典拠形アクセス・ポイントとしてフィールド700または710（団体の場合）に，それぞれ記録をするので，そのサンプルも次ページに示す。

典拠形アクセス・ポイント

●…………著作典拠データの一括取得方法（TSV形式）

著作典拠は，Web NDL Authorities内の「著作典拠一覧」から1件1行のTSV形式でも取得できる（ヘルプ「Web NDL Authoritiesについて」より，「著作典拠一覧」へ進む)。ウェブブラウザ上でもデータ内容を確認でき，TSV形式でダウンロードできる。提供される項目は下表のようになっていて，このうち「別名/別タイトル」は，翻訳タイトル等が複数ある場合は「;」（セミコロン）で区切られている。

表　著作典拠一覧で表示されるデータ項目と，データ例

項目名	内容	データ例
URI	著作典拠の典拠情報URI。（「http://id.ndl.go.jp/auth/ndlna/」＋典拠IDで，Web NDL Authoritiesの著作典拠の詳細情報画面を表示できる）	http://id.ndl.go.jp/auth/ndlna/00627127
名称/タイトル	著作典拠の見出しとなるタイトル	奥の細道
別名/別タイトル	言語の違いによる異なる表記，翻訳タイトルなどの，「名称/タイトル」以外の著作のタイトル。	Oku no hosomichi;おくのほそ道
創作者等	著作典拠に記録されている著作の創作者等	松尾，芭蕉，1644-1694
作成日	著作典拠の新規作成日（W3CDTF形式）	1998/1/30
最終更新日	著作典拠の最終更新日（W3CDTF形式）	2022-01-07T15:04:44

〈著作典拠データ〉　※一部のフィールドのみ抜粋

①	001	00627127
②	130 0	|6 880-01 |a 奥の細道
③	430 0	|a Oku no hosomichi
	430 0	|a おくのほそ道
④	5001	|6 880-02 |w r |i 著者 |a 松尾, 芭蕉, |
⑤	670	|a 奥の細道創見 (請求記号: a914-195)
	670	|a KOTEN: 15725
	670	|a LCCN: n81143937

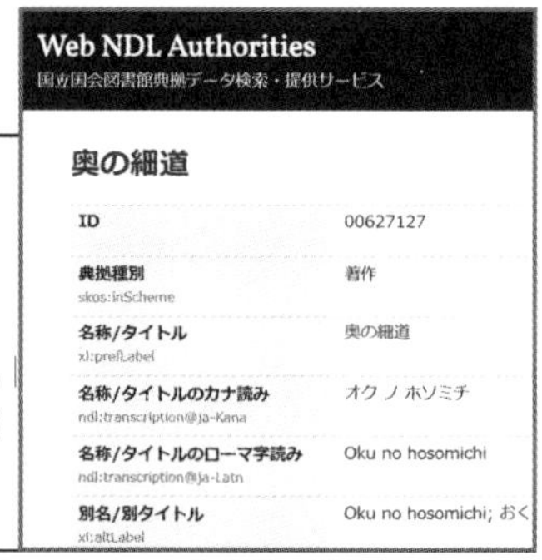

〈個人名典拠データ〉　※一部のフィールドのみ抜粋

①	001	00270778
②	1001	|6 880-01 |a 松尾, 芭蕉, |d 1644-1694
③	4001	|a Matsuo, Basho
	4001	|6 880-02 |a 芭蕉
	4001	|6 880-03 |a 松尾, 桃青
④	530 0	|6 880-07 |a 奥の細道 |0 00627127
⑤	670	|a 幻住庵記
	8801	|6 100-01/$1 |a マツオ, バショウ, |d 1
	8801	|6 100-01/(B |a Matsuo, Basho, |d 164

図　JAPAN/MARC MARC21 フォーマット　典拠データ例（MARCタグ形式）とWeb NDL Authorities画面イメージ

〈サンプルにおけるフィールド，サブフィールドの主な内容〉　※著作・個人名共通

①→レコード管理番号。

②→典拠形アクセス・ポイント。著作典拠の場合，使用フィールドは（統一タイトルと同じ）フィールド130となり，「a」は優先タイトル。個人名・団体名の場合はフィールド100，第1インディケータ「1」は個人を示し，「a」は優先名称，「d」は生年-没年。

③→著作典拠はフィールド430,個人名はフィールド400に異形アクセス・ポイントを記録。

④→関連リンクを記録。個人名典拠の場合，関連先の著作をフィールド530に記録する。「a」に著作の優先タイトル，「0」に著作典拠のレコード管理番号を記録。

著作典拠の場合，関連先の個人または家族をフィールド500に記録。「a」に優先名称，「i」に関連の種類として関連指示子。第1インディケータ「1」は個人を示す。

⑤→出典。日本古典籍総合目録データベースに対応する著作レコードがあれば，「KOTEN: 」に続けてその著作IDを記録。同様に米国議会図書館典拠レコード（LCCN）も記録できる。

〈上記典拠データにリンクする書誌データ〉　※一部のフィールドのみ抜粋

①	001	031881961
	7300	|6 880-03 |a 奥の細道 |0 00627127
	7001	|6 880-04 |a 松尾, 芭蕉, |d 1644-1694 |e 著者 |0 00270778
	7001	|6 880-05 |a 阿田, 俊彦, |d 1947- |e 内容付加者 |0 001126133

●…………NACSIS-CATにおけるデータ

NACSIS-CATは，オンライン共同分担目録方式により全国規模の総合目録データベースを形成するためのシステムとして，国立情報学研究所により提供されている。全国の大学図書館を中心に1,300を超える機関が参加しており，このデータベースに登録された書誌データと所蔵機関情報は，参加機関を結ぶ図書館間相互貸借システムに活用されるほか，CiNii Books（http://ci.nii.ac.jp/books/）での公開，国立国会図書館サーチへの提供もされている。また，各参加機関が構築する図書館業務システムとの連携により，選書や発注・受入業務の際にも，情報を取得して活用されている。

NACSIS-CAT
総合目録データベース
図書館間相互貸借システム
CiNii Books
国立国会図書館サーチ

先述のとおりフォーマットは独自のものとなっており，目録規則は，洋図書・逐次刊行物は英米目録規則第2版（AACR2），和図書・逐次刊行物はNCR1987改訂3版に準拠である。別法や独自規定の採用，ISBD区切り記号の使用ルール（変更点）をはじめとしたことが，『目録情報の基準』，『コーディングマニュアル』等の各種マニュアルとして，国立情報学研究所のウェブサイト上で公開されている（http://www.nii.ac.jp/CAT-ILL/archive/）。なお，今後の新システムにおいて，RDA，NCR2018のほか，BIBFRAME等への対応を可能にする方向性も示されている。

『目録情報の基準』
『コーディングマニュアル』

●…………NACSIS-CATにおけるデータベースの構造

NACSIS-CATでは，さまざまな言語による学術文献を含む，多様な資料を扱う目録作業を支援するため，各国のMARC等も取り込んで活用する仕組みとなっている。データベースの構成を示した次ページの図では，共同分担目録作業の成果が蓄積されたデータセットとして「図書書誌BOOK」等が中央に示されている。書誌，所蔵，典拠等に大別でき，図内に示された各名称の後半（下段），英字部分の「BOOK」等が実際のデータセット名である。

その周囲に配置されている「図書書誌JPMARC」，「図書書誌TRCMARC」等は，「参照データセット」と呼ばれる。各種MARCを，総合目録データベースの形式に合わせて変換して取り込んだものである。ただし，目録作業時に参照するためという形で，総合目録データベースの外部に位置づけられている。さらにその外周に配置された「JAPANMARC books」，「TRCMARC」等（吹き出しのような形の記号）は，外部機関作成データ（各種MARC）であることを示す。

参照データセット

特に分担目録作業では，データの正確さと一貫性を保つことが重要であり，データベースの入力基準の整備，入力データのチェックおよび修正の取り組みも行われる。NACSIS-CATについても，品質管理のために各種基準やマニュアルが整備され，参加機関のNACSIS-CAT担当者には，一定水準を満たすデータを作成することが求められる。

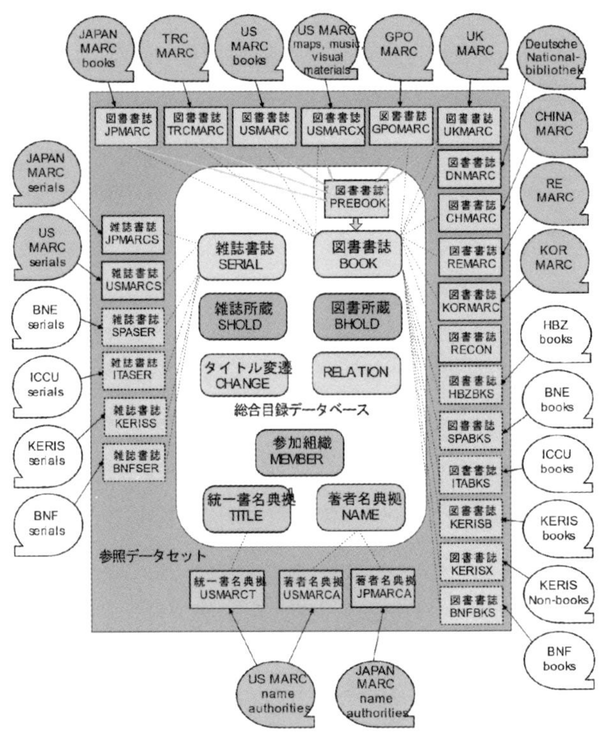

図　データベースの構成（国立情報学研究所『目録情報の基準　第５版』図1-1, https://catdoc.nii.ac.jp/MAN/KIJUN/m5_1_3.html）

表　データセットの構成と内容（『目録情報の基準　第５版』をもとに作成）

データセットの種別（データセット名）		説明
総合目録データベース	書誌データセット（BOOK，PREBOOK，SERIAL）	参加組織が所蔵する図書，または逐次刊行物の書誌情報を記録する
	所蔵データセット（BHOLD，SHOLD）	各参加組織の（ある図書，または逐次刊行物に関する）所蔵情報を記録する
	典拠データセット（NAME，TITLE）	標目（アクセス・ポイント）となる著者，又は著作名の情報を記録する
	タイトル変遷データセット（CHANGE）	逐次刊行物のタイトルの変化にかかわる情報を記録する
	RELATIONデータセット（RELATION）	並立書誌等，データ間の関係を記録する
	参加組織データセット（MEMBER）	目録システムの参加組織にかかわる情報を記録する

↑参照，流用元として活用

参照データセット	図書書誌（JPMARC, TRCMARC，USMARC，他）
	雑誌書誌（JPMARCS他）
	著者名典拠（JPMARCA他）
	統一書名典拠（USMARCT）

↑変換

各種MARC

※ 参照データセットは，各種MARCを総合目録データベースのデータセットの形式に合わせて変換したものである。上図の（吹き出しのような形で示される）各種MARCのうち，白色部分は，検索時点でオンライン接続し参照される。

例えば，参照データセットは，総合目録データベースに合わせた形式的な変換はされてはいるが，各種MARCの作成規則等に由来して，NACSIS-CATの入力規則とは合わない部分もある。参照データセットからの流用入力では，それをすべてNACSIS-CATの規則にあわせて修正しなければならない，というのが以前の運用であった。また，データ修正にかかわる参加機関間の調整手段等も整備されていた。

しかし，NACSIS-CATの軽量化・合理化についての検討を経て，2020年8月には各種ルールを改定した「2020年以降の目録所在情報システム」（CAT2020）の運用が開始された。CAT2020では，流用入力時の修正範囲について緩和されたほか，データ修正や重複した書誌データの統合等について参加機関間の調整で解決するのではなく，書誌データが並立する状況も認められることとなった。紙幅の都合で詳述を避けるが，前ページの図に示されたPREBOOKデータセットや，RELATIONデータセットは，こうしたCAT2020の運用に対応したものである。このほかにも，図書書誌データの記述対象が原則として出版物理単位になる等の変更があった。CAT2020の要点については，セルフラーニング教材の形にまとめられて，国立情報学研究所のサイト上（https://contents.nii.ac.jp/hrd/product/cat/slcat）で公開されている。

CAT2020

●…………NACSIS-CATにおけるフィールドの構成と内容

総合目録データベース内の各データセットは，相互に関連したものとして，リンクが形成される。例えば，所蔵データセットに記録される内容には，所蔵の情報（各機関での請求記号や，個別資料の識別子にあたる登録番号など）のほか，書誌データの（NACSIS-CAT内での）識別子であるID，参加組織データの識別子であるIDが含まれ，それぞれリンクをたどることで，どの資料についての所蔵情報なのか，どの参加機関の所蔵情報なのかがわかるようになっている。逆に言うならば，その資料のタイトルをはじめとした情報や，所蔵する参加機関名は，所蔵データセットには記録されず，すべてIDで紐づくリンクにより処理される。

また，NACSIS-CATでは，各参加機関のシステムとの間での通信のために，CATP（Cataloging information Access & Transfer Protocol）という規約を定めている。これは通信プロトコルとデータ仕様の双方を含んでおり，後者はCATPフォーマットと呼ばれる独自形式が定義されている。CATPフォーマットでは，MARCにおけるフィールド識別子や，サブフィールド識別子は用いず，英字の名称で識別されるフィールドと対応するデータ値が記録される形となる。ただし，フィールド名や記録される値，リンクにかかわる表記等について，業務担当者の目に触れる実際の形は，各参加機関が利用する図書館システムによって異なり，利便性向上のため各種コードを名称表記に置き換える等の処理も介在する。総合目録データベースのデータ公開方法は，RDF形式等でのAPIを通じた公開（UNIT 49参照）と，データセッ

CATPフォーマット

トごとに一括ダウンロードできるRDF形式ファイルの提供となっており，CATPフォーマットがNACSIS-CAT外に向けた提供に用いられるということもない。

ここでは比較参考のため，書誌データセット「図書書誌BOOK」のデータを構成する一部のフィールドについて，フィールド定義資料から抜粋して示す。

表 「図書書誌BOOK」のフィールド名とフィールド説明（一部抜粋）

（国立情報学研究所「データベースフィールド定義」（図書書誌検索定義）より）

No.	フィールド名		フィールド説明
1	ID		書誌データID
2	CRTDT		データ作成日付
3	CRTFA		データ作成参加組織ID
	（中略）		
23	(YEAR)		刊年フィールドグループ
24	(YEAR)	YEAR1	出版開始年
25		YEAR2	出版終了年
	（中略）		
31	(TR)		TRフィールドグループ
32	(TR)	TRD	本タイトル:タイトル関連情報/責任表示
33		TRR	本タイトル等の読み
34		TRVR	本タイトル等のその他の読み

補足）出版年については，「出版開始年」と「出版終了年」を別のフィールドに記録するが，この2つのフィールドは「刊年フィールドグループ」というタグの中にまとめられている。タイトルについても，「TRフィールドグループ」というタグの中に，「本タイトル・並列タイトル・責任表示等」，「読み」，「その他の読み」の3つのフィールドが内包される。

演習問題

問題25 UNIT 19〈例題13〉（または任意の，2021年以降刊行の図書1点）について，国立国会図書館サーチで検索を行い，MARCタグ形式でデータ取得して，典拠形アクセス・ポイントがどう記録されているか説明しなさい。また，検索結果において，国立国会図書館オンラインから収集された情報に基づく表示と，CiNii Booksから収集された情報に基づく表示がそれぞれあれば，比較しなさい。

問題26 UNIT 19〈例題14〉の個別のタイトル（内容細目）ごとに，創作者やタイトルについて，Web NDL Authoritiesで検索を行いなさい。検索結果の詳細情報画面上に「著作検索」または「著者名検索」ボタンがあれば，クリックして国立国会図書館オンラインでの検索結果も確認しなさい。

UNIT 48

◉メタデータ

ネットワーク情報資源の組織化とメタデータ

UNIT 1で触れているように，図書館の組織化の対象は図書館所蔵資料に限定されるのではなく，図書館が物理的に所蔵せず所有権・管理権をもたないネットワーク情報資源も対象とするようになってきた。多様な機関から集めた情報を統合的に検索できる国立国会図書館サーチもその一例といえる。また，大学図書館では，ディスカバリーサービスと呼ばれる，所蔵資料とネットワーク情報資源（電子ジャーナルやデータベース他）の統合検索機能の導入も珍しいことではなくなった。さらに近年は，図書館業務全体にわたり，多様なサービスがウェブを介して実施されるようになっている。ここでは，ウェブの仕組みの上で標準的に用いられる規格や技術に関連する，予備知識としてごく基礎的ないくつかの事柄を取り上げる。

ネットワーク情報資源

国立国会図書館サーチ

ディスカバリーサービス

統合検索機能

●…………インターネット上の情報の目録という発想

インターネットの発展・普及に伴い，各種のウェブページなどについても図書館所蔵資料の検索に利用される目録に相当するものがあれば，必要な情報をより的確に探し出すことができるのではないか，と考えられるようになった。ネットワーク情報資源についての記述に関するさまざまな提案と試みもなされてきた。しかし，専門の目録（あるいは索引）作業者によるデータの作成と編成は，インターネット上で流通する情報の量が爆発的に増大し続けていることとその手間を考えると，非常に限定的な範囲についてしか行えないことが明らかである。そこでその代わりに，インターネット上に情報を発信する者自らが「ある種のデータ」を付与することによって，各種の検索サービスを介して情報資源探索の確実性を向上させることなどが目指されるようになった。この，目録の枠組みを使った手法においてネットワーク情報資源に付与される「ある種のデータ」を，メタデータ（metadata）と呼ぶ。

メタデータ

●…………メタデータ（metadata）の役割

“meta-”という接頭語は「より高次の」という意味で，主にコンピュータ関連の領域では，抽象度の高いレベルで作動するソフトウェア，データなどを示すために専門用語の接頭辞として用いられる。メタデータ（metadata）の定義としては一般的に，「データに関するデータ」（data about data）や「データに関する構造化さ

data about data

structured data about data

れたデータ」（structured data about data）がよく用いられる。構造化とは，何らかのデータ（対象）に関する情報を，容易に取り出すことができるような編成方式をとって構造を与えること，といえる。図書館所蔵資料に関する情報を構造化（すなわち組織化）した目録が，資料そのものの代わりに資料の管理や識別・検索などに役立てられるように，メタデータは，対象の情報を効率的に管理したり探索したりするために，対象そのものの代替物（surrogate）として重要な役割を果たす。

対象そのものの代替物（surrogate）

なお，メタデータという用語は，場合により異なった使われ方をすることがある。従来の目録における記述や分類記号，抄録，索引語などもメタデータの一形態とされるが，これ以降では「ネットワーク情報資源についての二次情報としてのデータ」の意味でこの用語を用い，それ以外には含めないこととする。

●…………メタデータの実例

マークアップ言語

HTML

インターネットにおいてウェブページとして表現される情報は，マークアップ言語であるHTML（Hyper Text Markup Language）等を使った文書ファイルとして作成される。このときに，作成者がウェブサイトやそのウェブページについての情報，すなわちメタデータを文書ファイル中に埋め込む形で提供できるように，HTMLにはいくつかの要素タイプと呼ばれるものが用意されている。例えば，以下のようなmeta要素やtitle要素が，メタデータを記述する部分となる。

```
<meta name="author" content="総務省統計局">
<meta name="description" content="総務省統計局、統計研究研修所の共同運営によるサイトです。国勢の基本に関する統計の企画・作成・提供、国及び地方公共団体の統計職員に専門的な研修を行っています。">
<meta name="keywords" content="総務省,統計局,政策統括官(統計基準担当),統計研修所,統計,調査">
<title>統計局ホームページ</title>
```

図　総務省統計局ホームページにおけるメタデータの例（http://www.stat.go.jp/ より抜粋）

これらのメタデータは，ウェブサイトやウェブページについての情報を他者（閲覧する人やコンピュータ・プログラム）に対して提供する役割を果たす。Googleなどの検索サービスでは，検索処理自体のメタデータへの依存度は高くはないが，メタデータの有無や内容が検索結果の表示順位（適合度）を決める材料の一つになっているとされる。また，ウェブブラウザなどのコンピュータ・プログラムがウェブページを表示したり処理したりする際に，これらの汎用的なメタデータが，利用者へより適切に情報を伝達するために機能している部分もある。しかし，HTMLでは，言語コードや文字コードのようなものを除き，メタデータの内容（例示における斜字部分）をどのように記述するかは定められていない。

UNIT 49

◉メタデータ

メタデータの記述規則

●…………メタデータの記述規則と相互運用性

メタデータの記述規則

ウェブページとして表現される情報以外にも，さまざまな形態の情報資源がインターネット上に存在する。どういった内容や形態の情報資源を対象として，どのような利用を目的としてメタデータを作成するかによって，そしてそれを使用するコミュニティによっても，必要とされるメタデータの種類や表現方法はさまざまである。インターネット上の複数の情報資源にアクセスする際には，これらの多様なメタデータを統合的に利用できるようにする必要がある。そのため，1995年，ダブリンコア（Dublin Core）と呼ばれる15のメタデータ要素や記述のガイドラインなどが提案された。これは，相互運用性を確保した汎用的なメタデータを記述できるように，基本的な要素項目の集合（element set）を定めたものである。

ダブリンコア

汎用的なメタデータ

相互運用性とは，複数の異なるもの（コンピュータ・システムなど）を接続したり組み合わせて使用したりする際に相互に運用できる互換性のことであり，その互換的な運用に伴う操作性のよさや全体として正しく動作することを意味する。ここでは，メタデータの互換的な活用や転用を可能とするために，異なる領域での記述方法などの違いを乗り越えて統合的に利用できることを目的としている。

相互運用性

●…………Dublin Core Metadata Element Set（DCMES）

ダブリンコアの中核は，基本となる15の要素を定義したDublin Core Metadata Element Setであり，DCMESと略される。これは後に，Dublin Core Metadata Initiative（DCMI）という組織が管理する国際規格（ISO15836）として定められ，「JIS X 0836：2005 ダブリンコアメタデータ基本記述要素集合」として翻訳されている。以下に，JIS X 0836に示された基本記述要素名とその定義（および表示名の一部）を挙げる。

DCMES

ISO15836

JIS X 0836：2005

① Title（情報資源に与えられた名称）

② Creator（情報資源の内容の作成に主たる責任をもつ実体。作成者）

③ Subject（情報資源の内容のトピック。キーワード，主題）

④ Description（情報資源の内容の説明・記述）

⑤ Publisher（情報資源を公開することに対して責任をもつ実体。公開者）

⑥ Contributor（情報資源の内容に何らかの寄与，貢献をした実体。寄与者）

⑦ Date（情報資源のライフサイクルにおける何らかの事象の日付）
⑧ Type（情報資源の内容の性質またはジャンル。資源タイプ）
⑨ Format（情報資源の物理的形態またはデジタル形態での表現形式。記録形式）
⑩ Identifier（当該情報資源を一意に特定するための識別子）
⑪ Source（当該情報資源が作り出される源になった情報資源への参照）
⑫ Language（当該情報資源の知的内容を表す言語）
⑬ Relation（関連情報資源への参照。関係）
⑭ Coverage（情報資源の内容が表す範囲または領域。時空間範囲）
⑮ Rights（情報資源に含まれる，またはかかわる権利に関する情報）

これらの要素は，省略可能かつ繰り返し可能である。またどのような順序で現れてもよく，順序が意味をもつことはない。相互運用性のために，値の記述に統制語彙や特定の表記形式を用いることが推奨される要素もあるが，メタデータの内容である値をどのように記述するかは，定められていない。これらのことは，目録作成者のような専門家でなくても，その情報資源についてのメタデータを容易に記述できるように，扱いが簡単で普及させやすいものになることを目的として定められた。

DCMI Metadata Terms

「国立国会図書館ダブリンコアメタデータ記述」(DC-NDL)

junii2

JPCOAR

より厳密なメタデータ記述のためにはDCMESから拡張されたDCMI Metadata Termsがある（ISO 15836-2）。また，国立国会図書館では，ダブリンコアに準拠した「国立国会図書館ダブリンコアメタデータ記述」（DC-NDL）を定めており，国立情報学研究所は，機関リポジトリの相互運用性確保のためにダブリンコアを元にしたメタデータフォーマット，junii2を定めている。junii2に代わる次世代のメタデータ規格として策定されたJPCOARにも，ダブリンコアの要素が採用されている。

●…………ダブリンコアによるメタデータ記述（1）

UNIT 48の例示にDCMESを用いると，以下のように記述することができる。HTMLのmeta要素においてname="に続けてDC.という接頭辞付きでDCMESの要素名（Titleなど）を記述して，その値をcontent="に続けて記述，合わせてこのDC.という接頭辞がDCMESの要素を意味することを示すために，1行目のlink要素（名前空間）の記述を加えている。

名前空間

```
<link rel="schema.DC" href="http://purl.org/dc/elements/1.1/">
<meta name="DC. Creator" content="総務省統計局">
<meta name="DC.Description" content="総務省統計局，統計研修所の（中略）">
<meta name="DC.Subject" content="総務省, 統計局, 政策統括官（統計基準担当（中略）">
<meta name="DC.Title" content="統計局ホームページ">
```

次に，冊子体の著作物を（著作権処理上の問題がないことを確認の上）デジタル化して公開するためのウェブページを作成した場合を想定する。そのウェブページのURLはhttp://example.xx.jp/eresource/rid/20210101.htmlで，2021 年 1 月 1 日 に公開する。また，原資料は国立国会図書館サーチの書誌情報へのリンクを示しておくこととする。このようなとき，値がURI（URLを含む）になるものはmeta要素ではなくlink要素を用いて記述する。以上より，一例として次のように記述できる。

URI

```
<link rel="schema.DC" href="http://purl.org/dc/elements/1.1/">
<meta name="DC.Publisher" content="作成者名">
<meta name="DC.Date" content="2021-01-01 ">
<link rel="DC.Identifier" href="http://example.xx.jp/eresource/rid/20211101.html ">
<meta name="DC.Title" content="芝川惇の回想">
<meta name="DC.Date" content="1939">
<meta name="DC.Source" content="芝川百合子編『芝川惇の回想』昭和 14. 329p ">
<link rel="DC.relation" href="http://iss.ndl.go.jp/books/R100000002-I000000658636-00 ">
```

ここではDate要素が 2 回出現した。2021 年 1 月 1 日はウェブページの公開日，1939 年は原資料の出版年であるが，日付と他の要素との関係性も表現されないため，何の日付であるかという情報は読み取れない。しかし，DCMESを用いることで，"1939"は（番号等ではなく）日付だという情報を，機械可読形式で扱える。

機械可読形式

実際にはさまざまな他の語彙等を組み合わせることも多いが，DCMESおよびそれを用いて作成されたメタデータを，シンプルダブリンコア（あるいはDC Simple）と呼ぶ。シンプルダブリンコアは，最低限の相互運用性を保つ基礎の形といえる。

シンプルダブリンコア

●…………ダブリンコアによるメタデータ記述(2)

インターネット上の各種システムにおいてRDF（Resource Description Framework）と呼ばれるメタデータの表現方法の規格と，ダブリンコアなどとを組み合わせたメタデータの出力機能を備えるものが増えている。例えば，国立国会図書館サーチは詳細情報画面に「書誌情報をDC-NDL（RDF）で出力」という機能を備える。また，Web NDL Authoritiesの典拠データは，もともとRDFで記述されており，詳細情報画面最下部でRDF/XML形式等，他形式での表示に切り替えることができる（名前をつけて保存する操作でダウンロードになる）。国立情報学研究所のCiNiiでも，書誌や著者情報の詳細表示画面を表示した上で，ウェブブラウザのアドレス欄に.rdfを書き加えてリクエスト（元の画面から移動）することで，詳細表示画面の内容がダブリンコアなどのメタデータ記述仕様で構造化されて出力される機能を提供している。いずれもデータを表現するために，標準的な拡張可能マークアップ言語XML（Extensible Markup Language）を利用した構文を用いている。

RDF

DC-NDL（RDF）

XML

UNIT 50

◉メタデータ

メタデータの流通

●…………メタデータの流通と相互運用性

UNIT 49の例示のように，デジタル化した情報資源とメタデータを単にインターネット上に公開するだけでは，その流通を円滑に進めることにはならない。メタデータが有効に利用され，情報資源自身が効率よく発見され活用されるためには，メタデータを共通利用する仕組みが必要である。そうしたことについてはいろいろな取り組みがされているが，異なる環境のもとでメタデータを自由に取り込む仕組みに関する規約として，すでに広く用いられているのがOAI-PMH（Open Archives Initiative Protocol for Metadata Harvesting）である。

メタデータを共通利用する仕組み

OAI-PMH

大学などの学術研究機関で所属員の研究成果等を保存・公開するシステムを機関リポジトリと呼ぶが，そのコンテンツの可視性を向上させ，流通を促すことが重視される。そのためのシステムの構築にあたっては，標準的なメタデータの作成と横断的検索への対応のために，OAI-PMHによる相互運用性の確保がデファクトスタンダード，すなわち事実上の標準となっている。

機関リポジトリ

また，国立国会図書館総合目録ネットワーク「ゆにかねっと」では，都道府県立図書館および政令指定都市立図書館から主に和図書の書誌・所在情報を収集し，国立国会図書館サーチを通じて公開して，総合目録機能を実現している。書誌・所在情報の収集にあたっては，OAI-PMHにより国立国会図書館サーチ側から自動収集する方法を，従来のデータ転送による方法に代えて推奨している。

●…………OAI-PMH

OAI-PMHのharvestingとは，システムが自動的に識別してメタデータの収集を行う作業を指し「刈り取り」と見立てている。この自動的な収集を行うのは，ハーベスタ（harvester）と呼ばれるコンピュータ・プログラムであり，機関リポジトリなどに対して，メタデータのフォーマット・日付（期間）・セットを指定して要求を発行し，機関リポジトリの中から選択的にメタデータを収集することができる。すべての要求は，要求先を特定する「ベースURL」（ホスト名・ポート番号・パスを含む）と，verb=（要求）という形をとる「キーワード引数」から成る。「キーワード引数」においては次の6種類の動詞（verb）が用いられる。（「キーワード引数」

ハーベスタ

が複数ある場合は'&'でつながれる。）この6種のうち，a. ～c. は機関リポジトリに関する情報の要求であり，d.～f.はメタデータ収集の要求である。a. Identify以外においては，引数を指定して条件をつけることができる。

a. Identify：当該機関リポジトリに関する情報を取得する。

引数なし。機関リポジトリの名前･ベースURL･サポートしているOAI-PMHバージョン・機関リポジトリが削除済みレコードの概念をサポートする方法（no/transient/persistent）等の情報を取得できる。

b. ListMetadataFormats：機関リポジトリで入手可能なメタデータのフォーマット種類を取得する。

引数にアイテムの識別子（identifier）を指定すると，当該アイテムで利用可能なフォーマットに限定できる。なお，最低限の相互運用性を保つために対応が必須とされているメタデータのフォーマットは，シンプルダブリンコアの1種類のみである（metadataPrfix=oai_dc）。 シンプルダブリンコア

c. ListSets：セット構造を取得する。（応答内容をListRecords/ListIdentifiersで利用）

d. ListRecords：機関リポジトリからメタデータのレコードをハーベストする。引数にセットのメンバー（set）や日付（from/until），フォーマット（metadataPrefix）等を指定することで，条件に合致するもののみ取得できる。

e. ListIdentifiers：ListRecords の簡易版で，レコード中の（主要な情報から構成される）ヘッダーのみを取得する。引数については，ListRecordsに同じである。

f. GetRecord：機関リポジトリから個々のレコードを検索し取得する。引数には，レコードの要求先となるアイテムの識別子（identifier）と，そのレコードに含まれるメタデータのフォーマット（metadataPrefix）を指定する。

●…………OAI-PMHによるメタデータ要求

OAI-PMHの利用は，機関リポジトリ以外のアーカイブシステムや検索システムの外部提供インターフェース（Application Programming Interface：API）にも広がってきている。そのひとつが国立国会図書館サーチ（http://iss.ndl.go.jp/）において提供されているデータのダウンロード機能である。国立国会図書館サーチに登録された「青空文庫」のメタデータを取得するための，OAI-PMHでの要求の実例が，以下である。 API 国立国会図書館サーチ

http://iss.ndl.go.jp/api/oaipmh?verb=ListRecords&metadataPrefix=oai_dc&from=2021-07-01&until=2021-12-31&set=aozora

先頭のhttpから?までの部分が要求先を特定する「ベースURL」である。verbにはListRecordsが指定され，引数としてメタデータのフォーマットがoai_dcすな

わちシンプルダブリンコア，日付（期間）が2021年7月から12月，対象となるセットがaozoraすなわち「青空文庫」となっている。

実際に，上記をウェブブラウザのアドレス欄に入力すれば実行することもでき，実行の結果がウェブブラウザに表示されることで確認できる。実行の結果は，XMLコード化して返される。

OAI-PMHの特筆すべき点はその簡潔性にあり，（本書では詳述を避けたが，HTTPおよびXMLといったウェブ技術標準を用いていることともあわせて）メタデータの流通のためにOAI-PMHを採用してこの枠組みに参加しようとする際の障壁を低くしているといえる。異なるシステム同士でのメタデータの受け渡しにおいて，各システムがこの規約に従うことで最低限の相互運用性を確保できる基盤を提供しようというのがOAI-PMHなのである。

演習問題

問題27　国立国会図書館サーチ（http://iss.ndl.go.jp/）において提供されているAPIを利用して，直近6か月間で国立国会図書館サーチに登録された「青空文庫」のメタデータを取得しなさい。

次に，得られたメタデータより1点の情報資源を選んで，実際に「青空文庫」（http://www.aozora.gr.jp/）からアクセスし，「青空文庫」において付与されているメタデータと，国立国会図書館サーチから取得できるメタデータにどのような違いがあるか，述べなさい。

（参考：「国立国会図書館サーチ」メインページ ＞ 国立国会図書館サーチについて ＞ 国立国会図書館サーチが提供するOAI-PMH　http://iss.ndl.go.jp/information/api/oai-pmh_info/）

問題28　UNIT 19（p.113-115）に示されたエレメントの記録例（【体現形のタイトル】二年間の休暇）を参照し，a. Web NDL Authorities，b. 国立国会図書館サーチ，c. CiNii Booksの各ウェブサービス（システム）から提供されているRDF形式のデータを取得しなさい。

次に，各データの内容について，特に個人の名称が記録された箇所を，各ウェブサービス（システム）の画面に表示される情報や，UNIT19の記録例と比較して確認しなさい。なお，データ形式に複数の選択肢がある場合（例：RDF/XML形式，RDF/Turtle形式），どれを選んでもよい。

参考文献

本書を作成するにあたって，下記の資料を参考にした。これらの資料は，本書での学習をさらに深めていく場合に役立つ資料である。〈著者名順〉

・IFLA書誌レコード機能要件研究グループ；和中幹雄，古川肇，永田治樹訳『書誌レコードの機能要件』日本図書館協会，2004.3.（FRBR）
https://www.ifla.org/wp-content/uploads/2019/05/assets/cataloguing/frbr/frbr-ja.pdf
・Mills, Jack著；山田常雄訳『現代図書館分類法概論』日本図書館研究会，1982.3
・Mills, Jack［ほか］著；田窪直規［ほか］訳『資料分類法の基礎理論』日外アソシエーツ，1997.1
・Riley, Jenn著；国立国会図書館電子情報部電子情報流通課標準化推進係訳『メタデータを理解する：メタデータとは何か，なぜ必要か：米国情報標準化機構（NISO）による入門書』国立国会図書館，2020.3
https://www.ndl.go.jp/jp/dlib/standards/translation/understandingmetadata.html
・木村麻衣子編著『『日本目録規則2018年版』入門』（JLA図書館実践シリーズ；47）日本図書館協会，2022.1
・小西和信，田窪直規編著『情報資源組織演習 三訂』（現代図書館情報学シリーズ；10）樹村房，2021.7
・柴田正美，高畑悦子著『情報資源組織論　三訂版』（JLA図書館情報学テキストシリーズⅢ；9）日本図書館協会，2020.3
・田窪直規編『情報資源組織論 三訂』（現代図書館情報学シリーズ；9）樹村房，2020.3
・那須雅熙，蟹瀬智弘著『情報資源組織論及び演習　第3版』（ライブラリー図書館情報学；9）学文社，2020.9
・日本図書館協会目録委員会編『目録の作成と提供に関する調査報告書（2010年調査）』日本図書館協会，2012.2
・日本図書館情報学会研究委員会編『メタデータとウェブサービス』（わかる!図書館情報学シリーズ；第3巻）勉誠出版，2016.11
・根本彰，岸田和明編『情報資源の組織化と提供』（シリーズ図書館情報学；2）東京大学出版会，2013.7
・緑川信之著『本を分類する』勁草書房，1996.10
・吉田憲一編著『資料組織演習』（JLA図書館情報学テキストシリーズⅡ；10）日本図書館協会，2007.1
・和中幹雄，山中秀夫，横谷弘美共著『情報資源組織演習　新訂版』（JLA図書館情報学テキストシリーズⅢ；10）日本図書館協会，2016.3

索　引

【五十音順】

【ア行】

【カ行】

【サ行】

【タ行】

【ナ行】

【アルファベット順】

執筆者紹介

和中　幹雄（わなか　みきお）
所　　属：元・国立国会図書館
関心領域：書誌コントロール全般
担　　当：UNIT 0～1，3～10，15，17～44

横谷　弘美（よこたに　ひろみ）
所　　属：昭和女子大学（非常勤講師）ほか
関心領域：情報組織化，情報検索
担　　当：UNIT 1～2，11～14，16，45～50，optionA～B

●解答について
本書は，編集方針により演習問題の解答は作成していません。
ご理解のうえ，ご活用くださいますようお願い申し上げます。

情報資源組織演習　三訂版
JLA 図書館情報学テキストシリーズⅢ　10

1998年　3月18日［シリーズ第1期］初版第1刷発行
2002年　7月　5日　新訂版第1刷発行
2007年　1月31日［シリーズ第2期］初版第1刷発行
2014年　1月31日［シリーズ第3期］初版第1刷発行
2016年　3月15日　新訂版第1刷発行
2023年　1月10日　三訂版第1刷発行©
定価：本体1,900円（税別）

著者……………………和中幹雄・横谷弘美
シリーズ編集……………塩見昇・柴田正美・小田光宏・大谷康晴

発行……………………公益社団法人 日本図書館協会
〒104-0033　東京都中央区新川1丁目11-14
TEL 03-3523-0811（代）
〈販売〉TEL 03-3523-0812　FAX 03-3523-0842
〈編集〉TEL 03-3523-0817　FAX 03-3523-0841
印刷……………………株式会社丸井工文社
ブックデザイン…………笠井亞子

JLA202216
ISBN 978-4-8204-2213-6　　本文用紙は中性紙を使用しています。　Printed in Japan.